한국의 유학儒學과 의학醫學

※ 이 저서는 2014년 정부(교육부)의 재원으로 한국연구재단의 지원을 받아 수행된 연구임
(NRF-2014S1A6A4027554).

한국의 유학儒學과 의학醫學

성호준 지음

심산

서문

필자가 '유학과 의학' 에 학문적 관심을 가지기 시작한 것은 20여 년 전 박사학위 논문을 준비하는 과정에서였다. 도교 양생론과 의학이 밀접한 관계를 지니고 있음은 알고 있었지만, 유학과 어떠한 관련이 있는지를 당시로써는 가름하기 어려웠다. '『동의보감』의 철학적 연구' 를 주제로 삼아 학위 논문을 준비하겠다고 지도교수이신 최일범 선생님께 말씀을 드렸는데, 선생님께서는 유학과의 관련성을 중심으로 한 연구의 방향을 제시해 주셨다. 그러나 당시 국내 학계에서는 이에 대한 연구가 거의 이루어지지 않아 관련된 연구 결과물을 찾기도 어려운 상황으로 매우 난감한 형편이었다.

다행히도 중국이나 대만의 선행 연구가 있어 연구를 시작하였지만, 필자의 역부족으로 많은 난관에 봉착하게 되었다. 고심을 거듭하는 과정에서 만난 인물이 명대(明代)의 장개빈(張介賓)이다. 장개빈과의 만남을 통하여 의학과 역학은 같은 근원을 지녔다는 '의역동원(醫易同源)' 이라는 말을 접하게 되었고, 그의 『유경(類經)』을 통하여서는 유학과 도교 그리고 의학의 관계성을 인식하게 되었다.

이후 '유학과 의학' 에 관한 연구에 있어 명확한 방향을 제시받은 것은 원대(元代) 주진형(朱震亨)과 청대(淸代) 장남(章楠)이라는 인물을 통해서이다. 주진형의 『격치여론(格致餘論)』을 읽으면서 주돈이(周敦頤)의 「태극도설(太極圖說)」과 인심(人心)·도심(道心)이 의학적으로 가지는 의미를 인식하였다. 또한 장남을 통하여서는 의학과 유학의 보다 명확한 관계성과 중화위육(中和位育)이 가지는 의미를 이해할 수 있었다. 특히 주진형은 『동의보감』 의학에 가장 많은 영향을 준 인물로 학위 논문 완성에 큰 도움이 되었다. 이후에도 필자의 관심은 '의유동도(醫儒同道)' 라는 표현에 집중된 듯하다. 의학과 유학은 하나의 도를 지향한다는 '의유동도' 라는 표현을 통하여 의학과 유학의 가치의 상함성과 상관성을 찾고자 노력하였다. 논어와 의학의 상관성, 원대 성리학자 오징(吳澄)의 의학관, 『동의보감』을 바탕으로 한 조선의 유가 양생서 『이양편(二養編)』, 조선 후기 심성논쟁을 의학적 차원으로 전개한 이규준

(李圭晙) 등에 대한 연구를 진행하였다.

연구를 진행하는 과정에서 유학적 의학 내지는 유학적 의사라는 '유의(儒醫)' 라는 표현을 접할 수 있었다. 또한 시대와 인물에 따라 유의에 대한 정의도 천차만별임도 확인할 수 있었다. 그래서 유의에 대해 '성리학을 중심으로 한 유학적 이상을 의덕과 의론 등 의학의 전 부분에 적극적으로 구현하고자 한 의가' 로 필자 나름의 개념적 정의를 내리고, '동의(東醫)' 의 사상적 의미를 분석하였다. 결국 '동의' 의 핵심 가치는 '유의' 의학이라는 결과에 도달하였다. 『동의보감』이 16세기~17세기에 중국의 유의 등 의학과 도교 내단 및 심신 수련 관련 서적을 집대성하여 '동의' 와 '유의' 의 씨앗을 뿌려 상징적인 실마리를 마련하였다면 이제마나 이규준의 의학은 이를 계승하여 독창적인 '동의' 를 이룸과 동시에 명실상부한 '유의' 의 모습을 정립한 것으로 평가할 수 있다.

20여 년 동안 일구어낸 나름의 연구 성과가 이제 하나의 책으로 출간되기에 이르렀다. 좌정관천(坐井觀天)의 어리석음을 범한 것인 줄 알면서도 무지한 자의 용감함으로 책을 출간하고자 한다. 다만 '유학과 의학' 에 관한 연구가 미진한 현실에서 만에 하나 학계에 작은 도움이나마 줄 수 있을 것 같은 마음으로 위로받고자 한다. 이 책이 나오기까지 많은 분의 가르침과 격려가 도움이 되었다. 특히 행촌(杏邨) 이동준(李東俊) 선생님께서는 한국철학의 정수를 가르쳐 주셨고, 수중(修中) 최일범(崔一凡) 선생님께서는 열린 학문의 길과 방향을 제시해 주셨다. 또 한 분의 지도교수이신 윤창렬(尹暢烈) 선생님께서는 한의학의 큰 흐름을 짚어 주셨다. 이분들의 가르침이 없었다면 필자는 아직도 넓은 학문의 바다에서 갈 곳을 잃어버렸을지도 모르겠다. 다시 한 번 이 자리를 빌려 감사의 말씀을 드린다. 그리고 '책장만 세는 게으른 선비(?)' 의 평생을 염려하고 지원해 주신 어머님과 항상 필자의 편이 되어준 아내에게도 감사의 인사를 전한다.

2019. 3

해운대에서 성호준 삼가 씀

目次

서문 • 4

서론: 유학과 의학의 상함성과 상관성 • 11

제1부 유학과 의학 그리고 유의(儒醫)

제**1**장 유학의 심성수양과 황로사상(黃老思想)의 의학적 회통 구조 27

1. 『논어』와 의학의 상관성 • 27
2. 맹자(孟子)와 순자(荀子)의 심신관과 동중서(董仲舒) • 36
3. 『황제내경(黃帝內經)』과 황로사상(黃老思想), 역학(易學) • 44

제**2**장 성리학(性理學)과 유학적 의학의 출현 57

1. 주돈이(周敦頤)의 태극도설과 의학 • 57
2. 정 · 주(程 · 朱)의 심 · 신(心 · 身) 이해 • 66
3. 상의학풍(尙醫學風)과 의유동도(醫儒同道) • 74

제**3**장 유학적 의학–유의(儒醫)의 정의와 특성 83

1. 유의(儒醫)의 정의(定義) • 83
2. 유의(儒醫)의 의도(醫道)와 의덕(醫德) : 중화위육(中和位育) • 91
3. 유의(儒醫)와 의론(醫論) : 음양중화(陰陽中和)와 절욕양성(節慾養性) • 103

제2부 유의(儒醫) 의학과 동의(東醫)의 출현

제**4**장 유의(儒醫) 의학의 도입과 성리학자의 의학 · 양생관 …117

1. 유의(儒醫) 의학의 도입 : 『향약집성방(鄕藥集成方)』과 『의방유취(醫方類聚)』 • 117
2. 유의(儒醫) 의학의 전개 : 『의림촬요(醫林撮要)』와 『동의보감(東醫寶鑑)』 • 125
3. 조선 중기 성리학자의 의학 · 양생관 • 132

제**5**장 『동의보감』에 반영된 유의 의학 · 양생서 및 그 특성 …145

1. 주진형(朱震亨)의 군화(君火) · 상화(相火)와 주정(主靜) • 145
2. 이천(李梴)의 심(心)과 보양론(保養論) • 158
3. 『삼원연수참찬서(三元延壽參贊書)』와 『활인심법(活人心法)』 • 167

제**6**장 동의(東醫)의 유의(儒醫) 의학 : 『동의보감』의 유학적 함의 ……179

1. 유학과 도교의 의학적 회통 • 179
2. 태극(太極)과 심(心)의 의학적 전개 • 190
3. 양심(養心)과 양생(養生)의 조화 • 199

제3부 동의(東醫)와 유의(儒醫)의 정립

제7장 『동의보감』 의학과 『이양편(二養編)』 211

1. 『이양편(二養編)』 편찬의 목적 • 211
2. 『이양편(二養編)』의 구조와 특징 • 219
2. 『이양편(二養編)』의 『동의보감』 재구성 • 226

제8장 이제마(李濟馬)의 심성론과 사상의학 235

1. 이제마(李濟馬) 의학의 역학적(易學的) 이해 • 235
2. 경학(經學)과 심성 수양론 • 242
3. 사상의학(四象醫學)으로의 전개 • 251

제9장 이규준(李圭晙)의 경학과 부양의학 259

1. 유의(儒醫) 전통의 계승과 경학(經學) • 259
2. 심성일물(心性一物)과 리기(理氣) • 267
3. 심화(心火)와 부양론(扶陽論) • 281

결론 : 동의(東醫)와 유의(儒醫) • 291

참고 문헌 • 298

서론

유학과 의학의 상함성과 상관성

중국이나 한국 등 동아시아의 의학사는 철학사의 전개와 그 흐름을 함께 하여 왔다. 한당대(漢唐代)에 도교, 불교가 성행하였을 때에는 도교 의학이나 불교 의학이 발전하였고, 송원(宋元) 이후 유학이 성리학으로 재편·발전하였을 때에는 유의(儒醫)라는 이름으로 성리학적 의학의 체계를 세운다. 그러나 의학은 태생적으로 인간 신체의 기질 변화 양상을 좇는 학문이므로 음양(陰陽) 소식(消息)을 근간으로 하는 역학(易學)의 상수학적 전통이 근저에 자리하고 있다. 송원대 이후의 의학에서는 도덕적 생명론을 추구한 유학의 영향으로 장부생리 중심을 중시하는 방향으로 자리하는데, 그 심은 단순히 물리적 차원이 아니라 유학의 성정(性情)을 통섭하는 심으로도 인식하였다. 이는 생명의 문제를 형기적 측면만이 아니라 도덕적·문화적 차원에서 논의하는 유학의 생명관에 그 연원이 있다. 이러한 생물학적 생명과 도덕적 · 문화적 생명을 회통하여 설명하는 구조에서 의학은 역학을 필요로 한다.

그러므로 손사막은 "역을 알지 못하면 태의(太醫)라고 말할 수 없다."고 하여 의학의 역학적인 의미를 말하였는데, 의학론과 역리(易理)는 상호 나선형으로 얽혀 하나의 이론을 형성하며 왔다. 역학은 그 시대의 사상적 토양과 유기적인 관계를 맺으면서 의학의 발전을 도모하여 왔는데, 통합 학문적 시각에서 자연과 인간 생명에 대한 유기적인 관계를 서술하고자 하였던 것으로 보인다. 『주역』의 '원취저물(遠取諸物)' 과 '근취저신(近取諸身)' 의 관점에서 보면 '근취저신' 은 의학에서 취하고 '원취저물' 은 역학에서 취하여 하나의 원리로 구성하고자 하는 논리로 보인다. 이러한 논의는 결국 자연과 인간 생명이 하나의 구성 원리를 가지고 이루어진 것으로 인정하고 천인합일이나 천인상응이라는 동양적 전통을 음양이라는 논거를 가지고 해석하려고 하였던 노력이다. 또한 인문주의와 자연주의적 학문의 통합을 통하여 하나의 전일적인 체계로 이해하려고 하였던 것이다. 아울러 역학은 '음양' 을 매개로 도교와 유학 그리고 의학을 서로 이어주는 접점으로 자리하였다.

일반적으로 의학의 철학적 배경 및 성격을 논의하고자 한다면 의도동원(醫道同源)과 의유동도(醫儒同道)라는 표현을 접할 수 있다. '의도동원' 이라는 말은 의학과 도가 · 도교가 동일한 근원에서 출발하였음을 밝히는 것이고, '의유동도' 는 의학과 유학이 지향하는 목표가 동일한 것임을 제시한 것이다. 이는 의학사의 전개와 도가 · 도교 및 유학이라는 철학적 사유가 상호 교유하면서 문화적 · 사상적 전통을 형성해 왔는데, 인간 성명과 천도의 문제를 관념적인 경지에서만 논의한 것이 아니라 형질의 변화라는 실재적 측면에서도 논의되었음을 명시적으로 보여주는 대목이다.

유학의 사유체계는 천도와 인성의 도덕적 합일에 그 목적이 있으며 도덕 형이상학적 세계관을 지니고 있다. 천도와 성명을 성(誠)으로 일관하게 하고, 인간의 도덕적 주체를 확립하여 도덕적 생명 기운을 사회적으로 확산하는 것이 유학의 이상이다. 그러므로 송대 이후 성리학을 중심으로 한 신유학에서도 '중화(中和)' 를 실현하기 위한 인간 주체의 노력 즉 심성수양을 최우선 과제로 삼은 것은 당연한 일이다. 존심양성(存心養性)과 절욕양성(節慾養性)의 유학의 '수양(修養)' 은 유의를 통하여 의학 이론으로 전이된다. 이는 의학은 인간의 생리적 · 병리적 변화를 형기적 · 물리적 측면에서만 해석하는 면을 벗어나 신체 혹은 더 나아가 인간 생명의 문화적 · 도덕적 의미도 아울러 분석할 수 있는 토대를 제공해 준다. 또한 유의들은 유학적 세계관을 바탕으로 의학의 사회적 의무나 책임에 대한 철학적 · 윤리적 근거를 제공하고 의술을 '인술(仁術)' 이라 할 수 있는 근거를 유학의 인을 통하여 제시하기도 한다.

필자는 위와 같은 유학과 의학의 관계를 상함성(相含性)과 상관성(相關性)의 논의를 통하여 해명하고자 한다. 그리고 유학과 의학의 상함성과 상관성의 기저에는 '유학적 의학' 내지는 '유학적 의사' 를 뜻하는 '유의' 라는 핵심 키워드가 있다. 우선 의학과 유학의 상함성에 대해 논의해 보자. 유학과 의학의 '상함성' 은 유학과 의학이 서로 머금고 있는 공통의 이론 기반이라고 할 수 있다. 이를 필자는 역학의 음양에 있다고 판단하고 이를 바탕으로 서술할 것이다. 이에 대한 논의는 명대(明代) 유의 장개빈(張介賓, 1563~1640)의 경유가 적절한 논거가 될 수 있을 것이다. 장개빈은

> 역(易)이라는 것은 변화이니 음양동정(陰陽動靜)의 오묘함을 갖추었고, 의(醫)라는 것은 의(意)이니 음양소식(陰陽消息)의 기틀과 합치한다. 비록 음양이 이미 『황제내경(黃帝內經)』에 갖추어져 있으나 변화에 관한 것은 주역보다 큼이 있지 않으니 그러므로 말하기를 '천인(天人)이 하나의 이치임은 하나의 이 음양이라' 라고 하였다.[1)]

라고 하여 음양 변화가 의학과 역학을 일관하는 원리임을 밝히고 있다. 그리고 천인상응의 근거가 다름 아닌 음양의 이치에 있음을 역을 빌어 설명하고 있다. 장개빈에게 음양의 의미는 다른 어떠한 의가들보다 중요하다. 그러므로 그는 "무릇 병을 진단하고 치료를 베푸는데 반드시 먼저 음양을 살펴야 하니 이것이 곧 의도(醫道)의 강령이다. 음양을 살피는데 어긋남이 없으면 치료에는 어찌 차이가 있겠는가? 의도가 비록 번잡하나 한마디로 한다면 음양일 뿐이다."[2)]고 까지 하였다. 그리고 그 음양은 상호 대대(待對)적인 성격을 지니고 있다. 즉 "양은 음의 짝이 되고 음은 양의 기초가 된다. 체로써 말하자면 천지가 되고, 용으로써 말

---

1) 『類經附翼』「醫易義」"易者易也 具陰陽動靜之妙 醫者意也 合陰陽消息之機 雖陰陽已備於內經 而變化莫大乎周易 故曰天人一理者 一此陰陽也 醫易同原者 同此變化也"

2) 『景岳全書』 권18「傳忠錄 · 陰陽篇二」"凡診病施治 必須先審陰陽 乃爲醫道之綱領 陰陽無謬 治焉有差 醫道雖繁 而可以一言蔽之者 曰陰陽而已"

하면 건곤이 되며 도로써 말하면 음양이 된다. 한 번 동하고 한 번 정하여 서로 그 뿌리가 된다. 음으로 나누어지고 양으로 나누어져 양의(兩儀)가 세워진다."[3]라고 하였다. 아울러 음양의 작용적인 측면을 감(坎)·리(離) 내지는 수(水)·화(火)로 표현한다. 또 장개빈은

> 무릇 천지 만물의 기는 수화(水火)의 운용이 아님이 없으므로 천은 해와 달로써 수화를 삼고, 역에서는 감괘(坎卦)와 리괘(離卦)로써 수화를 삼고, 의학에서는 심과 신(腎)으로 수화를 삼고, 단가에서는 정(精)과 기로써 수화를 삼는다. 신은 수인데 수 안에서 기를 생기게 하니 곧 진화(眞火)이며, 심은 화인데 화 안에서 액이 생기니 곧 진수(眞水)이다. 수화는 서로를 저장하며 지극한 도가 있으니 의가는 마땅히 즐거이 관찰해야 한다.[4]

고 하였는데, 수화가 상호 전화하고 상호 호장(互藏)하는 가운데에 음양 조화의 이치가 생기는 것으로 볼 수 있다. 여기에서 보면 역의 감괘(坎卦: ☵)와 리괘(離卦: ☲)로 음양의 작용적인 면을 설명하는데 그것을 바탕으로 심·신(腎)의 관계나 수·화의 측면 그리고 정·기의 면을 모두 이해하려고 하였다. 유학도 이에서 벗어나지 않는다. 그래서 장개빈은 주희(朱熹, 11301~200)가 의학은 소도(小道)라고 한데 대하여 "도학은

---

3) 『類經附翼』「醫易義」"陽爲陰之偶 陰爲陽之基 以體而言爲天地 以用而言爲乾坤 以道而言爲陰陽 一動一靜 互爲其根 分陰分陽 兩儀立焉"

4) 『類經』「陰陽」"凡天地萬物之氣 無往而非水火之運用 故天以日月爲水火 易以坎離爲水火 醫以心腎爲水火 丹以精炁爲水火 夫腎者水也 水中生氣 卽眞火也 心者火也 火中生液 卽眞水也 水火互藏 乃至道之所在 醫家者宜肯察"

성명의 법칙이며 의학은 성명의 찬육이라 하여 의학은 성명의 차원에서 소도가 아니다."라고 하였다.[5)]

음양이 의학과 유학의 상함적인 구조를 맺어주는 것이라 하여 의학과 도학(유학)의 관점을 정리한 것인데, 이에 대해서는 청대(淸代) 유의 장남(章楠, ?~1835?)이 명확하게 말한 바 있다. 그는

> 대저 치중화하면 만물을 잘 양육할 수 있다는 유자의 도는 곧 의자의 도가 된다. 그것을 조화시키고 양육시키는 것은 반드시 음양 조화의 이치에 근거해야 한다는 것인데, 이것이 바로 의와 역은 같다는 것이다.[6)]

라고 하였는데, 『중용(中庸)』의 중화위육(中和位育)의 과정에서 심신(心身)의 조섭(調攝)을 아울러 구현하고, 음양동정의 동적인 평형을 추구함이 의학이다. 시공간에서 음양소식이라는 형기의 변화가 적절하게 운용되는가는 『황제내경』에서 말하는 '음평양비(陰平陽秘)'의 실현에 있는데, 중화를 구현하고 '천지위(天地位)·만물육(萬物育)'의 물아일체(物我一體)의 단계로 전개된다. 장남은 또한

> 천지의 광대함과 사물의 변화는 한계가 없으나 그것을 궁구하면 하나의 이치일 뿐이다. 그 이치를 보면 접촉하는 곳 모두 통하나 그 이치에 어두우

---

5) 『景岳全書』 권18 「傳忠錄」 下 醫學非小道記 참조.

6) 『醫門棒喝』 「論景岳書」 "夫致中和育萬物 爲儒者之道 卽醫者之道也 而和之育之 必本乎陰陽造化之理 此醫易之所同也"

면 움직임이 많으나 막히게 된다. 이치가 신심(身心)의 성명(性命)에 절실한 것은 격물(格物)·치지(致知)·성의(誠意)·정심(正心)하는 것 이외에 의학에서 중요한 것이 없으니 의학이 성명을 보위하기 때문이다. 그러나 격물·치지·성의·정심이 아니고서는 의학의 이치에 통달할 수 없으니, 곧 의학은 진실로 유자의 일이다.[7)]

라고 하였다. 이 글을 보면 장남은 『대학』의 8조목 중 격물·치지·성의·정심의 4조목을 의학과 유학의 연결 고리로 활용하고 있음을 알 수 있다. 이는 격물·치지라는 사물의 인식 방법과 성의·정심의 마음을 가다듬는 자세가 아울러 필요한 것임을 말하고 있는 것이다. 즉 격·치는 각 일물(一物)에 나아가 앎을 이루고 자신의 마음을 다스리는 근거로 활용하여 의학의 기본적인 접근 방법을 제시한 것으로 보인다. 격·치·성·정은 『중용』의 치중화(致中和)의 논리로 유학과 의학의 상함성을 설명하고 있다.

장남은 음양 등의 중화 실현을 이상으로 삼는 유학과 의학에 대해 다음과 같이 설명하고 있다.

일찍이 생각해 보면 천하에 두 가지 도가 있지 않으니 격·치·성·정으로부터 천지에 동참하여 화육(化育)을 돕는 데에 이르는 것이 어찌 유자의

7) 『醫門棒喝』 自序 "天地之大 事物之變 莫可涯矣 究之一理而已 見其理 觸處皆通 昧其理 則動多窒礙 而理之切於身心性命者 自格致誠正外 莫重於醫 以其保衛性命者也 然非格致誠正之功 不能通醫之理 則醫固儒者之事也"

> 대도(大道)가 되지 않겠는가? 다만 사람이 천지의 기화를 품부 받아 생한다.…… 황제와 기백이 처음 인생이 품부된 근원과 음양오행의 이치와 팔풍(八風)·육기(六氣)의 변화와 질병 치료 방법을 밝혔고, 후세에 여러 현인이 서로 이어 천발(闡發)하여 거의 빠뜨려 남긴 뜻이 없게 되어 성명을 보위하고 질병을 막는 방법이 두루 갖추어지게 되었다. 만약 그 궁극적인 것을 거슬러 올라간다면 실로 유리(儒理)와 더불어 일치한다. 그러므로 유의(儒醫)라 일컫는 것이다.[8)]

이 구절에서 보면 유학의 대도를 실현하기 위하여서도 자신의 생명을 보위하고 질병을 막는 방법이 필요하고, 이를 위하여 의학이 요구된다고 역설하였다. 유학의 큰 도를 실현하는 방법으로 의학의 목적을 서술한 것으로 보인다.

장남은 인간의 생명을 형기와 문화의 양면으로 이해할 수는 있으나 이 둘은 둘이면서 하나라는 입장을 견지하였다. 왜냐하면 인간의 몸은 마음을 담는 그릇이고 마음은 몸을 운용하는 주재자이기 때문이다. 의학이 기화를 중심으로 하여 생명의 형기적 변화를 좇는 학문이라 한다면 유학은 이를 바탕으로 하여 인간 생명의 문화적 의미 내지는 도덕적 생명론을 제창한 학문이다. 유학이 추구하였던 것은 인간과 자연 그리

8) 『醫門棒喝』「醫稱小道」"嘗思天下無二道 自格致誠正 而至參天地贊化育 豈不爲儒者之大道乎 但人稟天地氣化而生 … 軒岐首明人生稟賦之源 陰陽五行之理 八風之變 疾疢治療之方 後世諸賢相繼闡發 殆無遺蘊 所以衛性命而御疾病者 周且備矣 若溯其極實與儒理一致 故稱儒醫"

고 사회의 도덕 주체 확립이며 그러한 점을 의학적으로 전개하고자 하였던 인물이 장남이다. 인간 생명에 대한 의학적 탐구는 과학기술의 영역으로만 국한되어서는 곤란하다. 인간 생명의 도덕적 의미를 유추하고 이를 바탕으로 인간의 신체를 해석하는 의학의 문화적-도덕적 분석도 과학적 영역 못지않게 중요시되어야 함을 주장한 것이다.[9]

음양을 중심으로 역학과 『중용』의 논의를 일관하여 의학의 이치를 설명하는 것이 장개빈과 장남이다. 그들은 이를 통하여 유학과 의학의 상함성을 찾고자 하였고, 이른바 유학적 의학 내지는 유학적 의사의 이론적 정합성을 구성하고자 한 듯하다. 의학과 유학의 상함성 부분의 주요 내용은 한국 유의에서도 확인할 수 있다. 그러므로 이러한 관점을 중심으로 금원대 유의의 수용을 통하여 이루어진 한국 의학의 유학적 함의에 대해서도 논의해보고자 한다.

다음으로는 유학과 의학의 상관성이다. '상함성' 이 의학과 유학의 이론적 구성의 합일점을 찾고자 한 것이라면, 이 부분은 유학의 심성수양의 전통이 어떠한 방식으로 의학에서 전개되는가 하는 점이 중심이다. 한국의 유의 의학은 금원대(金元代) 이고(李杲, 1180~1251)와 주진형(朱震亨, 1281~1358)의 의학에 근원을 두고 전개되었다고 한다. 우선 필자는 한국 유의 의학의 기반이 된 주진형과 이를 계승한 명대(明代) 이천(李梴, ?~?) 등의 유학과 의학의 관계를 분석함으로써 유의 의학의 특징을 유추해보고자 한다. 우선 유의들은 인체의 형기 변화에 치중하

---

9) 성호준, 「論語와 儒醫 의학의 상관성」, 『東洋哲學硏究』 34, 2003, 참조.

는 도교의 양생론과 의학을 유학적 언어로 해석하는 것을 통하여 회통의 공간을 확보하고자 하였다. 도덕적 마음 수양을 통한 몸의 단속을 중시하는 유가적 가치와 몸과 마음을 정상적인 상태로 유지하고자 하는 도교 및 의학의 지향을 하나로 통합하는 것이 유의의 목표라 여겨진다. 유의들은 몸의 양생을 주로 하는 도교 · 의학과 자아의 도덕 주체를 확립하고자 하는 유학의 가치가 상호 배치되는 것은 아니라고 판단하였다.

그러나 유학의 심성수양의 논의가 곧바로 의학적 이론으로 전개되는 것은 아니다. 인의예지(仁義禮智)나 충서(忠恕) · 중화(中和) 등의 유학의 덕목이 의학 이론에 곧바로 투영될 수는 없었다. 유학과 의학 곧 '유학적 의학'의 학문적 지향점은 이 부분에 있다. 유의들은 유학의 심성수양의 논의 곧 천리(天理)와 인욕(人慾), 인심(人心)과 도심(道心), 존심양성(存心養性) 등에 대한 본원적 의미보다는 그러한 가치들이 인체의 생리 · 병리에서 어떠한 방식으로 전개되고 있는가에 관심이 있었을 것이다. 그들은 심신(心身)의 일원적 이해를 견지하는 입장에서 심리의 구조가 생리 · 병리와 어떻게 연관되고, 이어 윤리(倫理)적 차원으로 전화되는 과정에 학문적 관심을 두었을 것이다.

곧 욕망과 감정이 인체에서 어떠한 과정을 거쳐서 발생하고 욕망과 감정의 과불급(過不及)의 경우 어떠한 방식으로 병리로 이어지는가 하는 것이 유의의 주안점이었다. 유의들은 특히 심(心)을 중요시하여 이에 대한 도교의 논의들을 유가적 경계 안에서 분석하고 수용하였다. 또한 이를 『황제내경』이라는 의학적 전통의 틀 안에서 재해석하였다. 도교 · 의학의 심에 대한 논의를 유가적으로 재해석하는 과정에서 유의들은 『황제내경』에 나오는 군화(君火)와 상화(相火)를 적극적으로 재활용하였다. 『황제내경』「천원기대론(天元紀大論)」에서 "군화는 명(明)으로써 하고 상화(相火)는 위(位)로써 한다."[10]라고 한 구절을 근거로 의학과 도교 내단은 물론, 유학의 심성수양이 서로 회통하는 구조를 이끌어 내었다.

유의들은 몸과 마음의 관계를 도교의 심화 · 신수 등을 빌어 음양 중화 이론으로 이해하였고, 이어 오장육부의 생리 · 병리를 군화와 상화 등을 빌어 해석하였다. 이 과정에서 유의들은 심성수양의 유학적 가치 구현의 의학적 토대를 마련하여 유가적 언어로 재천명한 것이다. 특히 원대(元代)의 주진형은 주돈이(周敦頤, 1017~1073)와 그리고 주희 등의 논의를 의학의 중심으로 가져와 군화 · 상화의 논의를 풍부하게 하여 유의 의학의 새로운 길을 개척하였다.

또 한편으로 유학과 의학의 상관성에 대한 논의에서 중요시되는 것은 「태극도설」의 의학적 활용이다. 유학과 의학을 연관 짓는 부분에서 서로 회통할 수 있는 부분인데, 원대 유의 주진형은 군화와 상화 그리고 태극의 논의를 빌어 유학의 심성수양 전통과 의학을 연관 지어 설명한다. 주진형은 「태극도설」의 원용을 통하여 '화'를 둘로 나눔으로써 인간의 주체적인 지각과 노력으로 욕망이나 감정 등의 중절이 가능한 경우와 그렇지 않은 부중절의 차이를 의학적으로 설명하고자 하였다. 일

10) 『黃帝內經 · 素問』「天元紀大論」"君火以明 相火以位"

신(一身)을 주재하는 '심'의 본연한 역할에 의미를 두고, 형기의 욕망은 상화와 오화(五火) 등을 통하여 설명하는 이론 구조를 구축하였다.

주진형은 화를 군화-인화(人火)와 상화-천화(天火)로 구분하는데, 이를 통하여 인간의 자율적이며 주체적인 의지와 판단으로 욕망과 정서를 조절할 수 있음을 주장하였다. 곧 인간은 천지자연의 기의 흐름에 수동적으로 대응하는 존재가 아니고, 기를 품부 받아 형기를 이루지만 심의 지각 활동을 통하여 자신의 생명 운용에 적극적으로 참여하는 존재가 된다. 그리고 주진형은 유학의 '주정(主靜)'을 의학적으로 활용하였는데, 그 '정'은 '음양동정'의 상대적인 정이 아니고 '동정'의 단계를 초월한 것으로 이해하였다. 인간 본연의 심의 상태로 돌아가는 것이 정이며 정을 통하여 천지자연과 인간 생명의 동정에 대처할 수 있다고 하였다.

또한 도심을 군화에 인심을 상화에 배속하여 인심 · 도심을 의학의 생리 · 병리의 차원으로 전개하였다. 상화는 비록 허무에 근원 하지만 망동할 수 있는 존재로 인체의 병리를 가져올 수 있는 것으로 표현하였고, 군화도 형기를 가지고 있어 동하기는 하지만 심의 본연함에 근거하고 있다는 점을 강조하였다. 주진형의 '군화 · 상화'의 논의를 통하여 유학과 의학의 구조가 상통하고, 학문적 지향이 서로 배치되지 않음을 확인할 수 있다. 그런데 주진형의 논의는 『동의보감』을 비롯한 한국의 의학사에 있어서 매우 중요한 이론적 근거가 되었고, 한국 유의 전통의 시발점이라 할 수 있다.

결국 성리학 등 신유학 이후 새로운 의학이 정립되는 시기에 유학의 심성수양 등의 문제가 어떠한 방식으로 의학과 연관을 맺고 의학적으로 전개되고 있는가를 설명하고자 하는 것이 이 책의 주요 내용이다. 역사적인 맥락을 통하여 보면 중국 의학의 강한 영향을 받은 한국의 의학도 유학과의 연관성을 논의하고자 하면 이 범주를 벗어나 있지 않다. 필자도 이러한 관점에서 이 책을 서술하고자 한다. 『동의보감』이나 이제마(李濟馬)의 사상의학(四象醫學), 이규준(李圭晙)의 부양의학(扶陽醫學) 등도 음양과 심성수양이라는 맥락에서 의학과 유학의 관련성을 논의할 수 있다. 중국의 '유학과 의학의 상함성과 상관성' 의 논의를 통하여 한국의 유학과 의학의 이론적 구조를 우선 탐색하고, 한국의 전통의학에서 유학이 가지는 의미를 서술하는 것이 본 연구의 목적이라 할 수 있다.

제1부

유학과 의학 그리고 유의(儒醫)

제1장

유학의 심성수양과 황로사상(黃老思想)의 의학적 회통 구조

1. 『논어』와 의학의 상관성

유학은 신체의 양생(養生)을 중심으로 하는 도교와 달리 인간의 심성 중심의 심신관을 주창하여 천인상응(天人相應) 내지는 천인합일(天人合一)의 유기적 천인관(天人觀)을 제시하는 것이 특징이라고 할 수 있다. 또한 유학은 인성에 내재된 초월성의 의미를 통하여 인간과 자연의 합일을 도모한다. 아래의 주희(朱熹, 1130~1200)의 말은 유학의 입장을 분명하게 드러내고 있다.

천지는 물(物)을 생함을 심(心)으로 삼는다. 인 · 물의 성은 각기 천지의 심을 얻어 (자기의) 심으로 여긴다. 그러므로 심의 덕을 말한다면 비록 전체를 통섭하고 관통하여 갖추어지지 않음이 없는 것이나 한마디로 한다면 인일 따름이다. … 뭇 선의 근원과 백행의 근본이 이에 있지 않음이 없다. 이는 공자의 문하에서 필히 학자로 하여금 인을 구하는 데 급급하게 한 까닭이다.[1]

이 구절에서 보면 천지의 공능은 삼라만상을 낳는 데 있다는 것이다. 그리고 그 공능의 중심에는 인(仁)이 존재한다. 천지가 비록 일기(一氣)에 의하여 생성되지만, 그 중심에는 초월적이며 도덕적인 가치가 존재한다고 하는 것이 유학의 생명에 대한 이해이다.[2] 즉 『중용장구(中庸章句)』에서 말한 "중화(中和)를 이루면 천지가 자리하고 만물이 길러진다."[3]는 표현은 인간의 도덕적인 의지를 중심으로 한 생명 현상의 존귀함을 말하고 있는 것이다.[4] 즉 나의 심과 천지가 일체라는 주장과 나의 기와 천지의 기가 상응하는 것이 도덕적인 기운을 우선하나 생리적인 현상까지도 아우르는 것이다.[5]

---

1) 『朱子大全』 권67 「仁說」 "天地以生物爲心者也 而人物之性 又各得夫天地之心以爲心者也 故語心之德 雖其總攝貫通 無所不備 然一言以蔽之 則曰仁而已矣 … 衆善之源 百行之本 莫不在是 此孔門之敎 所以必使學者汲汲於求仁也"

2) 楊儒賓은 儒學의 身體觀의 특징을 身體를 '意識의 주체-形氣의 주체-自然의 주체 · 文化의 주체' 라는 네 가지의 統合體로 보고 있다. 이 네 가지는 상호 교유하여 하나의 有機的인 共同體를 형성한다고 한다.(楊儒賓, 『儒家身體觀』, 中央研究院中國文哲研究所籌備處, 1999, 臺北, P.9)

3) 『中庸章句』 1장 "致中和 天地位焉 萬物育焉"

4) 『中庸章句』 1장 朱子註 "天地萬物本吾一體吾之心正 則天地之心亦正矣 吾之氣順 則天地之氣亦順矣" 臺灣의 陳立夫는 한의학의 음양오행 이론을 '中和位育' 의 원리라고 하였다.(林殷, 문재곤 옮김, 『한의학과 유교문화의 만남』, 예문서원, 1999. p.69)

유학에서 인간의 도덕적 신체나 생명에 대한 논의는 선진(先秦) 유학의 입장에서 비롯된 것으로 보인다. 우선 공자(孔子)의 『논어(論語)』를 통하여 의학과의 상관성을 우선 살펴보고자 한다. 물론 『논어』라는 경전이 인간 생명에 대해 생리적으로 관심을 가지고 서술된 책이 아님은 자명한 사실이다. 그러나 의학의 기원이 도가 · 도교적 배경을 가지고 있지만, 송대(宋代) 이후 의학에서 중요한 위치를 점한 인술(仁術)과 박시제중(博施濟衆)의 의미는 『논어』의 정신과 통하는 부분이다. 이는 『논어』가 지향하는 생명론이 도덕적 함의를 중심으로 하고 있고, 생명의 도덕적 해석을 바탕으로 형기적 문제를 보고자 함에 그 연원이 있다. 아울러 송대 이후 유학적 의학이 지향하는 심성수양 중심의 의학과 『논어』는 일맥상통하는 부분을 가지기 때문이다.

『논어』의 인은 유학의 최고 덕목이라 할 수 있고, 송대 이후 의학의 목표와도 상통한다. 특히 송대 이후 의가들은 자신들의 의학적 목적이 인의 실천에 있음을 분명히 하였다. 이들은 의학을 '인술' 이라고 하여 그 의미를 찾았다. 의학을 인술이라고 칭한 명대(明代)의 번즙(藩楫)의 글을 보자.

> 육선공(陸宣公)이 말하기를 의사는 사람을 살리는 것으로 마음을 삼아야 한다. 그러므로 의학은 인술이다. 질병이 있어서 진료를 구하는 것은 불에 타거나 물에 빠진 사람들을 구제하기를 구하는 것과 다른 것이 아니다.[6]

---

5) 成昊俊, 「東醫寶鑑의 철학적 연구」, 성균관대 박사 논문, 2001, p.34-p.35, 참조.

이는 인을 실천하는 기술이 의학이라는 뜻이다. 이어 번즙은 "사람의 급한 마음을 이용하여 고의로 재물을 구하고 마음 쓰는 것이 인애하지 못하면 어두운 가운데 스스로 화를 받게 된다."[7]라고 하여 이익보다는 의(義)를 중시하는 의사의 입장을 강조하고 있다. 인술의 의미는 인도주의 정신을 지향하는 것이며 의학의 사회적 책무와 의사의 도덕 함양을 강조하는 차원에서도 이해할 수 있다.[8]

인술이라고 하는 의학의 근본 취지는 『논어』의 인사상의 맥을 잇고 있다. 의학은 인간의 생명을 다루는 학문으로 인의 기본적 뜻인 "사람을 사랑하는 것"[9]과 관계가 있다. 아울러 인의 생명적 함의를 유추한다면 '인술'의 의미는 분명하게 드러날 것이다. 『논어』의 인에 대한 용례는 다양하게 나타난다. 이러한 『논어』의 인의 의미를 다섯 가지로 분류하기도 한다. 내용을 보면 ① 인은 도덕의 근본이며 가치의 근원이다. 인은 추상적인 개념이 아니므로 정의할 수 없으며 공자의 말을 통하여 이해해야 한다. ② 인은 모든 덕목의 총칭이다. 덕목은 모두 마음과 대상에 의존한다. 인은 모든 덕목을 초월해 있으면서 또한 모든 덕목을 포괄하며, 모든 도덕 행위와 도덕 창조의 근원이다. ③ 인은 진실한 생명이다. 인하면 살고 불인하면 마비되어 죽는다. 공자가 말한 "인을 하고자 한다(欲仁)."[10], "인에 뜻을 둔다(志於仁)."[11] "인을 어기지 않는다(不

---

6) 『醫燈續焰』「醫乃仁術」"陸宣公論曰 醫以活人爲心 故曰醫乃仁術 有疾而求療 不啻求救焚溺於水火也"

7) 위의 책, "承人之急 故意求財 用心不仁 冥冥中 自有禍之者"

8) 何兆雄, 『中國醫德史』, 上海醫科大學出版社, 1988, p.43.

9) 『論語』「顔淵」"樊遲問仁 子曰 愛人" 참조.

違仁)."[12] "인에 힘을 쓴다(用力於仁)."[13] 등은 모두 '인의 실천' 을 가리킨다. 그리고 "인을 하는 것은 자기로 말미암는다."[14]라는 것은 인은 반드시 인간의 생명을 통해서 표현된다는 것을 말한다. ④ 인은 인격이 발전한 최고의 경지이다. 인의 경지를 실현하는 것은 순수함이 끊임없이 전개되는 무한한 과정이다. ⑤ 인을 실천한다는 것은 주관정신(덕성을 완성하는 것 등, 심)뿐만 아니라 객관정신(성)을 표현하는 것이며, 동시에 절대정신(천)을 나타내는 것이다.[15] 이상의 다섯 가지를 정리해 보면 인은 인간의 진실한 생명으로 인간 개인의 주관적 수양만 아니라 사회와 자연의 합일하는 매개가 된다는 점임을 알 수 있다. 인은 도덕의 근원이면서 생생불식(生生不息)하는 인간 생명과 사회 · 국가 및 천하와 합일하는 매개가 되는 것이다.

『황제내경(黃帝內經)』에도 보면 이러한 도덕개념의 인의 의미가 드러나 있으며 아울러 이를 경락(經絡)이 통하지 않는 경우를 불인(不仁)으로 묘사한 경우도 있다.[16] 『황제내경』의 인의 의미도 도덕적-형기적 의미를 아울러 지니고 있음을 알 수 있다. 『논어』에서도 '인한 사람은 장수한다(仁者壽)' 라고 한 말처럼 인간 생명에서 형기의 부분과 도덕의

---

10) 『論語』「述而」"仁遠乎哉 我欲仁 斯仁至矣"

11) 『論語』「里仁」"苟志於仁矣 無惡也"

12) 『論語』「雍也」" 子曰 回也 其心 三月不違仁"

13) 『論語』「里仁」"有能一日 用其力於仁矣乎 我未見力不足者"

14) 『論語』「顏淵」"爲仁由己而由人乎哉"

15) 蔡仁厚, 천병돈 옮김, 『공자의 철학』, 예문서원, 2000, p.115-p.116.

16) 『黃帝內經 · 靈樞』「通天篇」"太陰之人 貪而不仁 下齊湛湛 好內而不出" 및 『黃帝內經素問』「血氣形志篇」"經絡不通 病生于不仁" 참조

부분이 유기적 연관성을 맺고 있음을 알 수 있다. 『논어』의 인사상을 중심으로 한 도덕적 생명에 대한 담론은 송대 이후 의학의 존재 이유가 되었는데, 의가들의 인에 대한 관심은 의학의 도덕적 덕목으로 이어진다. 인은 앞서 논의처럼 인도(人道)과 천도(天道)의 관통됨을 이상으로 하는 것이다. 인은 자기를 완성하는 동시에 남을 완성케 하는 것이다. 『논어』「옹야(雍也)」의 구절에서 보면 이러한 의미는 분명해진다.

> 자공(子貢)이 말하기를 "만일 널리 백성에게 베풀어서 능히 뭇사람을 구제함(博施濟衆)이 있다면 어떠합니까?" 라고 하니 공자가 말씀하시기를 "어찌 인을 일삼겠는가? 반드시 성(聖)이겠지! 요순(堯舜)도 그 오히려 이를 근심하였느니라. 대저 어진 사람은 자기가 서고자 함에 남을 세우며 자기가 통달하고자 함에 남을 통달하게 하느니라. 능히 가까운 데에서 취해 비유하면 인의 방법이라 이를 만하다." 고 하였다.[17]

이 구절에서 보면 자기로써 남에게 미친다는 의미는 인자(仁者)의 마음인데 인은 자신을 수양하는데 그치는 것이 아니라 남을 완성하고 편안하게 하는 것이다. 그러므로 자기가 서고자 함에는 반드시 남을 세우는 것이며 자기가 통달하고자 함에는 반드시 남을 통달하게 하는 것이라 한 것이다. 그러므로 공자의 인을 증자(曾子)는 '충서(忠恕)' 라고 하였는데, 주희는 자기의 최선을 다하는 것을 충(忠)이라 하였고 자기의

17) 『論語』「雍也」"子貢曰 如有博施於民而能濟衆 何如 可謂仁乎 子曰 何事於仁 必也聖乎 堯舜 其猶病諸 夫仁者 己欲立而立人 己欲達而達人 能近取譬 可謂仁之方也已"

마음을 미루어 남에게 미치는 것을 서(恕)라고 한 듯하다.[18] 이는 인도와 천리(天理)가 혼연하여 만물이 하나가 됨을 추구하는 유학의 이상은 도덕적 당위의 문제를 자신에게만 머무르지 않게 하는 측면이 있다. 즉 남을 도와주고 남을 사랑하는 것은 시혜적 차원에서 이루어지는 부분이 아니라 천인합일의 경지에서 필연적으로 요구되는 부분이다. 그러므로 『논어집주』에서는

> 인자는 천지만물을 한 몸으로 여기니, 나 아닌 것이 없다. 만물이 바로 자기임을 인식한다면, 이르지 못할 곳이 어디에 있는가? 만약 자기에게 있지 않다면 자연히 자기와는 상관이 없는 것이다. 예를 들어 손과 발이 불인(마비)하고 기가 통하지 않는다면 모두 자기에게 속한 것은 아니다.[19]

라고 하였다. 이 구절에서 보면 천지만물과 인간 생명은 인을 매개로 도덕적 흐름을 공유하고 있다. 아울러 인한 사람은 자신의 신체만이 아니라 천지만물을 하나의 대 신체로 파악한다. 또한 기가 흐르는 것과 더불어 인도 유행하고 있다고 하였다. 인의 부분을 제외한다면 이 논의는 기화론적 세계관에서 일반화된 것으로 황로사상의 관점과 통한다. 특히 『황제내경』 등 의학 서적에서는 이러한 천인상응 내지는 전일론적 세계관을 토대로 한다.

---

18) 『論語』 및 『論語集註』 「里仁」 "曾子曰 夫子之道 忠恕而已矣" 및 朱子註 참조.

19) 『論語集註』 「雍也」 "仁者 以天地萬物爲一體 莫非己也 認得爲己 何所不至 若不屬己 自與己不相干 如手足之不仁 氣已不貫 皆不屬己"

『논어』에서는 인의 도덕적 실천을 '박시제중' 의 의미로 확대하고 있다. 이를 의학자들은 적극적으로 활용하여 의학의 실천 덕목으로 상정한다. 송대의 장고(張果)는

> 무릇 의사가 된 자는 모름지기 고금에 통하고 소략하나마 인의를 지키고 이익과 명성에만 치달아 치중하는 마음을 끊어버리고 박시구원(博施救援)하는 뜻을 오로지 한다면 마음으로 얻는 것이 스스로 밝아지고 신물(神物)이 와서 돕는다.[20]

라고 하였는데, 박시구원을 통하여 마음이 밝아지고 신물의 도움의 받는다고 하는 것은 박시제중하는 인의 의미를 통하여 천지자연과 더불어 하나가 되며 신물의 도움을 받을 수 있음을 말한 것이다. 충서 등을 기반으로 한 박시제중은 인의 실천이라 할 수 있는데, 주희는 이에 대해 "박애(博愛)로 인을 삼는다. 박애가 있기 전에는 이루어지지 않으니 곧 무인(無仁)이다."[21]라고 하였고 "부모를 사랑하고 백성을 사랑하며 만물을 사랑하는 것은 인이 아님이 없다."[22]라고 자신 안에만 머무르는 인은 아무런 가치가 없음을 주장하였다. 즉 인의 완성이란 곧 '수기이안인(修己以安人)' 에 있다.

---

20) 『醫說』「醫通神明」"凡爲醫者 須略通古今 麤守仁義 節馳騖利名之心 專博施救援之志 如此則心識自明 神物來相"

21) 『朱子語類』 권137 "以博愛爲仁 則未有博愛之前 不成 是無仁"

22) 『朱子語類』 권56 "愛親仁民愛物 無非仁也"

이러한 인의 실천에 있어 『논어』에서는 효행을 우선시하였는데, "효제(孝弟)라고 하는 것은 인을 행하는 근본일진저!"[23]라고 한 구절이 대표적이다. 인과 더불어 유학적 의학자들의 또다른 존립 근거이다. 금원사대가(金元四大家)의 한 사람인 장종정(張從正, 1156~ 1228)의 경우를 보면, 자신의 의서 이름을 유학의 문하에서 어버이를 섬기는 방법이란 뜻인 『유문사친(儒門事親)』으로 지었다 한다. 의학자들의 효에 대한 관심이 다른 도덕적 실천보다 우위에 있었음을 방증하는 것이다. 서문에서 "오직 유자만이 능히 밝게 분별할 수 있으니 어버이를 섬기는 자는 알지 않을 수 없다"[24]라고 하여 효의 실천이 의학의 목적임을 분명히 하고 있다. 이는 아울러 인도(仁道)의 실천과 맥을 같이하는 것이다. 『효경(孝經)』에 보면 "신체발부(身體髮膚)는 부모로부터 받은 것이니 감히 훼손하지 않는 것이 효도의 시작이다."[25] 라고 하였는데, 의학자들의 하나의 지침이 된 듯하다. 의학 이론이 비록 도가 · 도교적인 양생론과 『황제내경』의 연장선에 있다고 하더라도 그들이 추구하는 의학의 지향점은 친친인민(親親仁民)의 실현이다. 이러한 경향을 의효합일(醫孝合一)이라고까지 표현하기도 한다.[26] 효를 도덕적 행위의 근본으로 인식하여 의학의 목적이 되었는데, 그 근원은 『논어』에 있다고 할 수 있다.[27]

---

23) 『論語』「學而」"孝弟也者 其爲仁之本與"

24) 『儒門事親』「序」"惟儒者能明辨之 而事親者不可不知"

25) 『孝經』「開宗明義章」"身體髮膚受之父母 不敢毁傷 孝之始也"

26) 徐儀明, 『性理與岐黃』, 中國社會科學出版社, 1999, 6장 참조.

27) 이 절은 다음 논문의 내용을 수정 보완한 것임. 성호준, 「論語와 儒醫의학의 상관

2. 맹자(孟子)와 순자(荀子)의 심신관(心身觀)과 동중서(董仲舒)

인과 효를 바탕으로 박시제중하는 유학과 의학의 목표를 인술(仁術)이라는 말로 집약할 수 있는데, 인과 효의 근거를 의학자들은 『논어』에서 찾았다면, 심신(心身)에 관한 관점은 공자 이후 전국시대의 맹자(孟子, 기원전 372~기원전 289)나 순자(荀子, 기원전 289~기원전 238)에서 그 근거를 찾았다. 도덕적 생명을 중시하는 유가의 입장에서 신체의 문제를 어떻게 다루는가 하는 문제는 유학자들이 의학을 어떠한 관점으로 이해하고, 어떻게 의학에 적용하는 가하는 문제로 전이되는 관건의 하나이다.

맹자의 심신에 관한 관점을 「공손추(公孫丑)」를 통해 보면 다음과 같은 구절이 있다. 맹자는 "대저 지(志)라는 것은 기(氣)의 장수이고 기는 몸에 채움이니 대저 지가 지극하고 기는 다음이다."[28]라고 하였다. 여기에서 기는 신체를 구성하는 요소이나 정신적인 요소인 지의 주재를 받고 있는 것임을 알 수 있다. 그러나 기와 지는 상호 영향을 주고받는 것으로 인식하였다. "지가 한결같은즉 기를 움직이고 기가 한결같은즉 지를 움직인다. 이제 넘어지는 이와 뛰어가는 이는 기이지만 도리어 그 마음을 움직이게 된다."[29]고 한다. 맹자는 이러한 기가 지속적인 도덕

성」, 『東洋哲學硏究』 34, 2003. 한편 공자 사상의 의학적 의미를 정명(正名), 인학(仁學), 인식론, 중용지도(中庸之道) 등 네 가지로 나누어 설명하기도 하나, 의학과 공자 사상의 유기적인 관계를 설명하기에는 일반론에 불과하다.(程雅君, 『中醫哲學史』 第一卷, 泗川出版集團, 2008, p.235-p.237, 참조)

28) 『孟子』 「公孫丑上」 "夫志 氣之帥也 氣體之充也 夫志至焉 氣次焉"

실천을 통하여 사람 속에 있는 의(義)가 모이면 지극히 크고 지극히 강하여 천지간에 가득 차게 되는 기 곧 호연지기(浩然之氣)가 생긴다고 한다.[30] 호연지기에 대해 주희는 "호연은 성대하게 유행하는 모습이오, 기는 이른바 신체에 가득한 것이니 본디 스스로 호연한 것이나 그 기름을 잃어버리는 까닭에 부족하게 된다. 오직 맹자께서 잘 길러서 그 처음을 회복하고자 한 것이다."[31]라고 말한다. 이는 본심의 선함을 인정하는 맹자의 입장에서 양기(養氣)하면 그 기도 도의(道義)와 짝하여 호연지기가 일신(一身)에 가득 차게 된다는 의미이다. 맹자의 호연지기에 대한 논의는 도덕적 신체의 의미를 상정하여 양기와 양심을 통해 심신의 회복을 도모하는 것으로 드러난다. 이러한 『맹자』의 논의는 송대 정이(程頤, 1033~1107)와 조선 이이(李珥, 1536~1584) 등으로 이어지게 된다. 정이는 기를 호연지기와 진원지기(眞元之氣)로 나누어 심신의 관계를 설명하는데 다음 장에서 서술한다.

이는 또한 천인합일의 경지로 이끌어지는데, 맹자는 "그 심을 다하는 자는 그 성(性)을 알고, 그 성을 안즉 하늘을 알 수 있다. 그 심을 보존하고 그 성을 기르는 것은 하늘을 섬기는 것이며, 요절하고 장수하는 것은 둘로 여기지 않고 수신(修身)으로 기다림은 명(命)을 세우는 것이다."[32]

29) 『孟子』「公孫丑上」"志壹則動氣 氣壹則動志也 今夫蹶者趨者 是氣也而反動其心"

30) 『孟子』「公孫丑上」"其爲氣也 至大至剛 以直養而無害 則塞於天地之間 其爲氣也 配義與道 無是 餒也" 참조

31) 『孟子集註』「公孫丑上」朱子註 "浩然盛大流行之貌 氣卽所謂體之充者 本自浩然 失養故餒 惟孟子爲善養之 以復其初也"

32) 『孟子』「盡心上」"盡其心者 知其性也 知其性 則知天矣 存其心 養其性 所以事天也

라고 말한다. 심의 활동과 성이 도덕적이면서 자연적인 천에 합일될 수 있음을 말하고 있다. 맹자는 도덕적 가치를 바탕으로 심 · 성 · 천이 합일되는 신체의 면모를 드러내어 수양과 양생의 의미를 제시하고 있고, 이러한 점은 '존심양성(存心養性)' 이라는 송대 성리학의 슬로건으로 발전하는 근거가 되었으며 유학적 의학의 모토가 되었다.[33] 더욱이 앞서 언급한 '인술' 이라는 표현도 비록 의미는 차이가 있지만, 사실 『맹자』에 그 기원을 두고 있다.[34]

한편 송대 의학의 의미를 서술한 『소아위생총미론방(小兒衛生總微論方)』「의공론(醫工論)」에 보면 다음과 같은 구절이 있다.

> 의가의 도는 먼저 자기를 바르게 하고(正己), 다음에 사물을 바르게 한다(正物). 정기라는 것은 능히 이치를 밝혀 술을 다하는 것이다. 정물이라는 것은 능히 약을 써서 병에 대처하는 것이다. 이와 같이 한 연후에 일이 반드시 이루어질 것이다. 만약 능히 정기할 수 없다면 곧 어찌 능히 정물 할 수 있겠는가? 능히 정물 할 수 없다면 곧 어찌 능히 병을 낫을 수 있겠는가?[35]

위의 구절은 『맹자』에 그 근거가 있다. "대인이라는 자가 있으니 자

夭壽不貳 脩身以俟之 所以立命也"

33) 成昊俊,「東醫寶鑑의 철학적 연구」, 성균관대 박사 논문, 2001, p.35-p.36, 참조.

34) 『孟子』「梁惠王上」 참조.

35) 『小兒衛生總微論方』「醫工論」"爲醫之道 必先正己 然後正物 正己者 能明理以盡術也 正物者 謂能用藥以對病也 如此然後事必濟 而功必着矣 若不能正己 則豈能正物 不能正物. 則豈能愈疾"

기를 바르게 하고 그러고서 사물이 바르게 할 수 있다."[36]라고 하였는데, 이는 『논어』의 충·서와 수기안인의 맥락과 통하는 부분으로 유학의 기본원리를 의학적으로 전개한 것으로 평가할 수 있다.

『맹자』와 달리 『순자』의 경우는 형신합일(形神合一)이라는 특징을 분명히 드러내고 있다. 「왕제편(王制篇)」에서 보면 "물과 불은 기가 있으나 생(生)이 없고, 초목은 생은 있으니 지(知)가 없으며 금수는 지는 있으나 의(義)가 없다. 사람은 기·생·지가 있으며 또한 의(義)도 있으니 천하에서 최고 귀함이 된다."[37]라고 말한다. 여기에서 보면 사람과 사물이 공통으로 있는 요소는 기로 천하 만물의 근원임을 알 수 있다. 그리고 그 기는 음양으로 설명되는데, "천지가 합쳐져 만물이 생기고, 음양이 만나 변화가 일어난다."[38]고 한다. 천지 음양의 이기(二氣)가 합하여져 만물이 생기고 운동 변화를 일으키는 것으로 서술하고 있다. 순자의 기는 일종의 물질에 준하는 요소이자 체질의 뜻이 있으며 기는 상호교감하는 작용이 있는 것으로 생각된다.[39] 기에 의한 만물의 생성·변화를 설명하는 순자의 관점은 형신이라는 인간의 심·신에 대한 논의로 이어진다. "정신이 형체에 거하는 것은 불이 촛대에 그러한 것과 같다."[40]고 하여 형신 즉 심신이 합일되는 점을 비유하였다. 그리고 "심이

---

36) 『孟子』「盡心上」"有大人者 正己而物正者也"

37) 『荀子』「王制篇」"水火有氣而無生 草木有生而無知 禽獸有知而無義 人有氣有生有知 亦且有義 故最爲天下貴也"

38) 『荀子』「天論篇」"天地合而萬物生, 陰陽接而變化起"

39) 楊儒賓, 위의 책, p.72.

40) 『荀子』「天論」"精神居形體 猶火之然燭也"

란 형(形)의 임금으로 신명(神明)의 주인이다."[41]라고 하여 심이 인간의 형체를 다스리는 기관으로 묘사되어 있다. 그러나 발생의 순서로 보면 신보다는 형이 앞서는 존재로 판단한다.[42] 인간에 있어 형체가 갖추어져야 정신이나 의식이 따라서 생긴다는 뜻으로 이해할 수 있다. 『순자』의 형신론은 『관자(管子)』나 『회남자(淮南子)』 등 황로사상의 맥을 잇고 있는 것이며 『황제내경』과도 맥이 닿아 있는 부분으로 유학자들이 의학을 이해하는 관점이 되었다.

한편으로 순자는 도를 인식하는 방법으로 허일이정(虛壹而靜)을 들고 있는데, 치기(治氣)와 성(誠)을 통한 심의 수양을 주창하였다. 우선 '허일이정'은 "마음을 텅 비우고 한결같이 하고 고요하게 함."을 뜻한다. "사람은 무엇으로 도를 아는가? 말하자면 심이다. 심은 무엇으로 도를 아는가? 그것은 텅 빔〔虛〕과 전일함〔壹〕 그리고 고요함〔靜〕으로 알게 된다. 심은 일찍이 무엇을 저장하지 않은 적이 없지만, 그러나 이른바 텅 빔이라는 것이 있다."[43]라고 하였다. 도의 인식을 통하여 순자는 심신의 수양을 주장하게 된다. 그는 "무릇 혈기와 의지와 생각을 활용하는데 예(禮)에 말미암으면 잘 다스려지고 통하지만, 예에 말미암지 않으면 문란하고 산만해진다. 먹고 마시고 옷을 입고 생활하고 활동하는 데도 예에 말미암으면 조화가 되고 절도가 있게 되지만, 예에 말미암지 않으면 뜻대로 되지 않고 병이 생긴다."[44]라고도 하였다. 심성의 수

41) 『荀子』「解蔽篇」"心者 形之君也 而神明之主也"
42) 『荀子』「天論篇」"形具而神生" 이하 참조
43) 『荀子』「解蔽篇」"人何以知道 曰心 心何以知 曰虛壹而靜 心未嘗不臧也 然而有所謂虛"

양과 신체의 양생이 모두 예를 따르는 것을 기준으로 삼았다. 또한 치기양심(治氣養心)의 구체적인 방법과 그러한 것이 시행되는 근본원리가 '중용' 이라고 한다.[45] 그리고 치기양심이 예의 실천을 통해 기질의 치우침을 교정하는 수양이라면 성(誠)은 양심(養心)의 궁극적 지향 방법이다. 『순자』에 보면 "군자가 양심을 하는 것에는 성(誠)보다 더 좋은 것이 없으니, 성에 도달하면 더 할 일이 없다. 오로지 인(仁)을 지키고 오직 의(義)를 행할 뿐이다."[46]라고 하였다. 심성수양과 더불어 신체의 양생 부분이 모두 '성' 에 근간하고 있음을 드러낸 부분이다. 이는 이후 유학적 의학이 심을 우선시하고 양심과 양생의 조화를 도모하는 방향과 다른 것이다.

유학은 『역전(易傳)』 등을 통하여 음양론 등 철학적 자양분을 획득하였는데, 본격적으로 세계관으로의 면모를 보이게 된 것은 한대(漢代) 동중서(董仲舒, 기원전 170?~기원전 120?)의 경우에서 볼 수 있다. 그는 존양억음(尊陽抑陰)과 오행(五行)의 상생(相生)과 상극(相剋)의 논의를 통하여 인간-사회-자연을 계통적으로 이해하고자 하였다. 그는 원(기)을 만물의 시원으로 인정하는데, "원은 근원과 같으니 그 뜻에 의하여 천지의 끝과 시작이 따라온다. …… 원이라는 것은 만물의 근본이 된다."[47]고 한다. 그리고 그 원기(元氣)는 음양과 오행으로 각각 나누어진

---

44) 『荀子』 「修身篇」 "凡用血氣志意知慮 由禮則治通 不由禮則勃亂提慢 食飮衣服居處動靜 由禮則和節 不由禮則觸陷生疾"

45) 안영명, 「순자사상의 도덕적 인식과 실천」, 『儒學硏究』 39, 충남대 유학연구소, 2017, p.195-p.200, 참조.

46) 『荀子』 「不苟篇」 "君子 養心莫善於誠 致誠則無他事矣 唯仁之爲守 唯義之爲"

다. "천지의 기는 합하면 하나가 되지만 나누면 음양이 되고 구별하면 사시(四時)가 되며 나열하면 오행이 된다."[48]고 하여 음양과 오행에 대해 서술하고 있다. 형신합일적인 관념에서 보면 그 기는 심의 지배를 받는 것으로 묘사하고 있다. 그는 "무릇 기는 심을 좇는다. 심은 기의 임금이다. 어찌하여 기가 따르지 않겠는가? 이런 까닭에 천하의 도는 모두 내심(內心)이 기본임을 말한다. 그러므로 인한 사람이 오래 살 수 있는 까닭은 밖으로 탐함이 없고 안으로 청정하여 심이 평화롭고 중정(中正)을 잃지 않기 때문이다."[49]라고 말하여 신체 안에서 심이 주도적인 역할을 하고 있음을 말하고 있다. 동중서의 음양오행론은 천인감응의 설로 전이되어 진다. 동중서는 천과 인간을 자연적인 기만 공유하는 것이 아니라 정서적인 측면, 도덕적인 측면 그리고 병리적인 측면에서 상호감응하는 존재로 설명한다. 그는 "음양의 기는 천에도 있고, 인간에게도 있다. 인간에게 있는 것은 좋아하고, 싫어하고, 즐겁고, 화나는 것이 된다. 천에 있는 것은 따뜻하고, 맑고, 차갑고, 더운 것이 된다."[50]고 하여 인간의 감정이 하늘의 기후와 상응하는 것임을 말하고 있다. 이 부분은 다소 견강부회적인 면이 없지는 않으나 음양의 기에 의하여 천인이 서로 상응하는 면을 주목할 필요가 있고, 이러한 부분이 의학과 유학의

---

47) 『春秋繁露』「玉英」"元猶原也 其義以隨天地終始也 … 元者爲萬物之本"

48) 『春秋繁露』「五行相生」"天地之氣 合而爲一 分爲陰陽 判爲四時 列爲五行"

49) 『春秋繁露』「循天之道」"凡氣從心 心氣之君也 何爲而氣不隨也 是以天下之道者 皆言內心其本也 故仁人之所以多壽者 外無貪而內清淨 心和平而不失中正"

50) 『春秋繁露』「如天之爲」"陰陽之氣 在上天 亦在人 在人者爲好惡喜怒 在天者爲暖清寒暑"

간극을 줄이는데 기여한 것으로 보인다.

유학의 사상 체계는 당대(唐代)와 송대로 이어지면서 더욱 체계화되고 심층적으로 발전하였다. 인간 심성(心性)의 본래적인 도덕성을 회복하고자 하는 성리학의 체계로 이어지게 된다. 주돈이 · 장재 · 정호 · 정이 · 주희로 전승되는 성리학의 사유 체계는 천지만물과 인간의 구성 원리에 대한 논의를 불교와 도가 등에서 차용하였지만 유학 본래의 도덕 원리는 그대로 간직한 것으로 보인다. 특히 성리학은 경전을 정비하는 단계를 통하여 『주역』과 『중용』의 중요성을 확인시켜줌으로써 인간 심성의 형이상학적 근거를 확보하였다. 특히 인성의 부분에서는 '성선(性善)'의 존재론적 근거를 확보함으로써 도덕적 생명 가치로 일관되는 천인합일론이 강조된다. 아울러 선악이 나누어지는 것을 '본연지성(本然之性)과 기질지성(氣質之性)' '천리 · 인욕' '도심(道心) · 인심(人心)'이라는 이원적 구조로 파악하여 설명한 특징이 있다. 그러나 의학이나 인체에 대한 성리학자들의 분석은 많이 이루어진 편은 아니다. 그럼에도 불구하고 존심양성의 목표를 지닌 성리학의 심성수양론은 유학적 의학을 전개하는데 지대한 공헌을 한 것으로 여겨진다.[51)]

---

51) 成昊俊, 위의 논문, p.37-p.38, 참조.

3. 『황제내경(黃帝內經)』과 황로사상(黃老思想), 역학(易學)

중국 및 동아시아 의학의 본질을 규명하려는 중심에는 항상 『황제내경』이 있다. 이는 『황제내경』이 의학의 성경(聖經)으로 동양 의학의 본질적 함의를 담고 있음을 뜻한다. 유학에서 그러하였듯 의학도 경전의 주석사가 곧 의학사라고 할 수 있다. 그러므로 『황제내경』(이하 『내경』)의 성립을 '의학의 학문적 기원'으로 두고 논의를 전개하고자 한다. 유학이 사서오경의 주석을 통하여 발전하였듯이 의학은 『내경』의 주석을 통하여 발전하여 왔다. 수당대의 왕빙(王冰)이나 양상선(楊上善) 등은 물론이고, 송대 이후 유학적 소양을 갖춘 의사들에게서도 『황제내경』의 의미는 유학의 경전에 비교될만한 것이었다. 특히 『내경』은 삼분(三墳)의 하나로 받아들여졌는데, "의가에 내경이 있는 것은 유가에 오경이 있는 것과 같다."라고 하여 의생들의 필독서가 되었다. 이후 금원대 의사들은 의학의 본령을 『내경』으로 두었다. 유완소(劉完素, 1120~1200)는 35년간 『내경』을 연구하였고, 원대의 주진형(朱震亨, 1281~1358)도 『내경』이 도를 실은 책이라고 강조하여 유자가 아니면 읽을 수 없다고 하였다.[52] 그러나 『내경』의 사상적 의미는 황로사상의 맥락에서 밝힐 수 있다. 이는 『내경』을 존숭하여 성경의 반열에 올린 이들이 유학적 의사라고 하는 것과 사상적으로 잘 어울리지 않는 면도 있다. 그러나 성리학적 영향을 강하게 받은 유학적 의사라고는 하지만, 신체의 형기

52) 林殷(문제곤 옮김),『한의학과 유교문화의 만남』, 예문서원, 2000, p.227.

변화를 좇는 의학의 태생적 성격을 간과할 수 없었을 것이고, 주희의 『참동계(參同契)』 등의 음양론에 대한 인식처럼 『내경』 의학을 천·인 상응의 기질변화(氣質變化)를 논거로 삼아 진치(診治)에 활용한 것으로 이해할 수 있다. 또한, 이는 명대의 장개빈(張介賓, 1536~1640)의 표현처럼 성명(性命)의 법칙을 논한 역학·도학(유학)과 성명의 찬육(贊育)을 도모한 의학이 체용일원(體用一源)의 차원에서 상통하는 요소임을 인정한 것이다.

『내경』은 한 개인의 저작도 아니고, 한 시대에 완성된 것도 아니라는 것이 정설이다. 전국시대의 초기부터 후한에 이르는 시기에 많은 의가들의 노력으로 소재가 모아져 하나의 책이 되었다는 것이 일반적인 주장이다.[53] 그중 『소문(素問)』은 음양오행이 포함된 부분과 그렇지 않은 부분으로 나눌 수가 있는데, 음양오행이 포함되지 않은 부분은 기원전 4세기의 저작, 음양오행이 포함된 부분은 기원전 3세기 중엽으로 추정하기도 한다. 이는 추연(鄒衍, 기원전 340?~기원전 260?)의 생몰 연대로 기준을 삼은 것이다. 그리고 다른 편들을 종합하여 볼 때는 가장 빠른 것은 기원전 4세기, 가장 늦은 것은 약 2세기경의 저작으로 인정하는 것이 『소문』의 경우다. 『영추(靈樞)』의 경우도 비슷한 성서 과정을 거쳐 완성되었는데, 대략 기원전 3세기경에서 1세기경의 저작들로 이루어졌다고 한다. 이러한 과정은 앞서 논의한 황로사상의 흐름과 거의 일치하는 것으로 보인다.

53) 洪元植, 『中國醫學史』 東洋醫學研究院, 1993, p.46.

황로사상은 황제와 노자를 존숭하는 사상적 경향을 말하는데, 이는 전국시기 제(齊)의 직하학파에서 출발한다. 황제는 전국시기 제나라 지역에서 제사의 대상이 되었고, 전설적인 존재였으나 기원전 386년에 제의 대부 신분으로 제의 공실(公室)을 탈취한 전화(田和)와 그 후계자들은 정통성을 확립하기 위하여 황제를 전씨 가문의 시조로 영입한 것으로부터 중시되었다고 한다.[54] 그리고 직하학궁(稷下學宮)에서 이루어진 다양한 학문 연구를 황제에 의탁하는 경향이 있었을 것이다. '황로' 라는 표현을 가장 먼저 언급한 것은 『사기(史記)』이다. "신자(申子, 申不害)의 학문은 황로에 근본하고 형명(刑名)을 주로 하였다."[55]고 하였고, "한비(韓非)는 한의 공자(公子)로 형명법술(刑名法術)의 학문을 좋아하였는데, 그 근본은 황로에 있다."[56]고 하였다. 이를 비롯하여 많은 전국시대 및 한나라 초기의 사상가들은 황로와 연관시키는 경우가 많이 있었다. 『회남자』에서도 "도를 행하는 자는 반드시 신농 · 황제에게 의탁한다."[57]고 한다. 이러한 황로사상의 주요한 문헌으로는 『황제사경(黃帝四經)』을 비롯하여 『관자』 · 『여씨춘추(呂氏春秋)』 · 『회남자』 등이 있다. 황로사상의 주요한 내용은 정기론(精氣論) · 음양오행론 · 천인상응 등이라 할 수 있다. 황로사상은 최소한 전국 중기 직하에서 시작하여서 한대 초기에 이르는 시기 즉 기원전 4세기에서 시작하여 동중서 이전의 시기에 성행하였던 것으로 보인다. 독존유술을 주창한 동중서 또한 천

54) 鄭日童, 『漢初의 政治와 黃老思想』 백산자료원, 1997, p.383.

55) 『史記』 권63 「老子申韓列傳」 "申子之學 本於黃老 而主刑名"

56) 『史記』 권63 「老子申韓列傳」 "韓之諸公子也 喜刑名法術之學 而其歸本於黃老"

57) 『淮南子』 「修務訓」 "爲道者 必托之于神農黃帝"

인상응론이나 기와 음양오행 등의 사유는 황로사상에서 가져왔을 것으로 생각하며 유학과 도가 양생론이 음양오행과 기로 상통한 것이다.

우선 기는 천지자연과 인체를 구성하는 궁극적인 요소임과 동시에 인체 내부에서 부단한 순환을 하여 정신을 포함한 생명 활동을 유지해 주는 것으로 인체의 생리 · 병리 · 진단 · 치료의 방법과 양생론을 전개하는 기초적인 요소가 되며,[58] 정기(精氣)라고도 불린다. 『내경』에서는 "정기를 호흡하면 홀로 그 신을 지켜 기육(肌肉)이 한결같이 되면 장수할 수 있다."[59]고 하였는데, 정기는 생명 운행의 기이다. 그리고 "음은 화평하고 양은 고밀(固密)하여야 정과 신이 이에 다스려지며, 음양이 이결(離決)하면 정기는 이에 끊어진다."[60]고 한다. 이는 음과 양의 상호 조화에 의하여 정기가 운용되고, 정기가 끊어지면 생명 활동은 그치게 된다는 뜻으로 정기의 의미를 생명의 관점으로 보는 『관자』나 『여씨춘추』의 경우와 상통한다. 『관자』는 직하학파의 저작을 모은 책인데, 기를 정기로 규정하고 음양오행의 법칙이 있다고 하여 정기가 운동하는 법칙으로 나라를 다스리고 신체를 닦도록 지도해야 한다고 주장한다. 『관자』에서는 정기가 나누어져 음양 두 기가 있게 되며, 음양 두 기가 대립 교감하여 생명과 지혜를 가진 인간을 포함한 만물을 만들어 낸다고 한다.[61] 음양의 두 기는 사물의 본원으로 사물이 형성되기 이전부터

58) 丸山敏秋, 『黃帝內經と中國古代醫學』, 東京美術, 1988, p.156.
59) 『黃帝內經 · 素問』「上古天眞論」"呼吸精氣 獨立守神 肌肉若一 故能壽"
60) 『黃帝內經 · 素問』「生氣通天論」"陰平陽秘 精神乃治 陰陽離決 精氣乃絶 因於露風"
61) 張立文 외 지음(김교빈 외 옮김), 『氣의 철학』(상) 예문지, 1992, p.96.

형성된 이후까지 운동하는 원인과 이치가 된다. 『여씨춘추』에서도 "정기는 한 번 위로 올라가고 한 번 아래로 내려가서 두루 순환하여 다시 섞이며 얽매이지 않는다. 그러므로 천도는 둥글다고 한 것이다."[62]라고 한다. 「대악(大樂)」에서 보면 한 번 위로 올라가고 한 번 아래로 내려가는 것은 다름 아닌 음양의 조화로 보고 있다. 그리고 이 음양의 변화는 양의(兩儀)에서 나오고 양의는 태일(太一)에서 비롯된다고 한다.[63] 『여씨춘추』의 내용은 『역전』의 논지와 유사하게 서술하고 있다. 즉 "도라는 것은 지극히 '정' 하여 형상으로 할 수도 없고, 이름 부를 수 없으니 억지로 이름하여 '태일' 이라고 한다."[64]고 한다. 태일이라는 것은 『관자』 등에서도 서술한 용어로 정기의 다른 이름인데, 음양의 조화를 발하는 존재로 이해하고 있다.

『내경』의 기와 음양에 대한 논의는 형신합일의 관념과 천인상응론으로 연결되어 진다. 인간의 생명은 정기로 화생(化生)되는데, 사람은 형과 신이 함께 갖추어져 있어야 온전한 생명이 유지된다는 점을 강조하고 있다. 이러한 점은 『순자』를 비롯한 유학의 입장과도 차이가 없는 것으로 『역전』의 논의와도 맥이 닿아 있다. 중국의 유장림은 이에 대해 의학의 기본적인 형 · 신에 대한 입장은 동일하다고 한다. 그리고 의학에서 말하는 인체의 신은 일반적인 생명의 기능은 물론이고, 사유와 정지 및 인체의 무의식적인 조절기능까지 포괄한 개념이라고 하였다. 반면

---

62) 『呂氏春秋』「圜道」"精氣一上一下, 圜周復雜 無所稽留 故曰天道圜"

63) 『呂氏春秋』「大樂」 참조.

64) 『呂氏春秋』「大樂」"道也者 至精也 不可爲形 不可爲名 彊爲之謂之太一"

신과 상대되는 형은 장부기관과 기육백해(肌肉百骸), 혈맥정수(血脈精髓), 진액모피(津液毛皮) 등 유형적인 신체의 부분을 뜻한다고 한다. 즉 형은 생명의 물질적 기초가 되고, 신은 생명 운동과 주재라고 한다.[65)]

『내경』은 '형여신구(形與神俱: 형과 신은 함께한다.)' [66)]의 관념으로 형신의 관계를 설정을 한다. 『영추』에서 보면 "혈기가 이미 조화롭고 영위(榮衛)가 이미 통하고 오장이 이미 이루어지고 신기(神氣)가 마음에 거하고 혼백이 갖추어지면 비로소 이에 사람이 이루어진다."[67)]고 하여 형기가 신보다 우선됨을 말하고 있다. 이는 한대의 기화적(氣化的) 생성론과 유사한 것으로 볼 수 있다. 그리고 "신을 잃은 자는 죽고, 신을 얻은 자는 산다."[68)]고 하여 형기가 우선되기는 하지만 신이 생명 활동의 주요한 요소임을 보여준다. 그러므로 형과 신은 합일적 관계에 있게 된다. 신이 없으면 형은 무의미하고, 형이 없으면 신은 살아갈 곳이 없다. 그러므로 형신은 상호 의존적인 요소이므로 양생의 문제에서도 양형(養形)과 양신(養神)의 겸수(兼修)를 주장한 것이다.

『여씨춘추』에서는 형신의 문제를 정기와 형기로 나누어 설명한다.

> 흐르는 물은 썩지 아니하고, 문의 지도리가 좀이 먹지 않는 것은 움직이기 때문이다. 형기 또한 그러하다. 형이 움직이지 않으면 정이 흐르지 못하고,

---

65) 劉長林 · 滕守堯, 『易學與養生』, 沈陽出版社, 1997, p.121-p.122.

66) 『黃帝內經 · 素問』 「上古天眞論」 참조.

67) 『黃帝內經 · 靈樞』 「天年」 "血氣已和 榮衛已通 五藏已成 神氣舍心 魂魄畢具 乃成爲人"

68) 『黃帝內經 · 靈樞』 「天年」 "失神者死 得神者生"

정이 흐르지 못하면 기가 막힌다. 막히는 곳이 머리면 종기가 되거나 풍이 되고, 귀가 되면 난청이 되거나 귀머거리가 되고, 눈이 되면 눈곱이 끼는 병이 되거나 소경이 되고, 코가 되면 코맹맹이가 되거나 코막힘이 되고, 배가 되면 헛배가 부르거나 하복통이 되고, 발이 되면 마비가 되거나 앉은뱅이가 된다.[69]

이 구절에서 보면 형기와 정기의 관계를 살펴볼 수 있는데, 정기는 만물의 정신 생명이나 작용적 측면을 제시한 면이 있고, 형기는 생명의 물리적 측면을 제시한 것으로 보인다. 정기와 형기는 신(身)과 심(心)을 지칭하는 것으로 보이는데, 그 관건이 되는 인자는 '움직임' 이라는 측면으로 이해할 수 있다. 생명의 흐름이란 한시라도 쉬지 않는 음양 두 기의 생생불식(生生不息)이라는 본질적 요소를 가진 것으로 이해할 수 있다. 정과 형이 하나의 기로 상호 유기적인 관련성을 맺고 있으면서 그것이 잘 유행되지 못하면 질병이 된다는 것이다. 『관자』를 이은 『여씨춘추』의 형신 합일적 구조나 정기설의 내용은 그대로 『내경』으로 이어지며 순자의 형신 합일적 관점과 맹자의 지와 기의 관계와 별반 다르지 않다.

그러나 『내경』에서는 형과 신의 관계에 있어 신이 주재하는 역할을 하고 있다고 하였다. 신이 거주하는 곳은 심인데, 심은 오장육부 등을

69) 『呂氏春秋』「盡數」"流水不腐 戶樞不蠹 動也 形氣亦然 形不動則精不流 精不流則氣鬱 鬱處頭則爲腫爲風 處耳則爲挶爲聾 處目則爲目蔑爲盲 處鼻則爲鼽爲窒 處腹則爲張爲府 處足則爲痿爲蹶"

통할하는 군주의 역할임을 『내경』에서는 강조한다. "심은 군주의 관으로 신명이 나온다."[70] "심은 오장육부의 주인이다."[71] 라 하여 심이 일신의 주재자임을 말하고 있다. 이는 『순자』의 "심은 형의 임금으로 신명의 주인이다. 명령을 내지만 명령을 받지는 않는다."[72]라고 한 구절과 유사하다. 심은 신명이 나오는 곳이라는 의미와 오장육부의 심으로 나눌 수 있는데, 『내경』에서는 양자를 포괄하는 의미로 '심'을 말하고 있다. 신이 일신의 주인이기 때문에 양생의 문제에서도 양형의 문제보다는 양신의 문제를 중시한 측면이 있다. 즉 『회남자』에 나오는 "신을 다스림에 태상(太上)은 양신이요, 그 다음은 양형이다"[73]고 한 구절과 『내경』이 지향하는 양신의 문제는 상통한다. 『내경』에서는 "염담허무(恬惔虛無)하면 진기(眞氣)가 따르고 정신이 안에서 지켜지니 병이 어찌 오겠는가?"[74]라고 한다. 염담허무는 심이 편안하고 고요하여 잡념이 없는 상태라고 볼 수 있다. 이 구절은 유학적 의학을 선도한 주진형의 의학적 논거로 활용되었다. 유학의 주정(主靜)의 심성 공부와 통하는 것으로 보았다. 주진형의 말을 살펴보자.

> 유자(儒者)가 가르침을 세워 "정심 · 수심 · 양심하라"고 말하였는데, 모두 이 화가 망령됨에서 동하는 것을 대비하라는 것이다. 의자(醫者)가 가르

---

70) 『黃帝內經 · 素問』「靈蘭秘典論」"心者 君主之官也 神明出焉"

71) 『黃帝內經 · 靈樞』「口問」"心者 五藏六府之主也"

72) 『荀子』「解蔽篇」"心者形之君也 而神明之主也 出令而無所受令"

73) 『淮南子』「泰族訓」"治身 太上養神 次上養形"

74) 『黃帝內經 · 素問』「天元紀大論」"恬淡虛無 眞氣從之 精神內守 病安從來"

침을 세워 "염담허무(恬憺虛無)하면 정(精)·신(神)이 안으로 지켜지니"라고 말하였는데, 또한 이 화가 망령됨에서 동하는 것을 막으라는 것이다.[75)]

이 구절에서 보면 주진형은 맹자의 정심·수심·양심의 심성수양 전통을 황로사상과 연관이 있는 『황제내경』의 염담허무의 수양법과 별 거부감 없이 같은 맥락으로 이해하고 있음을 볼 수 있다.

한편 형신합일의 논의는 음양오행과 더불어 천인상응론으로 전개된다. 우선 천지자연과 인간의 형상적 대응 관계를 『내경』에서 보면 다음과 같은 구절이 있다.

> 하늘은 둥글고 땅은 모나니 인간의 머리는 둥글고 발은 모남에 이에 응하고, 하늘에 일월이 있으니 인간에게는 두 눈이 있고, 땅에 구주(九州)가 있으니 인간에게는 구규(九竅)가 있고, 하늘에 풍우가 있으니 인간에게는 희로가 있고, 하늘에 뇌전(雷電)이 있으니 인간에게는 음성이 있고, 하늘에는 사시가 있으니 인간에게는 사지가 있고, 하늘에는 오음이 있으니 인간에게는 오장이 있고, 하늘에 육율(六律)이 있으니 인간에게는 육부가 있다.[76)]

이 구절에서 보면 자연의 형상과 인간의 형상이 상호 대응하는 것임

75) 『格致餘論』「房中補益論」"儒者立敎曰 正心收心養心 皆所以防此火之動於妄也 醫者立敎曰 恬澹虛無精神內守 亦所以遏此火之動於妄也"

76) 『黃帝內經·靈樞』「邪客」"天圓地方 人頭圓足方以應之 天有日月 人有兩目 地有九州 人有九竅 天有風雨 人有喜怒 天有雷電 人有音聲 天有四時 人有四肢 天有五音 人有五藏 天有六律 人有六府"

을 알 수 있다. 그러나 다소 견강부회적인 요소가 없지 않은 듯하다. 그러나 이러한 논리는 『내경』에 일관되어 있다. “인간에게 수해(髓海) · 혈해(血海) · 기해(氣海) · 수곡해(水穀海)가 있다. 무릇 이 네 가지는 사해(四海)에 응하는 것이다.”[77]고 하여 인간의 뇌(수해) · 간(혈해) · 전중(膻中,기해) · 위(수곡해)를 천지의 사해에 대응시킨 것이다. 이를 바탕으로 “안으로 오장이 있어 오음 · 오색 · 오시 · 오미 · 오위와 응하고, 밖으로 육부가 있어 육률과 응한다. 육률은 음양의 제경(諸經)을 세워 십이월(十二月) · 십이진(十二辰) · 십이절(十二節) · 십이경수(十二經水) · 십이시(十二時)와 합하니 이것이 오장육부가 천도에 응하는 까닭이다.”[78]라고 말한다.

천지자연과 인간의 동적 대응은 사시의 변화에 기인한다. “동풍은 봄에 생하니 병은 간에 있고 … 남풍은 여름에 생하니 병은 심에 있고 … 서풍은 가을에 생하니 병은 폐에 있고 … 북풍은 겨울에 생하니 병은 신(腎)에 있고 … 중앙은 토가 되니 병은 비(脾)에 있다.”[79]고 하여 사시의 변화와 오행배당의 원칙에 따라 병리를 설명하는 부분이다. 결국 『내경』의 천인상응론은 음양오행의 변화에 그 근거를 두고 있음을 알 수 있다. 특히 오행론은 음양론과 더불어 인간 생명과 천지만물의 상응 구

77) 『黃帝內經 · 靈樞』「海論」“人有髓海 有血海 有氣海 有水穀之海 凡此四者 以應四海也”

78) 『黃帝內經 · 靈樞』「經別」“內有五藏 以應五音五色五時五味五位也 外有六府 以應六律 六律建陰陽諸經 而合之十二月 十二辰十二節十二經水十二時十二經者 此五藏六府之所以應天道”

79) 『黃帝內經 · 素問』「金匱眞言論篇」“東風生於春 病在肝 … 南風生於夏 病在心 … 風生於秋 病在肺 … 北風生於冬 病在腎 … 中央爲土 病在脾”

조를 해설하는데 중요한 근거가 된다. 『내경』에서는 한대의 상수학적(象數學)적인 전통 속에서 오행배당의 논의를 펴고, 병리를 상생 · 상극의 논거로 이해하고자 하였다.

이러한 기와 음양오행의 천인상응은 '인여천지상참(人與天地相參)'[80]으로 『내경』은 표현하고 있다. 천 · 인이 일기를 공유하는데, 그 기의 운동 변화 양상이 곧 천 · 인이 함께 상응할 수 있는 근거가 된다는 것에서 기인한다. 이는 또한 『관자』나 『여씨춘추』 등의 논의와 상통하고 『주역』의 삼재(三才)관과도 연관이 있다. 『여씨춘추』에서는 음양오행을 매개로 하여 천 · 인이 상응하는 요소임을 설명한다. 이러한 요소는 음양오행을 천도와 인간 생명의 장부와 연관하여 보는 『내경』의 기본적인 사유와 일맥상통하는 것으로 볼 수 있다. "지란존망(治亂存亡)을 적은 것이며, 수요길흉(壽夭吉凶)을 아는 것이다. 위로 하늘을 헤아리고 아래로 땅을 본받고 가운데에서는 인간을 살피고자 하였으니 이와 같이 한즉 시비와 가불가가 숨을 곳이 없다"[81]라고 하였다. 음양오행으로 1년 월령을 서술하고 있다. 즉 음양과 오행을 융합시켜 오행의 위치를 천도 변화의 기본 원칙으로 천지 만물의 다양한 형태를 분속시켜 각 사물 간의 내재적 연관성을 확보하고 다시 오행이 원리적으로 갖는 상생관과 상승관을 바탕으로 현상세계의 복잡한 구조를 유기체적 맥락에서 서술하고자 한 것이다.[82]

---

80) 『黃帝內經 · 靈樞』「經水」 참조.

81) 『呂氏春秋』 序 "所以紀治亂存亡也 所以知壽夭吉凶也 上揆之天 下驗之地 中審之人 若此則是非可不可無所遁也"

한편 『내경』의 음양오행론은 초기의 단순한 천지인 배당의 단계를 벗어난 역학의 흐름도 반영하고 있다. 『역전』에서 "역의 글됨은 넓으며 커서 모두 갖추었다. 천도가 있고 인도가 있고 지도가 있다. 삼재를 겸하여 두 번(거듭)하니 그러므로 육이다. 육이라는 것은 다른 것이 아니다. 삼재의 도이다."[83]라고 말한다. 이는 천 · 지 · 인이 각각 음양이 드러나는 것은 다르지만 그 본질에서는 음양으로 표현되고, 그것이 천지인 상응의 기초가 된 것이다. 이는 유학의 삼재론과도 별반 차이가 없는 부분이다. 결국 천인 상응의 문제는 음양의 문제로 귀결된다. 그러므로 『내경』에서는 "음양이라는 것은 천지의 도이고 만물의 강기(綱紀)이며 변화의 부모이다. 생살(生殺)의 근본과 시작이며 신명의 부이다. 병을 치료하고자 하면 반드시 근본에서 구해야 한다."[84] 라고 한 것이다.

그러나 『내경』의 음양론의 경우는 황로사상과 맥을 같이하면서도 아울러 역학사상과 그 흐름을 같이 하고 역학은 유학의 기본적인 사유방식이니 황로와 의학 그리고 유학은 역학으로 상통하는 구조를 지니고 있다고 할 수 있다. 즉 음양론이 체계화된 것은 『역전』의 도움이라고 볼 수 있는데, 『역전』은 전국시대에 성립된 것으로 보는 것이 일반적이다.[85] 이들은 음양 이기(二氣)의 소장(消長)으로 만물 변화의 과정을 설

---

82) 문재곤, 「음양오행론의 전개에 관한 연구」 高麗大 哲學硏究 14, 1989.

83) 『周易』 「繫辭下」 10장 "易之爲書也 廣大悉備 有天道焉 有人道焉 有地道焉 兼三才而兩之 故六 六者非他也 三才之道也"

84) 『黃帝內經 · 素問』 「陰陽應象大論」 "陰陽者 天地之道也 萬物之綱紀 變化之父母 生殺之本始 神明之府也 治病必求於本"

85) 『易傳』의 성립과 저자에 대한 논의는 廖名春 외(심경호 옮김), 『주역철학사』, 예

명하는 동일한 사유방식이 있다. 이러한 과정에서 성립된 『역전』을 비롯한 역학적 사유는 의학과 불가분의 관계에 있다고 보는 것이 일반적인 관점이다. 중국의 양력(楊力)은 『주역』과 『내경』이 이론적으로 '혈연관계'에 있다고 파악하고 그 혈연관계를 '음양설'과 '기화설' 그리고 상수학적인 장상설(臟象說) 등을 들고 있다.[86] 그러한 관점에서 본다면 『역전』의 음양적 사유는 도가나 의학 그리고 유학을 막론하고 자연과 인간 생명의 탄생과 운용을 설명하는 좋은 자료가 되었을 것이고, 유학과 의학이 회통하는 기반이 되었을 것이다.[87]

문서원, 1995, p.103-p.130 참조.

86) 楊力(김충렬 외 옮김), 『周易과 中醫學』 上, 법인문화사, 2000, p.75-p.78.

87) 成昊俊, 위의 논문, p.13-p.22 참조.

제2장

성리학(性理學)과 유학적 의학의 출현

1. 주돈이(周敦頤)의 태극도설과 의학

선진유학의 심성수양과 음양오행의 역학적 기반을 계승한 송대 이후 성리학자들이 가지고 있는 기화(氣化)와 음양오행에 대한 입장과 신체에 대한 이해를 중심으로 의학과의 연관성을 논의하고자 한다. 우선 성리학에서는 천지만물과 신체의 생성에 대하여 태극을 중심으로 논의하였다. 주돈이의 「태극도설(太極圖說)」을 시발로 많은 논의를 거쳐 이루어진 '태극'은 성리학의 만물생성의 근원으로 자리하였다. 태극론은 금원대 이후의 의학자들에게 큰 영향을 준 것으로 보인다. 의학자들은 생명의 탄생 과정에 대한 이해와 오장육부 중 어느 장기가 가장 근원적인 역할을 담당하는가 하는 문제 등을 성리학으로부터 인지하여 의학적인 생리적 문제로 전환하였다.

우선「태극도설」의 논의를 보면

> 무극(無極)이면서 태극이다. 태극이 동하여 양을 낳고, 동이 극하면 정하고, 정하여 음을 낳으며 정이 극하여 다시 동한다. 한 번 동하고 한 번 정함이 서로 뿌리가 되어 음으로 나뉘고, 양으로 나뉘어져 양의(兩儀)가 세워진다. 양이 변하고 음이 합하여 수 화 목 금 토를 낳는다. 다섯 기가 순하게 펴져서 사시(四時)가 운행된다. 오행은 하나의 음양이고 음양은 하나의 태극이며 태극은 본디 무극이다. 오행이 생겨나 각각 하나의 성이 된다.[1)]

라고 하였다.「태극도설」의 의학적 전개에 관한 서술은 다음에 이루어질 예정이나, 이를 적극적으로 수용하여 자신 의학의 중심 논거로 삼은 이가 원대 주진형(朱震亨)이라 할 수 있다. 다음의 글에 주진형의 의학적 지향이 잘 나타나 있다.

> 삼가(三家)의 이론 가운데 단점은 버리고 장점을 차용하고, 또다시 태극의 이치를 참조하여 역(易), 예기(禮記), 통서(通書), 정몽(正蒙) 등의 여러 책의 뜻과『황제내경』의 말을 꿰뚫어 가르치는 뜻으로 돌아가고자 하였다. 이른바『황제내경』에서 말한 화(火)는 대개 태극이 동하여 양을 생하는 것과 오

1)『性理大全』「太極圖說」"無極而太極 太極動而生陽 動極而靜 靜而生陰 靜極復動 一動一靜 互爲其根 分陰分陽 兩儀立焉 陽變陰合 而生水・火・木・金・土 五氣順布 四時行焉 五行 一陰陽也 陰陽一太極也 太極本無極也 五行之生也 各一其性"

성(五性)이 감동(感動)한다는 말과 합함이 있다. 그 음도(陰道)가 비어있다는 말은 곧 『예기』의 음을 기른다는 뜻과 같다.[2)]

이 글은 대량(戴良, 1317~1383)의 글로 주진형의 학문적 지향을 잘 정리한 대목이다. 우선 그는 삼가의 이론을 취사선택하였는데, 삼가는 다름 아닌 금대의 유완소(劉完素)와 장종정(張從正) 그리고 원대의 이고(李杲)를 가리키는데 주진형을 포함한 네 사람을 금원사대가(金元四大家)라 부른다. 주진형은 유학을 허겸(許謙, 1270~1337)에게 배우고, 의학을 나지제(羅知悌)로부터 전수 받은 바 있는데, 나지제를 통하여 세 사람 의학의 장단점을 선택하여 배울 수 있었을 것이다.[3)] 이어 주진형은 『역』과 『예기』를 주돈이와 장재를 통하여 이해하고자 하였고, 이를 또한 『황제내경』과 연관하려 하였다는 것으로 이해할 수 있다. 주진형의 의학이 태극설에 기초하여 『황제내경』의 화에 대한 논의를 결합하였고, 그의 의학론의 핵심인 자음론(滋陰論)의 근거로 활용하기도 하였다.

또한 주진형의 대표 저술인 『격치여론(格致餘論)』의 「상화론(相火論)」은 「태극도설」을 중심으로 주희의 인심 · 도심설을 차용하여 두 가지 화, 곧 군화(君火) · 상화(相火)를 설명하는 데 활용하였다.

---

2) 『九靈山房集』「丹溪翁傳」"乃以三家之論 去其短而用其長 又复參之以太極 之理 易禮記通書正蒙 諸書之義 貫穿內經之言 以尋其指歸 而謂內經之言火 蓋與太极動而生陽五性感動之說有合 其言陰道虛 則又與禮記之養陰意同"(劉時覺外, 『丹溪學研究』, 中醫古籍出版社, 2004, p.40에서 재인용)

3) 劉時覺外, 『丹溪學研究』, 中醫古籍出版社, 2004, p.20-p.22 참조.

태극이 동(動)하여 양을 낳고 정(靜)하여 음을 낳으며, 양이 동하여 변하고 음이 정하고 합하여 수 · 화 · 목 · 금 · 토를 낳으며 각각 하나의 성(性)이 된다. 오직 화에는 둘이 있어 군화 · 인화라 하고, 상화 · 천화라고 한다. 화는 안으로 음이고 밖으로는 양으로 동을 주로 한다. 그러므로 무릇 동하는 것은 모두 화에 속한다.[4)]

위의 구절에서 「태극도설」과 다른 점을 발견할 수 있다. 「태극도설」을 인용하였지만, 나름의 각색을 통하여 『황제내경』에서 말하는 군화 · 상화의 논의를 '태극'과 연관 지어 자신의 주장을 전개한 것으로 보이는데 뒤에서 논의할 예정이다.

한편 명대 장개빈(張介賓)의 경우도 '태극'을 적극적으로 활용하였다. 그는 『유경부익(類經附翼)』「태극도론(太極圖論)」에서 다음과 같이 말하고 있다.

태극이라는 것은 천지만물의 시작이다. 태시천원책문(太始天元册文)에 말하기를 "태허(太虛)는 요확(寥廓)하여 화원(化元)의 기초가 되니"라고 하였고, 노자는 말하기를 "무명은 천지의 시작이요, 유명은 천지의 어미이다."라고 하였으며, 공자는 말하기를 "역에 태극이 있으니 이가 양의를 생한다."고 하였다.[5)]

---

4) 『格致餘論』「相火論」"太極動而生陽 靜而生陰 陽動而變 陰靜而合 而生水火木金土 各一其性 惟火有二 曰君火人火也 曰相火天火也 火內陰而外陽 主乎動者也 故凡動皆屬火"

그는 만물과 인간 생명의 근원으로 태극으로 상정하고 있고, 도가와 유가, 역위(易緯) 등을 아울러 말하고 있다. 아울러 태극을 리(理)라고 표현하기도 한다. 즉 "대저 태극이라는 것은 리일 뿐이다. 주자가 말하기를 '상수(象數)가 아직 형태가 없으나 리는 이미 갖추어져 있다.' 라고 하였다."[6] 이는 도가·도교의 양생론이나 의가에서 일반적으로 태극을 기로 인식하여 논의를 전개하는 것과는 차이가 있는 것으로 유학의 형이상학적 기초를 적극적으로 수용하고자 한 노력의 일환으로 보인다.[7]

장개빈은 또한 「태극도론」에서 다음과 같이 말하고 있다.

> (만물의) 화생(化生)은 일에서 생하나니 이를 일러 태극이라고 한다. 태극이 동정하여 음양이 나누어지는 까닭으로 천지는 다만 이 동정이오, 동정은 곧 이 음양이라 음양은 곧 이 태극이니 이 밖에 다시 다른 일은 있지 않다.[8]

이 구절에서 보면 음양 동정은 곧 태극이라고 하고 있다. 즉 주돈이의 「태극도설」에서 보는 것과 같이 기의 운동 변화의 근원을 태극이라 하고, '일분위이(一分爲二)' 의 생성론적 단초를 보이고 있다.

명대의 의가 손일규(孫一奎, 1522~1619)도 주진형과 장개빈의 입장

---

5) 『類經附翼』「太極圖論」"太極者 天地萬物之始也 太始天元册文曰太虛寥廓 肇基化元 老子曰無名天地之始 有名天地之母 孔子曰易有太極 是生兩儀"

6) 『類經附翼』「太極圖論」"夫太極者 理而已矣 朱子曰象數未形 理已具"

7) 張介賓의 다른 글에서는 "先天은 太極의 一氣요, 後天은 兩儀의 陰陽이다' (『類經附翼』「陰陽體象」)라고 한 구절도 있다.

8) 『類經附翼』「太極圖論」"化生於一 是名太極 太極動靜 而陰陽分 故天地只此動靜 動靜便是陰陽 陰陽便是太極 此外更餘事"

과 크게 다르지 않다. 그는 태극에 대하여 다음과 같이 말하였다.

천지만물은 본디 일체이다. 이른바 일체라는 것은 태극의 리(理)가 있다. 그러므로 주자가 말하기를 "태극은 다만 천지만물의 리이다. 천지에 있으면 통체일태극(統體一太極)이요, 만물에 있으면 만물은 각구일태극(各具一太極)이다. 음양에 나아가면 곧 음양에 있고, 오행에 나아가면 오행에 있으며 만물에 나아가면 만물에 있다." 고 하였다.[9]

위의 구절에서 보는 것과 같이 주희의 리기론을 적극적으로 수용하여 태극과 만물생성의 이치를 논하고 있다. 한 걸음 더 나아가 손일규는 주희의 리일분수(理一分殊)를 적극적으로 수용하여 사람과 사물의 총체적 원리인 '통체일태극'과 개별 사물에 내재된 '각구일태극'을 설명하는 구조로 개체에 내재된 리와 총체적인 리는 동일하다는 주장을 펼친 것으로 판단할 수 있다. 그는 또한 "천지간에 기의 운행이 아님이 없고, 리의 주재가 아님이 없다. 리기가 서로 합하고 서로 떨어지지 않는다. 무엇 때문인가? 음양은 기로 일기(一氣)가 굴신(屈伸)하여 음양 동정이 되는 것은 리이다. 리라는 것은 태극으로 본연의 오묘한 것이다."[10]라고 하였다. 그의 주장은 장개빈의 논의와도 통하는 것으로 리와 기에 관

9) 『醫旨緒余』「太極圖抄引」"天地萬物, 本爲一體 所謂一體者 太極之理在焉 故朱子曰 太極只是天地萬物之理 在天地 統體一太極 在萬物 萬物各具一太極 卽陰陽而在陰陽 卽五行而在五行 卽萬物而在萬物"

10) 『醫旨緒余』「不知易者不足以言太醫論」"天地間非氣不運 非理不宰 理氣相合而不相離者也 何也 陰陽氣也 一氣屈伸而爲陰陽動靜 理也 理者太極也 本然之妙也"

해서는 성리학의 논의를 적극적으로 수용한 결과이기도 하고, 자신들의 학문적 지향점을 보여주는 대목이라 하겠다.

손일규는 이러한 주돈이 및 주희의 태극과 리기에 관한 논의를 바탕으로 유학, 의학, 도교 및 역학을 회통하는 구조를 정초하였다. 그는

> 불가에서는 원각(圓覺)이라 하고, 도가에서는 금단(金丹)이라 하며 유가에서는 태극이라고 한다. 이른바 무극이면서 태극이라고 하는 것은 가히 극할 수 없고, 극할 수 있음을 이름이다. 불가에서 이르기를 "여여 부동하여 또렷또렷이 항상 지각하며"라 하였고, 역의 계사에서 이르기를 "적연부동(寂然不動)하여 감이수통(感而遂通)한다."고 하였다. 단서(丹書)에 이르기를 "신심(身心)이 움직이지 않은 이후에 다시 무극 진기(眞機)가 있다."고 하였다. 모두 태극의 오묘한 본체를 말한 것이다. 이는 삼교가 숭상하는 것을 아는 것이니 곧 정(靜)과 정(定)이다. 주자(周子)의 이른바 정(靜)을 주로 한 것이 이것이다. 대개 인심이 정·정(靜·定)하면 물에 감응하지 않을 시에는 담연한 천리로 곧 태극의 오묘함이다. 한 번 물에 감응하면 곧 치우치고 의지하는 바가 있으니 곧 태극의 변화이다.[11)]

라고 하였다. 손일규는 도가와 불가 그리고 유가의 이치를 하나로 아우르면서 정·정(靜·定)의 수양론을 전개한 것이 특징이다. 이는 주돈이

---

11) 『醫旨緖余』「太極圖說」"釋曰圓覺 道曰金丹 儒曰太極 所謂無極而太極 不可極而極之謂也 釋氏云 如如不動 了了常知 易繫云 寂然不動 感而遂通 丹書云 身心不動 以後復有無極眞機 言太極之妙本也 是知三教所尙者, 靜定也, 周子所謂主于靜者是也 盖人心靜定 未感物時 湛然天理 卽太極之妙也 一感于物 便有偏倚 卽太極之變也"

의 「태극도설」을 삼교를 회통하는 기반으로 활용한 것이다. 주돈이의 「태극도설」 자체가 도가적인 기원을 가진 것이고, 무극이나 태극이라는 용어도 도가에서 유래된 것을 상기할 필요가 있다. '역' 을 기반으로 도가와 유가 그리고 불가까지 아우르며 의학의 학문적 기반을 정립하고자 한 것으로 여겨진다. 여기서 정(靜)과 정(定)에 대해 살펴보자. 손일규는 주돈이의 「태극도설」의 다음의 내용을 근거로 한 것으로 보인다. 주돈이는

> 오직 사람만이 빼어남을 얻어 가장 신령스럽다. 형체가 이미 생겨난 후에 신이 지각을 발한다. 오성이 감동하여 선악이 나누어지고 만사가 나온다. 성인은 중정인의(中正仁義)로써 정(定)하고, 주정(主靜)하여 인극(人極)을 세운다.[12]

라고 하였다. 주희는 정(定)함에 대해 주석하기를 "대개 한 번 동하고 한 번 정하는 것이 대저 태극의 도가 온전하지 않음이 있지 않아야 이지러지는 바가 없다. 그러면 곧 지향하는 것이 이른바 욕이 동하고 정(情)이 이기며 이해(利害)가 서로 공격하는 것이 이에 안정된다."[13]라고 하였다. 주희의 주석에 의한다면 인의예지의 인간 본연한 성품으로 욕망

12) 『性理大全』「太極圖說」"惟人也 得其秀而最靈 形旣生矣 神發知矣 五性感動 而善惡分 萬事出矣 聖人定之以中正仁義而主靜 立人極"
13) 『性理大全』「太極圖說」朱子解 "蓋一動一靜 莫不有以全夫太極之道 而無所虧焉 則向之所謂欲動情勝 · 利害相攻者 於此乎定矣"

과 감정을 조절하여야 함이 되고 그렇게 하면 안정을 구할 수 있다는 것이다.

그리고 '주정'의 부분에서도 주희는 "진실로 이 심이 적연하고 무욕한 상태가 안 되면 또 무엇으로써 사물의 변화에 응하여 천하의 동함을 한결같이 하겠는가?"[14]라고 하였다. 심의 적연하고 사사로운 욕망이 없는 상태가 아니면 천지만물의 운동 변화에 대처할 수 없음을 말하였다.

손일규와 유사한 논설은 장개빈에게서도 확인할 수 있다. 장개빈은

> 무릇 천지만물의 기는 수화(水火)의 운용이 아님이 없으므로 천은 해와 달로써 수화를 삼고, 역에서는 감괘(坎卦)와 리괘(離卦)로써 수화를 삼고, 의학에서는 심과 신(腎)으로 수화를 삼고, 단가에서는 정(精)과 기로써 수화를 삼는다. 신은 수인데 수 안에서 기를 생기게 하니 곧 진화(眞火)이며, 심은 화인데 화 안에서 액이 생기니 곧 진수(眞水)이다. 수화는 서로를 저장하며 지극한 도가 있으니 의가는 마땅히 즐거이 관찰해야 한다.[15]

라고 하였다. 음양론을 중심으로 도교 단학과 의학 그리고 역학이 하나로 회통하는 구조를 지니고 있다고 주장한 것이다. 곧 역의 감괘와 리괘로 음양의 작용적인 면을 설명하는데 그것을 바탕으로 심·신의 관계

14) 『性理大全』「太極圖說」朱子解 "苟非心寂然無欲而靜 則又何以酬酢事物之變而一天下之動哉"

15) 『類經』「陰陽」"凡天地萬物之氣 無往而非水火之運用 故天以日月爲水火 易以坎離爲水火 醫以心腎爲水火 丹以精炁爲水火 夫腎者水也 水中生氣 卽眞火也 心者火也 火中生液 卽眞水也 水火互藏 乃至道之所在 醫家者宜肯察"

나 수 · 화의 측면 그리고 정 · 기의 면을 모두 이해하려고 하였다. 이상에서 보면 주진형이나 장개빈, 손일규 등은 유학의 '태극'과 역학을 기반으로 하여 도가와 의가를 아우르는 회통구조로 이해한 것으로 보인다. 이는 유학적 이상을 의학에 구현하기 위한 유가들의 고심을 반영한 것이고, 그 단초를 주돈이의 「태극도설」 등에서 찾은 것이다.

2. 정 · 주(程 · 朱)의 심 · 신(心 · 身) 이해

유학의 심성수양의 논의가 곧바로 의학적 이론으로 전개되는 것은 아니다. 인의예지(仁義禮智)나 충서(忠恕) 중화(中和) 등 유학의 덕목이 의학 이론에 곧바로 투영될 수는 없었다. '유학적 의학'의 학문적 주안점은 이 부분에 있다. 유학의 심성수양의 논의, 곧 천리(天理)와 인욕(人慾), 인심(人心)과 도심(道心), 존심양성(存心養性) 등에 대한 본원적 의미보다는 그러한 가치들이 인체의 생리 · 병리에서 어떠한 방식으로 전개되고 있는가에 관심이 있었을 것이다. 그들은 심신의 일원적 이해를 견지하는 입장에서 심리(心理)의 구조가 생리 · 병리와 어떻게 연관되고, 이어 윤리적 차원으로 전화되는 과정에 학문적 관심을 두었을 것이다.[16] 의학을 유학적 가치체계로 이해하고자 하는 금원대 이후 의가들 대부분은 정 · 주(程 · 朱)의 심신관을 적극적으로 수용하고 이를 의학

16) 성호준, 「유의(儒醫) 주진형(朱震亨)의 군화(君火) · 상화(相火)에 관한 연구」, 『한국철학논집』 47, 2014, p.117-p.118.

적으로 전개하고자 한 것으로 이해할 수 있다.

우선 정호(程顥, 1032~1085)는 『맹자』의 "지가 한결같은즉 기를 움직이고 기가 한결같은즉 지를 움직인다. 이제 넘어지는 이와 뛰어가는 이는 기이지만 도리어 그 마음을 움직이게 된다."[17]라고 한 구절에 대한 해설을 하였는데, 심·신의 상호 작용을 말하였다. 그러나 기보다는 지의 우위를 인정하는 방향으로 생각하였다. 그는 "지가 기를 움직이는 것은 많고, 기가 지를 움직이는 것은 적다. 비록 기가 또한 능히 지를 움직인다. 그러나 또한 (그것은) 그 지를 간직하는데 있다."[18]고 하였다. 즉 형질을 가진 기가 심지(心志)를 움직일 수는 있으나 그 핵심은 바로 심지를 간직하는 데 있음을 말한다. 이러한 시각은 의학에서 양심(養心)의 중요성을 제시한 것으로 보인다. 아울러 그는 만물일체론을 강조하는 데, 중심에는 인이 자리한다.

> 인자는 천지만물을 한 몸으로 여기나, 나 아닌 것이 없다. 만물이 바로 자기임을 인식한다면, 이르지 못할 곳이 어디에 있는가? 만약 자기에게 있지 않다면 자연히 자기와는 상관이 없는 것이다. 예를 들어 손과 발이 불인(마비)하고 기가 통하지 않는다면 모두 자기에게 속한 것은 아니다.[19]

이는 만물 일체의 근거를 인을 통하여 이루어지는 것으로 판단한 면

---

17) 『孟子』「公孫丑上」"志壹則動氣 氣壹則動志也 今夫蹶者趨者 是氣也而反動其心"

18) 『二程遺書』 권1 "志動氣者多 氣動志者少 雖氣亦能動志 然亦在持其志而已"

19) 『二程遺書』 권2 "仁者以天地萬物爲一體 莫非己也 認得爲己 何所不至 若不有諸己 自不與己相干 如手足不仁 氣已不貫 皆不屬己"

이다. 인간과 자연이 하나의 신체를 함께 구성하고 있다는 점을 명시하고 있다. 기화라는 측면을 인정하면서도 인이라는 점을 부각함으로써 도덕적 신체와 자연을 생명력이라는 관점으로 생생불식의 의미를 주장한 것으로 보인다. 사실 '불인'을 기혈이 불통하는 것으로 설명하는데 생리적 측면에서 본다면 잠시라도 기혈이 흐르지 않는다면 그 생명체는 질병의 상태를 벗어나지 못한 것으로 이해할 수 있다.

정이(程頤, 1033~1107)의 경우는 형인 정호의 주장을 계승 발전시켰다. 기에 대해서도 호연지기(浩然之氣)와 진원지기(眞元之氣)로 구별하는데, 호연지기는 앞서 논의한 맹자의 도의와 짝하는 도덕적 기운이라 한다면 진원지기는 호흡의 기 등 생리적 기로 해석될 수 있다. 진원지기에 대해 말하기를 "진원지기는 기가 그곳으로부터 태어나는 곳이며 외기와 서로 섞이지 않는다. 다만 외기로 함양할 뿐이다. 마치 물고기가 물에 있듯이 물고기의 생명은 이 물이 만든 것이 아니지만 반드시 물로써 함양해야 물고기는 생명을 얻게 된다, 사람이 천지의 기 가운데 사는 것은 물고기가 물에 있는 것과 다르지 않다. 음식의 기름에 이르러서도 모두 같다."[20]고 한다. 진원은 도교에서 말하는 것과 유사한 것으로 보이는데, 이는 형구(形軀)의 경우를 설명한 것으로 보인다. 그러나 이러한 문제보다는 호연지기를 비롯한 도덕적 신체의 문제에 관심을 쏟은 듯하다. 수요(壽夭)의 문제에 대해서도 선악의 관점으로 푼다. 즉 "수요

20) 『二程遺書』 권59 "眞元之氣 氣之所由生 不與外氣相雜 但以外氣涵養而已 若魚在水 魚之性命非是水爲之 但必以水涵養 魚乃得生爾 人居天地氣中 與魚在水無異 至於飲食之養 皆是"

는 이에 곧 선악의 소치이다. 인(仁)한즉 선기니 감화한즉 또한 선하고 선기가 생하는 것이니 어찌 장수하지 않으리오. 비루하면 악기이니 감한 것이 또한 악하니 악기가 생하는 것이니 어찌 요절치 않으리오."[21] 라고 하였다. 수명 또한 선악 문제로 인식하고 있다. 정이는 양심의 문제를 구체적으로 적시하고, 심을 인심과 도심으로 구별하고 이를 각각 천리와 인욕에 배속시킨다. "인심은 사욕이니 그러므로 위태하고, 도심은 천리이니 그러므로 정미(精微)하다. 사욕을 멸하면 천리가 밝아진다."[22]고 한다. 이러한 도심 · 인심에 대한 분별은 천리와 합일하려는 도덕적 노력이라고 할 수 있는데 그에 있어서는 심신의 수양을 경이직내(敬以直內)의 함양공부(涵養工夫)를 통하여 이룰 수 있는 경지라고 주장하였다.

정이의 이러한 주장은 조선의 율곡(栗谷) 이이(李珥, 1536~1584)에게 전승되었다. 이이는 위에 나오는 정이의 진원지기에 관한 내용을 그대로 인용하여 생리적 기인 진원지기에 대하여 설명을 하지만 호연지기 즉 도의와 짝한 기가 우선됨을 말하였다. 또한, 주희의 말을 인용하여 "혈기는 형체가 그것을 기다려 생기는 것인데, 혈은 음이요 기는 양이다. … 리로써 그것을 이기면 혈기의 부림을 받지 않을 것이다."[23]고 하였다. 그러나 그는 진기(眞氣)와 양심(良心)을 더불어 헤치는 것은 이목

21) 『二程遺書』 권18 "壽夭乃是善惡之所致 仁則善氣也 所感者亦善 善氣所生 安得不壽 鄙則惡氣也 所感者亦惡 惡氣所生 安得不夭"

22) 『二程遺書』 권2 "人心私欲 故危殆 道心天理 故精微 滅私欲則天理明矣."

23) 『聖學輯要』 권4 養氣第七 "血氣形之所待以生者 血陰而氣陽也 … 以理勝之則不爲血氣所使也"

구비(耳目口鼻) 등의 욕망이라고 규정하고 양기(양호연지기)와 양심을 한 가지 일이라고 한다. 양기와 양심을 하면 "양심(良心)이 날로 성장하면서 상하고 해되는 것이 없어서 마침내 그 가려진 것을 모조리 없애버리면 호연지기가 성대하게 흐르고 통하여 장차 천지와 더불어 동체가 된다."[24]고 하였다.

주돈이 · 정호 · 정이의 철학이나 장재 · 소옹 등의 역학적 사유를 수용하여 성리학을 집대성한 이는 주자(朱子)로 불리는 주희(朱熹, 1130~1200)이다. 주희는 전일적인 체계를 형성하는데, 만물의 생성은 역시 기화론적인 관점을 지니고 있다.

> 천도가 유행하여 만물을 발육하는데 그 조화를 부리는 것은 음양 · 오행일 따름이다. 그러나 이른바 음양오행이라는 것도 또한 반드시 리가 있고 난 뒤에 기가 있다. 그 사물을 생하는데 나아가면 또한 반드시 기가 모인 뒤에 형이 있다. 그러므로 인간과 사물이 생하는 것은 반드시 리를 얻은 뒤에 건순(健順)하게 되어, 인의예지(仁義禮智)의 성이 되며, 반드시 기를 얻은 뒤에 혼백 · 오장 · 백해(百骸)의 몸이 된다.[25]

여기서 보면 인체의 혼백이나 오장을 비롯한 장기 그리고 골격 등의

---

24) 『聖學輯要』 권4 養氣第七 "良心日長 而所戕害 終至於盡去其蔽 則浩然之氣 盛大流行 將與天地同其體矣"

25) 『大學或問』 經一章 "天道流行 發育萬物 其所以爲造化者 陰陽五行而已 而所謂陰陽五行者 又必有是理 而後有是氣 及其生物 則又必因是氣之聚而後有是形 故人物之生 必得是理 然後有以爲健順仁義禮智之性 必得是氣 然後有以爲魂魄五臟百骸之身"

부분은 기로 생성됨을 알 수 있다. 그러나 '기화'에는 반드시 소이연지리(所以然之理)가 존재함으로 더욱 근원적인 요소는 리라는 입장임을 볼 수 있다. 그리고 그 기는 음양오행으로 표현될 수 있고, 음양오행의 상호 작용으로 인간 생명과 만물이 생성된다.

심에 대한 이해도 마찬가지이다. 그는 심을 형이상하를 일관하는 요소로 파악한다. 심을 형질을 가진 심장과 정신을 지배하는 심으로 나누고 있다. 그는 "폐 · 간과 같이 오장의 심은 실제 있는 일물이다. 만약 오늘날의 학자가 논하는 조(操) · 사(舍) · 존(存) · 망(亡)의 심이면 이는 스스로 신명 불측한 것이다. 그러므로 오장의 심이 병을 얻으면 약을 써 보할 수 있으나 이 심은 창포(菖蒲)나 복령(茯苓)으로 보할 수 있는 것은 아니다."[26]라고 하였다. 이는 『황제내경』에서 얘기하는 심의 역할 즉 심은 혈맥을 주관하면서도 신명을 주관한다는 표현과 유사한 것으로 앞서 논의한 형신합일적 입장과 맥락이 통하는 부분이다.

그러나 주희를 비롯한 성리학자들의 관심은 도가나 의가에서처럼 만물의 생성변화 과정 즉 기화론 자체에 있는 것은 아니다. 성리학자들의 관심은 '과욕(寡欲)'과 더불어 '존심양성'에 있었다. 주희의 중화론(中和論)에 보면 그 의미가 분명해진다. 주희는 심을 주류관철(周流貫徹)하는 것으로 파악하여 이발(已發) · 미발(未發) · 동정(動靜) 등에서 일관하는 요소로 파악한 것으로 보인다. 여기서 주희의 심은 성정(性情)을 통할하는 존재이다. 성은 미발의 상태라고 한다면 정은 이발의 상태라고

---

26) 『朱子語類』 권3 "如肺肝五臟之心, 卻是實有一物 若今學者所論操舍存亡之心 則自是神明不測 故五臟之心受病 則可用藥補之 這箇心 則非菖蒲茯苓所可補也"

할 수 있다.[27] 여기서 심은 미발과 이발을 일관하는 요소이다. 『중용』 1장의 본문에는 “희로애락이 발하지 않은 상태를 중이라 하고, 발하여 절도에 맞는 것으로 화라고 한다.”[28]고 하였다. 주희는 이때의 심은 유행하고 적연부동한 곳에 처해 있는 것으로 과불급이 없는 상태라 하였고,[29] 발하여 절도에 맞는 것은 화라고 할 수는 있으나 심이라고 하지는 않는다고 한다.[30] 심이라는 존재는 경(敬)을 통하여 중과 화를 실현할 수 있다고 한다. 즉 치중화(致中和)라는 것은 수신(修身)의 한 방편이자 천리와 합일하는 요소로 인정할 수 있다.

그러나 주희의 심은 두 가지로 나누어진다. 정이의 경우처럼 천리 · 인욕의 관점으로 도심과 인심으로 나누어진다. 『중용장구』 서문에 보면 주희는 다음과 같이 말한다.

> 심의 허령지각(虛靈知覺)이 하나이지만 인심 · 도심의 다름이 있는 것은 곧 그것이 혹 형기의 사사로움에서 생기기도 하고, 혹은 성명의 바름에 근원하기도 하여 지각한 것이 다름이 있으므로 혹 위태하여 편안치 못하고 혹 미묘하여서 보기가 어려울 따름이다. 그러나 인간에게 이 형이 없을 수 없으므로 비록 상지(上智)라도 인심이 없을 수 없고, 또한 이 성이 없을 수 없으므로 비록 하우(下愚)라도 도심이 없을 수 없다.[31]

---

27) 『中庸章句』 1장 朱子註 “喜怒哀樂 情也 其未發 性也”

28) 『中庸章句』 1장 “喜怒哀樂之未發 謂之中 發而皆中節 謂之和”

29) 『朱子文集』 권67 「與湖南諸公論中和第一書」 참조

30) 『朱子大全』 권43 「答林澤之」 참조

31) 『中庸章句』 序 “心之虛靈知覺 一而已矣 而以爲有人心道心之異者 則以其或生於形

여기에서 인심은 형기를 가진 육체적 욕망의 부분이고, 도심은 도의를 따르는 성의 부분이다. 그리고 이것을 정이의 경우처럼 천리와 인욕에 배당한다. 그렇지만 인욕은 사욕으로 설명되는 것이 아니라 본능적 욕구 등으로 이해되는 특징이 있다. 그렇다 하더라도 인욕은 항상 물가의 어린아이처럼 위태로운 것으로 '알인욕존천리(遏人欲存天理)'를 견지해야 하는 것이다. 이러한 주희의 신체에 대한 이해와 심성의 이해는 직접적인 형태로 의학과 관련성을 맺는 것은 아니지만 변형된 형태로 양심을 우선시하는 의방으로 드러났다. 특히 허겸의 제자인 주진형은 '절욕양생'이 성리학의 천리·인욕과 인심·도심의 논의에서 가져왔다고 할 정도로 성리학의 의학적 기여는 매우 소중한 것이었다. 또한 『의학입문』을 지은 명대 이천(李梴)의 경우도 이와 별반 다르지 않다. 그는 "대개 기를 주로 하면 곧 사·생에 대한 생각이 무거워져서 (심이) 혼매하고 착잡하여 더욱 정(靜)을 구하여도 정하지 않을 것이고, 리를 주로 하면 인욕이 소망되어 심이 맑고 신(神)이 기뻐 정을 구하지 않아도 스스로 정할 것이다."[32]고 하였는데, 이는 이이의 주장으로 분명한 뜻을 파악할 수 있을 듯하다. 이이는 "대저 수신하여 천명을 기다리는 자는 리(理)로써 기(氣)를 기르는 자이고, 섭생(攝生)을 해서 장수만을 추구하는 자는 기로써 기를 기르는 자이다. 리로써 기를 기르면 장수를

氣之私 或原於性命之正 而所以爲知覺者不同 是以或危殆而不安 或微妙而難見耳 然人莫不有是形 故雖上智不能無人心 亦莫不有是性 故雖下愚不能無道心"

32) 『醫學入門』 卷之首 「保養」 保養說 "蓋主於氣 則死生念重 而昏昧錯雜 愈求靜而不靜 主於理則人欲消亡 而心淸神悅 不求靜而自靜"

구하지 않아도 저절로 장수할 수 있고 기로써 기를 기르면 비록 장수할 수 있을지라도 리에는 해로울 수 있다." [33]라고 하였다. 물론 성리학은 신체의 정상적인 상태를 유지하는 것에 주된 목적이 있지는 않다. 그러나 형신합일과 천인상응이라는 동양적 사유의 이론화를 통하여 의학의 깊이를 더해주는 역할을 하였다. 아울러 기와 음양오행이라는 상관적 체계는『황제내경』을 비롯한 의서들과 맥락을 같이하는 것이다.[34]

3. 상의학풍(尙醫學風)과 의유동도(醫儒同道)

선진유학이나 성리학의 도덕적 형이상학 체계가 이상으로 삼은 것은 인을 매개로 한 유기적 천인 관계임을 알 수 있다. 그러나 유학자 특히 성리학자들은 주희가 비록 의학을 소도(小道)라고 하기는 하였으나,[35] '인' 과 '효' 라는 유학의 가장 중요한 덕목에서 의학의 의미를 찾았다. 성리학자들의 시각은 이미 선진시대 이래로 유학자를 비롯한 의가들의 일반적인 인식이라고 할 수 있다.

이러한 시각에서 송대 이후 유자들에게도 의도의 실현은 성리학적 이상 세계를 구현하는 방편으로 인식되어 졌는데, 그러한 경향은 '상의

33)『栗谷全書』 습유 권5「壽夭策」"夫修身而俟命者 以理養氣者也 攝生而求壽者 以氣養氣者也 以理養氣 則未嘗求壽 而自得其壽 以氣養餘 則雖得其壽 而或妨於理"

34) 成昊俊,「東醫寶鑑의 철학적 연구」, 성균관대 박사논문, 2001, p.38-p.42, 참조.

35)『朱子語類』 권49 "小道不是異端 小道亦是道理 只是小 如農圃醫卜百工之類 卻有道理在 只一向上面求道理 便不通了 若異端 則是邪道 雖至近亦行不得" 참조.

학풍(尙醫學風)' [36]으로 이어지고 상의학풍은 유학적 의학 혹은 유학적 의사 곧 유의(儒醫)를 창출하는데 기여를 한다. 상의학풍은 '의학을 숭상하는 일단의 학문 성향'을 지칭한다. 사대부 중에서 상의학풍을 존숭한 이들 중 일부는 전문적인 의사가 되어 의학 체계를 세운 것으로 보인다. 송대 상의학풍을 지닌 사대부로 대표적인 인물은 인종(仁宗) 때의 범중엄(范仲淹)을 들 수 있다. 그는 "능히 작고 큰 것에 미치어 백성을 살리는 자는 진실로 오직 재상만이 그렇게 하나 이미 불가하다면, 능히 백성을 구하고 물을 이롭게 하는 마음을 행할 수 있는 자는 양의(良醫)만 한 이가 없다." [37]고 하였다. 이는 의학을 인민애물(仁民愛物)의 차원으로 인을 행하는 방편으로 삼은 것이다. 유학을 체에 두고 의학을 용에 두는 체용의 논리로 의학을 설명하기도 하였다. 상의학풍은 북송 시기에는 단순히 의학적 관심을 점증시키는데 기여하였으나, 남송에 와서는 관직을 추구함을 버리고 의사가 되고자 하는 이른바 '기임위의(棄任爲醫)'의 양상으로 드러난다. 남송 시기에 이르러서는 사(士) 계층의 급증으로 인한 과거를 통한 관직 진출이 예전만 같지 못하였고, 다른 직업 중 의사를 택하는 경우가 많았던 것에 기인한다.[38] 금원대에 와서도 이

---

36) '尙醫'란 말은 陳元朋의 책에서 역사 용어로 사용된 말이다. 陳元朋은 이 책에서 尙醫士人이 官學의 의학교육을 통하여 醫師가 되기도 하고, 科擧를 통하여 醫師가 되기도 한다고 하여 尙醫士人과 醫師의 관계를 설명하였다. 그리고 科擧를 통하여 관직에 등용되지 못한 이들도 醫師가 되기도 하며 이러한 관계에서 儒醫를 설명하기도 한다.(陳元朋, 『兩宋的 尙醫士人與儒醫』, 臺灣大學出版委員會, 1997)

37) 『能改齋漫錄』 권13 「文正公愿爲良醫」 "能及小大生民者 固有相爲然 其不可得矣 夫能行救人利物之心者 莫如良醫"

38) 陳元朋, 위의 책, p.170-p.171.

러한 경향은 감소되지 않은 데다 이민족의 침입에 의한 한족(漢族)이 거주하는 지역에서는 과거가 시행되지 않았거나 매우 한정된 인원만 등용되는 등의 외부적 조건도 무시할 수 없었다. 전란으로 인한 친족의 질병에 대해 치유하는 차원으로 의사가 된 경우도 있다.[39] 원대의 호병문(胡炳文)은 정이의 후손인 정민제(程敏齋)에게 주는 글에서 "유자가 의학을 하지 않으면 유학에 통할 수 없고 의자가 유학을 하지 않으면 양의가 아니다."[40]라고까지 말한다. 한편 『사고전서총목제요(四庫全書總目提要)』에 보면 다음과 같은 구절도 있다. "유학의 문호는 송대에 나누어 졌고, 의가의 문호는 금원대에 나누어 졌다. …… 그러나 유학에는 정해진 이치가 있고, 의가에는 정해진 법이 없다. (의가는) 병의 실상이 수없이 변하니 하나의 정통을 지키기 어렵기 때문이다."[41]고 하였다. 유학이 송대 성리학 이후로 여러 가지 학파가 생겼으나 자신들의 종지로 삼은 것이 일관되게 있었으나 의학은 금원대 이후로 학파가 나누어졌으나 병정(病情)에 따라서 일관된 한 종지가 없음을 말하고 있다. 그러나 금원대 이후 유학적 이념으로 무장한 인물들이 성리학을 바탕으로 임상과 이론을 체계화하여 의학의 새로운 국면을 전개하였다. 그 가운데에서도 금원사대가(유완소 · 장종정 · 이고 · 주진형)로 불리는 이들의 활약은 의학의 경지를 한 차원 높인 것으로 인정된다.

---

39) 薛公忱 篇, 『論醫中儒道佛』, 中醫古籍出版社, 1999, p.7, 陳元朋, 위의 책, p.256-p.273 참조.

40) 『雲峰集』 권3 「贈醫者程敏齋序」 "儒不醫 非通儒 醫不儒 非良醫"

41) 『四庫全書總目提要』 권103 醫家類1 "儒之門戶分於宋 醫之門戶分於金元 … 然儒有定理 而醫無定法 病情萬變 難守一宗"

한편 상의학풍이 출현하게 된 사상적 배경에 대해 살펴보면, 금원대는 한족이 이민족의 침입으로부터 자기를 문화적 · 사상적으로 방어하는 시기였다. 이 과정에서 성리학의 상의학풍은 유의 의학의 기본적인 배경이 되었다. 의학과 유학은 본디 하나의 도로 보아야 한다는 '의유동도'의 차원에서 시작한 새로운 의학의 출발은 성리학적 이념으로 의학을 포장하는 단계에 이르게 된다. 금원사대가의 경우 이러한 경향은 두드러졌다. 이러한 시각은 송대를 지나 금원대에 와서는 정치 · 사회적 환경에 의하여 의학과 유학은 같은 도를 지향한다는 의유동도의 입장으로까지 전개가 되고, 종국에는 성리학적 사유가 의학적 이론의 중심에 서는 단계까지 이르렀다. 의유동도를 명시적으로 표현한 이는 원대 성리학자 오징(吳澄, 1249~1333)이다. 그는 의학과 유학의 관계에 대해 말하기를 "의와 유는 하나의 도이다. 유학은 인으로써 천하의 백성을 구제하니 의학의 재주도 유독 사람을 구제하는 인이 아니겠는가?"[42] 라고 하였다. 의학이 유학에 비하여 하나의 재주에 불과하나 '인의 실천'이라는 측면에서 보면 유학과 하나의 도임을 말하고 있다. 또한 그는

> 유도(儒道)는 통하지 않음이 없고, 의도(醫道)는 하나의 재주에 불과할 뿐이다. 그러므로 유도에 있어 (의도와) 가까움이 될 만한 것은 무엇인가? 유도는 인일 뿐이다. 애(愛)라는 것은 인의 용이니 애의 앞선 것은 애친(愛親) · 애신(愛身)이 가장 크다. 부모는 신의 근본이니 애친을 알지 못하면 그

---

42) 『吳文正集』 권30 「贈建昌醫學吳學錄序」 "醫儒一道也 儒以仁濟天下之民 醫之伎獨非濟人之仁乎"

근본을 잊은 것이요, 신이라는 것은 부모의 가지이니 애신을 알지 못하면 그 가지를 상하게 하는 것이다. 애친 · 애신하여 장수하게 하고 건강하게 하는 것은 의(醫)가 아니면 누가 능히 하리요? 그러므로 유자(儒者)는 의를 알지 않으면 안 된다.[43]

고 하였다. 이는 유학의 최고 덕목 중의 하나인 효를 구현하려는 방편으로 의학의 필요성을 역설하는 구절이다. 송대의 정이도 "부모를 섬기는 자식된 도리로 부모의 질병을 의사에게만 맡기지 말고 병이 어떠한가? 약은 적절한가를 알기 위해서는 의약을 반드시 알아야 한다."[44]고 하였다. 오징의 주장에서 보면 의유동도의 지향점은 인의 실천에 있고 그 과정에서 자연스럽게 어버이를 가까이한다는 '친친(親親)'의 관념이 제기되었다. 유의들이 가장 중요시하는 것은 인과 효라 할 수 있는데 오징은 애친 · 애신의 입장에서 자기 생명의 시원이 무엇이며 효의 생명적 근거를 제시하고 자신의 생명과 부모의 생명을 지키는데 필수적인 요소가 의학이라는 점을 분명히 하고 있다.[45]

또한 오징은 『오문정집(吳文正集)』의 여러 곳에서 의학에 관한 글을 서술하였는데, 의유동도의 사상적 배경인 성리학적 입장을 살펴보자.

---

43) 『吳文正集』 권26 「贈醫家吳教授序」 "儒之道無所不通 醫之道一伎爾 而於儒之道爲近何也 儒之道 仁而已 愛者 仁之用 而愛之所先 愛親愛身最大 親者身之本也 不知愛親 則忘其本 身者親之伎也 不知愛身 則傷其枝 愛親愛身而使之壽且康 非醫其孰能 故儒者不可以不知醫也"

44) 『二程遺書』 권18 "今人視父母疾 乃一任醫者之後 豈不害事 必須識醫藥之道理 別病是如何 藥當如何 故可任醫者也"

45) 성호준, 「元代 性理學의 醫儒同道論 硏究」, 『한국철학논집』 16, 2005, p.279.

그는 형이상하의 구분을 인정하기는 하나 양자가 서로 떨어질 수 없는 것으로 말한다. "형이상자는 도이니 태극이 이것이다. 형이하자는 기(器)이니 팔괘가 형상(形象)한 물이 이것이다."[46]라 말하고, "선유(先儒)가 이르기를 도 또한 기이고, 기 또한 도라고 하니 이는 도기(道器)가 비록 형이상하의 구분이 있으나 합하여 하나가 되어 차이가 없으니 처음부터 서로 떨어져 있는 것은 아니다."[47]라 하였다. 도기불상리(道器不相離)의 원칙에서 체용일원(體用一源)으로 설명한다. 체는 용 가운데 있고, 용 또한 체 가운데 있다는 '체용불리(體用不離)' 는 리기불상리(理氣不相離)의 이론으로 이어진다. 이는 주희의 리기론에 있어 '불상리(不相離) · 불상잡(不相雜)' 의 원칙 중 불상리의 측면으로 강조한 것으로 태극을 별도의 일기로 상정하지는 않으나 도(리)로 인정을 하고 음양인 기와 별도인 물로 인정하지는 않는다. "태극과 이 기는 양물로 있는 것은 아니다. 다만 리기를 주재하는 것이 곧 이것이니 별도로 일물이 기 가운데에 있어 주재하는 것은 아니다."[48]고 한다. 이는 리를 존숭하는 태도에서 윤리적 · 도덕적 의식의 초월적 의미만 강조하는 것이 아니라 의학 등의 형질의 변화를 탐구하는 사실 학문에도 의미를 부여하는 노력의 일환이다. 즉 '의유동도' 를 뒷받침해 주는 논거가 될 수 있다.

그러나 오징은 무엇보다도 '심' 의 역할을 강조하였다.

---

46) 『易纂言』 「繫辭上」 "有形而上者道也 太極是也 有形而下者器也 八卦所象之物是也"

47) 『吳文正集』 권3 「答田副使第三書」 "先儒云道亦器 器亦道 是道器雖有形而上下之分 然合一無間 未始相離也"

48) 『宋元學案』 권92 「草廬學案」 "太極與此氣非有兩物 只是主宰此氣者便是 非別有一物在氣中而主宰之也"

나의 신(身)이 되는 것을 어찌 오장육부와 사지백해라고 이르겠는가? 신이 신이 되는 것은 신에 있는 것이 아니고, 주관하는 것은 심이다. 심이 심이 된 것은 심에 있는 것이 아니고, 그것에 갖추어진 성이다. 성이 성됨은 성에 있는 것이 아니고, 그 근원은 천이다. 천이 천이 된 것은 나에게 있어 신이 되는 바이다. 그러므로 나의 신이 되는 것은 사람에 있는 것이 아니고 天에 있다.[49]

이는 심-성-천이라는 유기적 관계에서 인간 심성의 초월적 의미를 찾고자 한 것이다. 심성에 내재된 초월적 의미를 구하지 않고는 그에 대한 올바른 이해가 가능하지 않게 된다. 그러므로 오징은 '존덕성 · 도문학' 의 공부를 겸해야 한다고 하지만 '존덕성' 을 우선시하는 면이 있다. 성리학이 지향하는 목표가 '존심양성' 이라는 도덕성의 함양에 있다고 볼 때 '존덕성' 의 문제는 도덕적인 심의 체오(體悟)를 통해 이루어지는 것이고, 그로부터 나아가 '도문학' 의 영역인 격물궁리의 논의가 가능하다는 주장이다.[50] 이는 심의 도덕적 초월성을 깨닫지 못한다면 구체적인 '사사물물(事事物物)' 의 공부는 의미가 없다는 뜻으로 이해할 수 있다. 결국 오징의 학문도 여타의 성리학의 경우와 비슷하게 '심' 의 문제로 귀결된다.[51] 원대 의가 주진형은 이러한 유학의 심의 문제를 『황

49) 『宋元學案』 권92 「草廬學案」 "我之所以爲身 豈五臟六腑四肢百骸之謂哉 身非身也 其所主者心也 心非心也 其所具者性也 性非性也 其所原者天也 天之所以爲天 我之所以爲身也 然則我之身 非人也天也"

50) 『宋元學案』 권92 「草廬學案」 참조.

51) 성호준, 위의 논문, p.284.

제내경』의 '염담허무'와 상통하는 요소로 인정한다. 그는 심화의 망동을 경계하는 글에서 "유자(儒者)가 가르침을 세워 '정심 · 수심 · 양심하라' 라고 말하였는데, 모두 이 화가 망령됨에서 동하는 것을 대비하라는 것이다. 의자(醫者)가 가르침을 세워 '염담허무(恬憺虛無)하면 정(精) · 신(神)이 안으로 지켜지니' 라고 말하였는데, 또한 이 화가 망령됨에서 동하는 것을 막으라는 것이다."[52]고 하였다.

52) 『格致餘論』「房中補益論」"儒者立教曰 正心收心養心 皆所以防此火之動於妄也 醫者立教曰 恬澹虛無精神內守 亦所以遏此火之動於妄也"

제3장

유학적 의학
– 유의(儒醫)의 정의와 특성

1. 유의(儒醫)의 정의(定義)

상의학풍의 출현과 '의유동도' 의 뜻을 살펴보았는데, 이러한 과정에서 '유의' 라는 표현이 등장하였다. 사실 '유의' 라는 용어는 송대 이후 중국이나 조선시대에서는 다소 혼동된 개념으로 사용하고 있는 것이 사실이다. 송대의 『송회요집고(宋會要集稿)』를 보면 "유술(儒術)을 익힌 자로 하여금 『황제내경 · 소문』을 능통하게 하고, 진료의 방법을 밝혀 질병을 치료하게 한다고 하니 이를 일러 유의라 한다."[1]고 하였다. 이는 공적인 문서에 언급된 유의에 대한 정의로 볼 수 있는데, 송대 당시의

---

1) 『宋會要集稿』「崇儒」"使習儒術者通黃素明診療 而施於疾病 謂之儒醫"(陳元朋. 兩宋的尙醫士人與儒醫. 臺灣大學出版委員會. 1997. p.186에서 재인용)

의서습독관(醫書習讀官)으로 활약한 유자들의 입장에서 의학적 관심이 고조되었음을 설명한 것으로 볼 수 있다. 이러한 유자들의 의서 습독은 의학과 유학의 상호 입장을 이해하는데 큰 도움이 되었겠지만, 그들을 명실상부한 '유의' 라 하기에는 부족한 면이 없지 않다.[2] 이러한 경향은 조선 초기에도 있었다. 세종 당시의 『실록』의 내용을 보면 "의술은 모름지기 음양오행의 생극 소식의 이치를 연구하여 아는 자라야 능히 병을 진찰하고 약을 쓸 수 있습니다. 또 옛적 좋은 약방문이 유의의 손에서 많이 나온즉, 이치에 통달한 문인(文人)이 겸하여 의술을 다스림은 옛날에도 그 예가 있습니다."[3]라 한 구절이 있다. 이는 『의방유취(醫方類聚)』 편찬에 당대의 학자와 관료들이 참여한 예에서도 보인다. 『의방유취』는 1448년(세종 30년) 편찬 당시 365권으로 이루어졌는데, 이는 의사들만의 노력은 아니었다. 습독관이라는 이름을 지닌 당시의 관료 · 유학자들의 노력도 간과할 수 없다. 세종 당시에도 김예몽(金禮蒙) · 류성원(柳誠源) · 민보화(閔普和) 등이 '분문유취(分門類聚)' 작업에 참여하였고, 세조 때에도 양성지(梁誠之)의 감독 하에 의서습독인들을 시켜 교정하게 하여 결국 1477년(성종 8년)에 간행했다.[4] 중국과 마찬가지로 관에 의하여 이루어진 유학자들의 의서 습독을 통하여 '유의' 가 등장했고, 16세기에 이르러서는 지역에 기반을 둔 사족(士族)들이 양생론 등을 학습하면서 의료 활동에 나서는 경우도 있었다.[5] 이러

---

2) 宋代 儒醫에 대한 연구 성과를 정리한 논문은 다음과 같다. 최해별, 「宋代 儒醫 연구 회고」, 『역사와 담론』 86, 2018.

3) 『世宗實錄』 16년 7월 庚子.

4) 金斗鍾, 『韓國醫學史』, 探究堂, 1998, p.219-p.220.

한 유의에 대하여 "유교적 사상을 바탕으로 의학의 이치를 연구한 사람들을 일컫는다. 넓은 의미로는 당시 지식인 중에서 의학의 이치에 통달하여 의학 연구에 일가견이 있는 사람들을 말하기도 한다."[6]고 정의하기도 한다. 한편으로는 "유의를 실제 의료행위, 즉 진료나 새로운 의서를 찬술하였는가의 여부에 따라 적극적 · 소극적 유의로 구분한다."는 주장도 있다.[7]

그럼에도 유의에 대한 정의는 현대 학자뿐 아니라 금원대 이후 의가들에게도 다소 혼란스럽게 이루어졌다. 우선 명대 이천(李梴)의 정의를 빌어 유의를 정의하는 준거로 활용하는 경우가 있는데, 『의학입문(醫學入門)』에서 이천은 "대개 의학은 유학에서 나왔다. 책을 읽고 이치를 밝히지 않으면 마침내 용렬하고 속되며 혼미해져 변화에 소통할 수 없다."[8]고 하였다. 그는 유의에 대해 정의하기를 "진한(秦漢) 이후 경전에 밝고 역사에 박식하며 수신하여 삼가 행하고 사람들로부터 거유로 불리는 자로 의학에도 아울러 능통한 사람"[9]이라고도 하였다. 이러한 정의는 유의의 범주 설정에 있어 유학의 권위를 빌어 의학을 이해하고자 한 것으로 이해할 수 있다. 그리고 『의학입문』 「역대의학가성씨(歷代醫學家姓氏)」 유의조에 보면 장중경(張仲景) · 황보밀(皇甫謐) · 손사막(孫思邈) 등이 유의로 일컬어지는데 과연 거유라 불릴 수 있는지는 의학사

---

5) 김성수, 「조선시대 儒醫의 형성과 변화」, 『한국의사학회지』, 28-2, 2015, 참조.

6) 김남일, 『한의학에 미친 조선의 지식인들』, 도서출판 들녘, 2011, p.7.

7) 김성수, 위의 논문, p.106.

8) 李梴, 『醫學入門』 권7 「習醫規格」

9) 李梴, 『醫學入門』 卷之首 「歷代醫學家姓氏 · 儒醫」

나 유학사에서 자명한 사실이다.

그렇다면 이천은 왜 그들을 유의의 범주에 둘 수밖에 없느냐는 의문이 든다. 필자의 생각으로는 금원대를 지나 명대에 이르러 신유학이 학문의 주류가 되면서 의관들의 유학적 지향이 두드러졌을 것이고, 앞서 언급한 습독관이란 불리는 유자의 의학 전적(典籍) 정리가 사대부 출신의 의학적 토대가 되었을 것이다. 그럼에도 불구하고 이천을 비롯한 의가들은 의도동원(醫道同源)이라 하여 의학의 도교 양생론적 성격을 무시할 수는 없었다. 이른바 의서습독관 등 유학자에 의하여 성경의 지위에 오른 『황제내경』의 경전적 지위에 다른 해석을 할 수 없었을 것으로 추정한다. 그러므로 이천의 '유의'에 대한 정의는 당위적으로 될 수밖에 없었고, 장중경 · 황보밀 · 손사막 등 도교적 성향이 짙은 의가들을 유(儒)의 반열에 두어 의학사 및 유의의 연속성을 꾀한 것으로 여겨진다.[10)]

이러한 이천에 비해 청대(淸代) 유의 장남(章楠)의 유의에 대한 입장은 명확하다. 장남은 의학과 유학의 관계를 설명하면서 다음과 같이 말한다.

> 천지의 광대함과 사물의 변화는 한계가 없으나 그것을 궁구하면 하나의 이치일 뿐이다. 그 이치를 보면 접촉하는 곳 모두 통하나 그 이치에 어두우면 움직임이 많으나 막히게 된다. 이치가 신심(身心)의 성명에 절실한 것은

10) 성호준,「儒醫의 개념정립과 張介賓」『大韓韓醫學原典學會誌』20-1, 2007, p.129.

> 격물(格物)·치지(致知)·성의(誠意)·정심(正心)하는 것 이외에 의학보다 중요한 것이 없으니 의학이 성명을 보위하기 때문이다. 그러나 격물·치지·성의·정심이 아니고서는 의학의 이치에 통달할 수 없으니, 곧 의학은 진실로 유자의 일이다.[11]

이 글을 보면 장남은 『대학』의 8조목 중 격물·치지·성의·정심의 4조목을 의학과 유학의 연결 고리로 활용하고 있음을 알 수 있다. 이는 격물·치지라는 사물의 인식 방법과 성의·정심의 마음을 가다듬는 자세가 아울러 필요한 것임을 말하고 있는 것이다. 즉 격·치는 각 일물에 나아가 앎을 이루고 자신의 마음을 다스리는 근거로 활용하여 의학의 기본적인 접근 방법을 제시한 것으로 보인다. 격·치·성·정은 『중용』의 치중화(致中和)의 논리와 더불어 장남이 유의 의학을 바라보는 시각을 정리하는 근거로 활용하고 있음을 여실히 보여 준 구절이라고 할 수 있다.

이어 장남은 중화의 실현을 이상으로 삼는 유의에 대하여 다음과 같은 설명을 하고 있다.

> 일찍이 생각해 보면 천하에 두 가지 도가 있지 않으니 격물·치지·성의·정심으로부터 천지에 참예하여 화육(化育)을 돕는 데에 이르는 것이 어

11) 『醫門棒喝』 自序 "天地之大 事物之變 莫可涯矣 究之一理而已 見其理 觸處皆通 昧其理 則動多窒礙 而理之切於身心性命者 自格致誠正外 莫重於醫 以其保衛性命者也 然非格致誠正之功 不能通醫之理 則醫固儒者之事也"

찌 유자의 대도가 되지 않겠는가? 다만 사람이 천지의 기화를 품부 받아 생한다. …… 황제와 기백이 처음 인생이 품부된 근원과 음양오행의 이치와 팔풍(八風)·육기(六氣)의 변화와 질병 치료의 방법을 밝혔고, 후세에 여러 현인이 서로 이어 천발(闡發)하여 거의 빠뜨려 남긴 뜻이 없게 되어 성명을 보위하고 질병을 막는 방법이 두루 갖추어지게 되었다. 만약 그 궁극적인 것을 거슬러 올라간다면 실로 유학의 이치와 더불어 일치한다. 그러므로 유의라 일컫는 것이다.[12)]

이 구절에서 보면 유학의 대도를 실현하기 위하여서도 생명을 보위하고 질병을 막는 방법이 필요하고 이를 위하여 의학이 요구된다고 역설하였다. 아울러 이는 유학의 큰 도를 실현하려는 방법으로 의학의 목적을 서술한 것으로 보인다.[13)] 결국 장남은 유학은 의학의 이론적 근거이자 학문 방법 그리고 의술의 도덕적 근거를 제시하는 데 기여하고, 의학은 의술로 그것을 실현하는 주체라 여겼다.

이천과 장남의 유의에 대한 정의 못지않게 현대 학자들도 유의에 대한 해석도 분분하다. 이천의 영향인지 장중경·황보밀·갈홍(葛洪)·손사막 등 대표적 도교적 성향을 지닌 의가들을 한당(漢唐) 시기의 유의라 하여 「유의열전(儒醫列傳)」에 싣고 있는 경우도 있다.[14)] 이는 의사의

12) 『醫門棒喝』 「醫稱小道」 "嘗思天下無二道 自格致誠正 而至參天地贊化育 豈不爲儒者之大道乎 但人稟天地氣化而生 … 軒岐首明人生稟賦之源 陰陽五行之理 八風之變疾疢治療之方 後世諸賢相繼闡發 殆無遺蘊 所以衛性命而御疾病者 周且備矣 若溯其極 實與儒理一致 故稱儒醫"

13) 성호준, 「淸代 醫學의 易學과 생명사상」, 『大同哲學』 29, 2005, p.29.

도덕적 덕목이나 가치관을 중심으로 유학적인 경향성이 단편적으로 드러나면 유의의 반열에 두는 『의학입문』의 입장을 수용한 것으로 보인다. 이러한 '유의' 의 정의를 수용한다면 유가적 세계관의 정수(精髓)나 정체성(正體性)이 어떠한 방식으로 의학의 학문 세계에 전개되었는가를 판단하는데 어려움을 준다. 유의의 외연(外延)을 확대하다 보면 유학과 의학의 이상을 하나로 지양하고자 하는 의유동도의 의미도 물론 의학의 사상사적 연구나 인문학적 분석에 장애 요소가 될 소지가 있다.

그리고 유의를 광의와 협의로 나누어 정의하는 경우도 있다. 광의의 유의는 '일정 정도의 문화 지식과 소양을 갖추고 있으며 도교나 불교를 신봉하지 않는 의자' 이고, 협의의 유의는 '유학을 신봉하거나 유학을 익힌 의자와 의학을 습득한 유자나 의학을 업으로 하는 유자' 를 지칭한다고 하였고, 협의의 유의를 중심으로 유의의 성격을 규명하고자 한다고 한 바 있다.[15] 필자는 이 해석에 부분적으로 동의하지만 아쉬움이 있는 정의라 생각한다. 왜냐하면 유의의 정체성을 판단하고자 하는 데 있어 위의 정의는 유학과 의학의 병렬적인 습합을 유의의 특성으로 여기는 측면이 있기 때문이다. 유의에 대한 정의의 혼란스러움에 대해 "유의는 법률적 · 제도적 규범이 없기에 그 경계를 확정지을 수 없는 존재이며, 그러기에 그것이 가리키는 실제 대상이 중요하기보다는 그것이 가지는 상징적 함의를 읽어내는 것이 중요하다."라는 주장을 펼치기에

14) 문재곤 옮김, 林殷, 『한의학과 유교문화의 만남』, 서울 : 예문서원, 1999, p.273-p.284.

15) 薛公忱 篇, 『論醫中儒道佛』, 北京, 中醫古籍出版社. 1999. p.2.

이르렀다.[16]

필자는 유의에 대하여 '상징적 함의' 를 통하여 정의를 내리고자 한다. 곧 역사적으로는 송대 이후 출현한 것을 근거로 '성리학을 중심으로 한 유학적 이상을 의덕과 의론 등 의학의 전 부분에 적극적으로 구현하고자 한 의가' 로 정의하고자 한다. 물론 역사적 사례나 용례를 보면 필자의 유의에 대한 정의가 필요충분조건을 충족했다고 생각하지는 않는다. 그럼에도 불구하고 필자가 유의에 대한 정의를 이천 등과 달리하는 이유는 학문적 논의의 변별성 확보와 명실상부한 유의들의 학문적 정체성을 확고히 하고자 하는 데 있다.[17]

송대 이후 출현한 유의가 명실상부한 유학적 의학을 표방하고 실현하고자 노력하기 시작한 시기는 대략 금원대라 할 수 있다. 다른 민족의 지배하에서 한족 출신의 유가들은 의학을 통하여 자신의 존재 이유를 찾고자 한 면이 있었다. 관료 진출의 길이 원활하지 않은 이유도 있다. 그러므로 유의들은 '자신의 의학' 에 대한 명분이 필요하였을 것이고 구체적인 슬로건으로 제시된 것이 앞 장에서 논의한 '의유동도' 이다. '의유동도' 라는 표현은 의학과 유학이 같은 도를 지향한다는 뜻으로 주희의 '의학-소도' 와는 의학 인식에 다른 면이 있다. 주희의 글에서 보면 소도라고 하여 농업이나 공업 등과 더불어 의학을 이야기하는데, 이는 사농공상(士農工商)의 전통이 살아있는 유교 국가체제에서는 다소

16) 祝平一, 「宋明之際的醫史與"儒醫"」, 『中央研究院歷史語言研究所集刊』 77-3, 2006, p.402, 다음의 논문에서 재인용, 최해별, 「宋代 儒醫 연구 회고」, 『역사와 담론』 86, 2018.

17) 성호준, 「儒醫의 개념정립과 張介賓」 『大韓韓醫學原典學會誌』 20-1, 2007, p.108.

비하하는 면이 없지 않았다.

2. 유의(儒醫)의 의도(醫道)와 의덕(醫德) : 중화위육(中和位育)

필자의 유의에 대한 정의는 유학과 의학의 관계에서 그 이론적 함의와 도덕적 지향성을 분명히 하고자 함에 기인한 것이다. 의도(醫道)에 관한 입장과 의덕과 의론에 유가 및 성리학의 이념을 충실히 반영한 이들을 명실상부한 유의의 반열에 두어 학문적 정체성을 정합적으로 이해하고자 한다. 필자는 이러한 정의에 명실상부하게 부합한 인물로는 원대 주진형(朱震亨), 명대 이천(李梴)과 장개빈(張介賓), 청대 장남(章楠) 등으로 이해하고 논의를 전개하고자 한다. 뒤에서 서술하겠지만, 주진형과 이천은 말할 나위 없이 『동의보감』 의학에 지대한 영향을 준 이들이다. 또한 장개빈은 『동의보감』 이후 조선시대 의학에 끼친 역할이 큰 것으로 인정받고 있다. 그의 『경악전서(景岳全書)』는 조선 후기 이제마(李濟馬)의 『동의수세보원(東醫壽世保元)』이나 이규준(李圭晙)의 『의감중마(醫鑑重磨)』에 직간접적 영향을 준 것으로 평가받고 있다.[18] 장남은 주진형과 장개빈을 비판적으로 계승한 인물로 유학의 입장을 명확하게 의덕과 의도, 그리고 의론에 반영한 인물이기 때문이다.

우선 장개빈의 의학에 대한 관점을 보자. 그는 『경악전서』에서 다음

18) 河基泰, 「景岳全書가 朝鮮後期 主要醫書에 미친 影響에 대한 硏究」, 경희대 석사논문, 2001, 참조.

과 같이 말하였다.

> 도는 태극에 근본하고 만수(萬殊)에 흩어진다. 성명이 있은 연후에 삼교(三敎)가 세워지고 성명이 있은 연후에 대저 성명의 오륜(五倫)이 생한다. 그러므로 조화하는 것은 성명(性命)의 화로이며 도학이라는 것은 성명의 기준이며 의약이라는 것은 성명의 찬육(贊育)이다. 그런데 그 뜻은 깊고 그 가르침은 넓으니 사람의 지혜에서 나온 것이 아니다.[19]

도학은 곧 성명의 법도 기준이 되며 의학은 성명의 기름을 돕는 학문이라는 뜻이다. 그러나 성명이 있은 연후에 삼교가 있고, 오륜이라는 인륜 질서가 성립됨을 주장하고 있어 도덕과 윤리, 그리고 유불선의 삼교도 생명이 있은 연후에야 존재하는 것으로 서술하고 있다.

장남도 장개빈 못지않게 자신의 의학관을 적극적으로 설명하였다. 그는 동체이용(同體異用)이라는 틀로 의학과 유학의 의미를 분석한 바 있다. 그는 의학이 비록 소도이기는 하지만, 대도에 못지않게 중요한 것임을 주장하였다. 그의 글을 보면

> 유자는 나라를 다스리고 의자는 몸을 다스린다. 나라를 다스림은 큰 것이 되고 몸을 다스림은 작은 것이 된다. 그러나 실상 상호 필요로 하는 도이다.

---

19) 『景岳全書』 권3 「醫學非小道記」 "夫性命之道 本乎太極 散于萬殊 有性命然後三教立 有性命然後五倫生 故造化者 性命之爐冶也 道學者 性命之繩墨也 醫藥者 性命之贊育也 然而其義深 其旨博 故不有出人之智"

만약 격치성정의 학문이 없다면 성리를 밝힐 수 없고 나라를 다스릴 수 없다. 질병을 치료하는 약석의 방법이 없다면 수명은 견고해 오랠 수가 없고 몸을 능히 보전할 수가 없다. 나라를 다스림이 비록 크나 몸을 보전하는 것이 오히려 우선이니 몸이 없다면 무엇으로 다스리겠는가?[20]

라고 하였다. 이 구절에서 보면 장남은 전통적인 방법으로 치신과 치국을 유비하여 의학과 유학의 입장을 정리하여 '유학-대도' '의학-소도'를 주장하고 있다. 또 '국가-신체'를 각각 '유학-의학' '대도-소도'의 관점으로 분류하고 역할 분담을 통하여 의미를 부여하고 있다. 그러므로 그에게 의학은 비록 소도이기는 하지만 대도의 실현을 위해서 없어서는 안 되는 요인임을 강조한다. 그는 이어 말하기를 "의학을 소도라 칭하는 것은 아득한 것이 아니다. 그 실상은 대도를 보위하는 것으로 빠트릴 수 없다. 그러므로 소도라 칭하지만, 대도와 더불어 한 가지 근원이다."[21]라 하였다. 이는 앞서 유학과 의학을 대도와 소도로 분류하기는 하나 그 근원에서는 하나임을 밝히고 비록 의학이 소도이기는 하지만, 성명을 보위하는 일을 담당하니 그 중요성은 대도에 못지않다고 한 것이다. 이는 주희가 의학을 소도라 칭한 것을 바탕으로 하여 천한 역할을 하는 것으로 곡해하여 가볍고 소홀히 다룬 후세 사람들의

---

20) 『醫門棒喝』「醫稱小道」"儒者治國 醫者治身 治國爲大 治身爲小 而實有相須之道焉 若無格致誠正之學 則性理不明 而國不可治 無療疾藥石之方 則壽命不固 而身不能保 治國雖大 而保身猶先 無身則誰爲治"

21) 『醫門棒喝』「醫稱小道」"醫之稱小道者 非藐之也 以其實衛於大道 而不可闕 故稱小道 而與大道一源也"

잘못으로 여긴다고 하였다.[22] 장남에 있어서 소도는 결국 장개빈의 입장과 큰 차이가 없는 것으로 자구의 해석 차이로 인한 것이라 생각한다. 장남의 「논역리(論易理)」에서 보면 대도와 소도의 의미를 분명하게 알 수 있다.

> 성인(孔子를 지칭)은 세상을 다스릴 대도를 행했고 병을 다스릴 소도를 행하지 않았으므로 "나는 (약의 성분에) 통달하지 않았기 때문에 감히 맛보지 못한다."고 말했다. 그러나 도의 용은 대소가 있고, 그 체는 동일한데, 그 연계 된 것의 중요한 가치가 오히려 대도보다 앞서는 것은 무엇 때문인가? 아마 성명이 있은 연후에 도덕과 공업이 있는 것이니, 성명을 보전하는 것은 의도이다. 그 이치는 역경과 더불어 음양과 태극이라는 근원에서 나왔으니, 그러므로 체는 동일하나 용이 다를 뿐이다.[23]

이 구절에서 보면 대도와 소도는 '동체이용'의 구조를 지니고 있다. 즉 태극과 음양이라는 천지만물의 화생(化生)과 운용의 원리는 체이고, 그것을 바탕으로 치세와 치신을 행하는 의학과 유학은 용임을 알 수 있다.[24] 유의들은 유학의 도덕 주체 확립이라는 측면으로 의학을 이해하였고, 유학의 이상을 실현하는 방법으로 의학을 활용한 면이 있다. 의학

---

22) 『醫門棒喝』「醫稱小道」 참조.

23) 『醫門棒喝』「論易理」 "聖人爲治世之大道 不爲治病之小道 故言某未達不敢嘗 然道之用有大小 而其體則一也 其所系之重 猶先於大道 何故 蓋有性命而後有道德功業 保性命者 醫道也 其理則與易經同出陰陽太極之源 故體同而異用也"

24) 성호준, 「淸代 醫學의 易學과 생명사상」, 『大同哲學』 29, 2005, p.32.

이 단순히 형기의 변화를 추적하는 데에만 의미가 있는 것이 아니라 성명의 바름을 추구하는 인간학으로서의 의미도 있는 것이다. 아울러 유의들의 의학에 관한 이해는 인간 생명의 문화적 측면과 도덕적 측면을 생리적 · 형기적 측면과 합일하는 단초이다.

이어 유의는 또한 '의덕'에 관해서도 명확한 입장을 제시하였다. 의덕이라는 표현은 의사의 사회적 · 도덕적 의무 내지 책임을 말하는 측면이 많았다. 이러한 의덕의 관점을 유의들은 치중화의 논의로 풀이를 한다. 『중용』에서는

> 오직 천하에 지성(至誠)이어야만 능히 그 성을 다할 수 있고 능히 성을 다할 수 있다면 사람의 성을 다할 수 있고, 능히 사람의 성을 다할 수 있다면 물의 성을 다할 수 있고, 능히 물의 성을 다할 수 있다면 천지의 화육을 도울 수 있고 천지의 화육을 도울 수 있다면 천지와 더불어 셋이 된다.[25)]

라고 하였다. 이는 천도와 인성이 성으로 일관한다면 자기의 완성을 이룰 뿐 아니라 타인의 완성 그리고 물의 완성을 이룰 수 있음을 말하고 천지의 화육을 도울 수 있다고 한다. 이는 다름 아닌 중화에서부터 비롯되는데, 이에서 '치중화 · 천지위(天地位) · 만물육(萬物育)'의 전개가 이루어진다. 이러한 논의는 인과 박시제중(博施濟衆) 그리고 정기물정(正己物正)의 사상적 기반에서 비롯된 것으로 다른 사람과 자기 자신 그

---

25) 『中庸章句』 22장 "惟天下至誠 爲能盡其性 能盡其性 則能盡人之性 能盡人之性 則能盡物之性 能盡物之性則 可以贊天地之化育 可以贊天地之化育 則可以與天地參矣"

리고 대동세계의 실현은 다른 것이 아니라 하늘이 내린 타고난 본연한 성품을 발현하여 완성하는 데 있는 것이다. 유학의 가치는 합내외지도와 주객융화(主客融化)에 있고 자아실현은 결국 다른 사람의 자아를 실현하게 하는 것과 다른 것이 아니라는 뜻이다.

유의들은 이러한 점에서 의학을 중화위육(中和位育)의 학문이라 하였고, 의사는 중화위육을 실현하고자 하는 주체라 하였다. 그러므로 장개빈도 『중용』을 바탕으로 하여 '의학은 소도가 아니다.' 라고 하며 의학은 성명의 찬육을 담당하는 학문이라 한 것이다. 장개빈은 의학의 이상을 치평(治平)의 도를 이상으로 하는 유학과 같은 흐름에서 서술하고 있다.

> 만일 의리(醫理)의 강목(綱目)을 밝히면 치평의 도는 이와 같을 따름이고, 의리의 득실을 밝히면 흥망의 기틀이 이와 같을 따름이고, 의리의 완급(緩急)을 밝히면 전수(戰守)의 방법도 이와 같을 따름이고, 의리의 추사(趨舍)를 밝히면 출처의 뜻이 이와 같을 따름이다. 흉중에 리(理) · 기(氣)를 통찰하면 변화를 파악할 수 있으며 손바닥에서 음양을 운행할 수 있으면 격원(隔遠)을 궤 뚫어 볼 수 있다.[26]

위 구절에서 보면 장개빈은 심신을 다스리는 의학의 역할이 나라를

26) 『景岳全書』 권3 「醫學非小道記」 "使能明醫理之綱目 則治平之道如斯而已 能明醫理之得失 則興亡之機如斯而已 能明醫理之緩急 則戰守之法如斯而已 能明醫理之趨舍 則出處之義如斯而已 洞理氣於胸中 則變化可以指計 運陰陽於掌上 則隔垣可以目窺"

다스리는 역할과 같고 의학의 이치가 나라의 흥망의 기틀과 같으며 가 습속의 리·기를 통하여 변화를 판단하며 음양의 변화를 통하여 세상의 이치를 파악할 수 있는 것으로 판단하였다. 이어 장개빈은

> 신·심(身·心)과 인·기(人·己 – 다른 사람과 자기)는 이치에서 하나로 통하니, 이것에 밝은 자는 반드시 저것에도 밝으며 저것을 잘하면 반드시 이것도 잘한다. 그러므로 "반드시 진인(眞人)이 있는 이후에 참된 앎이 있으며 참된 앎이 있는 이후에 진의(眞醫)가 있다."고 하였는데 의학의 도를 어찌 쉽게 말하리오![27]

라고 하였다. 이 구절은 앞의 내용을 이어 몸과 마음 그리고 자신과 다른 사람이 오직 하나의 이치에서 통한다고 하고 사회-자연-인간은 하나의 원리로 유기적이며 전일적인 시스템을 구축하고 있음을 밝히고 있다. 이는 유학이나 도가를 막론하고 기의 흐름을 통하여 하나의 체계로 이해하는 것은 일반적인 경향이다. 장개빈은 이에 대하여 『유경도익(類經圖翼)』의 서문에서 다음과 같이 언급하였다.

> 대저 생이라는 것은 천지의 큰 덕이며 의라고 하는 것은 천지의 생(生)을 돕는 것이다. 사람이 (천지)의 사이에 참예하는 것은 오직 생일뿐이니 생함이 있지 않으면 다른 도모함이 있겠는가? 그러므로 성인은 천지의 호생(好

27) 『景岳全書』 권3 「醫學非小道記」 "身心人已 理通於一 明於此者 必明於彼 善乎彼者 必善於斯 故曰必有眞人 而後有眞知 必有眞知 而後有眞醫 醫之爲道 豈易言哉"

生)의 마음을 체득하여 우리의 도를 천명(闡明)하니 진실로 인 · 효(仁 · 孝)의 큰 실마리는 양생에 먼저 힘을 쓰는 것이니 통달한 사람도 반드시 폐할 수 없을 것이다.[28)]

고 하였는데, 그가 단순히 기화에 의한 천지만물의 상응만을 주장하는 것이 아니라 인효를 실천하기 위한 방편으로 양생을 주장하고 있다. 또한 의학 혹은 의사는 천지의 생명을 돕는 것으로 천지인 삼재의 의미에서 천지의 역할에 참예하는 것은 오직 '생' 이므로 의사는 그 생명의 원활한 활동을 유지시킨다는 의미이다. 아울러 이는 앞서 논의한 유의의 이상인 인 · 효를 실현하기 위한 방편으로 의학을 인식하고 있음을 확인시켜 주는 것이다. 인 · 효의 기본도 신체 보양에 있음을 말하고 있고, 장개빈의 유의로서의 진면목이 드러난 구절이라 할 수 있다.

아울러 유의가 기반하고 있는 유학의 생명론은 도교와 달리 도덕적 생명론을 바탕으로 천인상응 내지는 천인합일의 유기적 천인관을 제시하고 있다. 치중화를 이상으로 하여 천인상응과 도덕적 생명론을 의학관의 핵심으로 서술하고 있음을 알 수 있다. 그리고 인간의 탄생과 천인과의 관계에 대해 장개빈은

사람이 태어남에 이오(二五 – 음양오행)의 정을 품부 받아 만물의 영특함

28) 『類經圖翼』 序 "夫生者 天地之大德 醫者 贊天地之生者也 人參兩間 惟生而已 生而不有 何計焉 故聖人體天地好生之心 闡明斯道 誠仁孝之大端 養生之首務 而達人之必不可廢者"

이 되어 천지의 중화를 얻고 건곤의 화육에 참예하니라. 사상은 하늘에 응하고 사체는 지에 응하며 천지의 합벽은 즉 내 몸의 호흡이라. 낮밤의 조석(潮汐)은 곧 내 몸의 맥식(脈息)이며 하늘의 북극성은 뭇 움직임의 근본이 되고, 사람의 일심은 온몸의 임금이니라. 이로부터 살피건대 하늘의 기는 곧 사람의 기요. 사람의 몸은 곧 하늘의 몸이다.[29)]

라고 하였다. 그래서 인간은 천지의 움직임과 더불어 하는 존재라는 것이다. 또한 세상의 자연현상을 인간의 생리현상과 지체에 비유하고 있는 것이다. 기의 운용이라는 측면에서도 천지의 기와 인간의 기가 합일되고 있음을 볼 수 있다. 그러나 일반적인 의가와 달리 유의들은 기에 의한 천인합일 내지는 천인상응에만 머무를 수가 없었을 것이다. 기화에 의한 천인 관계만 논의한다면 이는 다름 아닌 심신의 수양을 통한 도덕 주체의 확립이라는 유학의 이상을 의학적으로 실현할 수 없다는 것이다. 그러므로 장개빈은 심에 대한 입장을 정리하여 다음과 같이 말하고 있다.

만사(萬事)는 리(理)에서 벗어나지 않는다. 의학의 이치에서 더욱 절실하다. 흩어지면 리는 만상(萬象)이 되고, 모인즉 리는 일심에 모인다. 대저 의자는 일심이오, 병자는 만상이다. 만병의 많음을 들면 의도는 진실로 어려우

29) 『類經附翼』「醫易義」"人生 稟二五之精 爲萬物之靈 得天地之中和 參乾坤之化育 四象應天 四體應地 天地之合闢 卽吾身之呼吸也 晝夜之潮汐 卽吾身之脈息也 天之北辰 爲群動之本 人之一心 爲全體之君也 由是觀之 天之氣 卽人之氣 人之體 卽天之體"

> 나 그러나 만병은 한 가지 병에 지나지 않는다. 비유하면 북극은 의자의 일심이요, 만성은 병의 만상이다.[30)]

모든 이치가 일심에서 나온다고 하였는데, 이는 단순히 기화를 추적하는 차원에서 의학을 이해하고 진치(診治)의 근간으로 삼음이 아니라 '의자의야(醫者意也)' 라는 전통적 방법을 유학적으로 재해석하여 유의의 면모를 보여 준 것으로 판단된다. 아울러 장개빈은 만물과 인간 생명의 근원으로 태극을 상정하고 태극을 리라고 표현하기도 한다. 즉 "대저 태극이라는 것은 리일 뿐이다. 주자가 말하기를 '상수가 아직 형태가 없으나 리는 이미 갖추어져 있다.' 라 하였다."[31)]고 한 것이다. 이는 양생론이나 의가에서 일반적으로 태극을 기로 인식하여 논의를 전개하는 것과는 차이가 있는 것으로 유학의 형이상학적 기초를 적극적으로 수용하고자 한 노력의 일환으로 보인다.[32)]

장남의 의학도 유학의 의학적 역할을 강조하면서 치중화의 논리를 제시한다.

> 대저 역대 성인이 마음으로 전하기를 다하여 나타내 보인 것은 단지 '유정유일(惟精惟一) 윤집궐중(允執厥中)' 이라는 여덟 자에 달려 있을 따름이니

---

30) 『景岳全書』 권18 「傳忠錄」 明理一 "萬事不能外乎理 而醫之於理爲尤切 散之則理爲萬象 會之則理歸一心 夫醫者 一心也 病者 萬象也 擧萬病之多 則醫道誠難 然而萬病之病 不過各得一病耳.譬之北極者 醫之一心也 萬星者 病之萬象也"

31) 『類經圖翼』 「太極圖論」 "夫太極者 理而已矣 朱子曰象數未形 理已具"

32) 성호준, "「張介賓 의학의 儒學的 성격」, 『東洋古典硏究』 25, 2006, 참조.

… 정일(精一)이란 곧 지극한 정성이 쉼 없다는 뜻이고, 집중(執中)이란 곧 치중화(致中和)하여 천지가 제자리에 거하고 만물이 길러지는 道이다.[33)]

장남은 중화를 유학과 의학을 이어주는 중심 개념으로 삼아 의학의 이상을 실천하고자 한 것으로 보인다. 따라서 의학은 유학이 못지않게 천지의 화육에 참예하는 중요한 의미를 지니는 것으로 승화되었다. 의학은 유자의 일이라고 한 것이다. 그는 격치성정으로 표현되는 유학의 공업도 사실 건강한 신체에서 비롯되는 것으로 파악하고 있다. 그러므로 그는

만약 격치성정의 학문이 없다면 성리를 밝힐 수 없고 나라를 다스릴 수 없다. 질병을 치료하는 약석의 방법이 없다면 수명은 견고해 오랠 수가 없고 몸을 능히 보전할 수가 없다. 나라를 다스림이 비록 크나 몸을 보전하는 것이 오히려 우선이니 몸이 없다면 무엇으로 다스리겠는가?[34)]

라고 하여 성리를 밝히고 나라를 다스리는 것 또한 자신의 신체에서 비롯된 것으로 앞의 내용과 유사한 것이다. 그러므로 그는

대저 치중화하면 만물을 잘 양육할 수 있다는 유자의 도는 곧 의자의 도가

33) 『醫門棒喝』「論易理」"夫歷聖心傳指示者 止有惟精惟一允執厥中 八字而已 … 精一者 卽至誠無息之旨也 執中者 卽致中和 位天地 育萬物之道也"

34) 『醫門棒喝』「醫稱小道」"若無格致誠正之學 則性理不明 而國不可治 無療疾藥石之方 則壽命不固 而身不能保 治國雖大 而保身猶先 無身則誰爲治"

> 된다. 그것을 조화시키고 양육시키는 것은 반드시 음양 조화의 이치에 근거해야 한다는 것인데, 이것이 바로 의(醫)와 역(易)은 같다는 것이다.[35)]

라고 말한다. 곧 중화위육은 유자의 일임 동시에 의자의 도가 된다는 뜻은 의유가 합일되는 구조를 '중화'에서 찾았고, 그 근원은 역학에 있으며 음양 조화라는 이치에 있다고 한 것이다. 장개빈이 성명의 찬육을 담당하는 의학이 소도가 될 수 없다고 한 것이나, 장남이 소도이기는 하지만 대도와 같은 근원이고 대도가 소도 없이는 실현 불가능한 것이라 한 것 모두는 유의라는 공통의 입장에서 충분히 소통될 수 있는 '이론(異論)'이라 생각하고 두 사람 다 의도와 의덕의 의미를 잘 표현한 의가이다.

이상에서 장개빈과 장남이라는 명청대 대표적 유의들을 통하여 그들이 지닌 의사관 내지는 의학관을 비롯한 의덕에 관하여 논의해 보았다. 의학과 유학에 대한 기본적 시각을 인간 생명의 형기나 도덕·문화의 양면으로 분석할 수는 있으나, 이 둘은 둘이면서 하나라 할 수 있다. 왜냐하면 인간의 몸은 마음을 담는 그릇이고, 마음은 몸을 운용하는 주재자이기 때문이다. 의학이 기화를 중심으로 하여 생명의 형기적 변화를 좇는 학문이라 한다면 유학은 이를 바탕으로 하여 인간의 생명의 문화적 의미 내지는 도덕적 생명론을 제창한 학문이다. 그러나 유의들은 유학과 의학을 동일 선상에 두고 유학이 추구하였던 인간과 자연 그리고

---

35) 『醫門棒喝』「論景岳書」"夫致中和育萬物 爲儒者之道 卽醫者之道也 而和之育之 必本乎陰陽造化之理 此醫易之所同也"

사회의 도덕 주체의 확립의 문제 등을 의학적으로 전개하고자 하였다. 인간 생명에 대한 의학적 탐구는 과학기술의 영역으로만 국한되어서는 곤란하기 때문이다. 인간 생명의 도덕적 의미를 유추하고 이를 바탕으로 인간 신체의 흐름을 해석하는 의학의 문화적-도덕적 분석도 과학적 영역 못지않게 중요시되어야 함을 장개빈·장남을 비롯한 유의들은 주장한 것이다.[36)]

3. 유의와 의론(醫論) : 음양중화(陰陽中和)와 절욕양성(節慾養性)

유의들이 유학과 의학을 하나로 회통할 수 있었던 것은 앞서 논의처럼 역학에 기원이 있다. 그런데 역학의 운용 틀은 음양론에 있다. 특히 의학은 음양오행을 중심으로 논의를 전개하는 본질적 특징이 있는데, 이는 의학이 기화를 중심으로 하는 학문체계이기 때문이다. 그 기화의 중심에는 음양이 있다. 음양은 삼라만상(森羅萬象)을 대대적(對待的) 구조로 파악하여 양자 간의 조화와 균형 그리고 상호 갈등의 요소를 축으로 하여 운동 변화하는 속성을 지니고 있다. 이러한 음양대대(陰陽對待)의 구조는 단순한 듯하면서도 세상의 변화를 담아내는 역할을 한다. 의학의 도는 다름 아닌 음양에 있고, 역대 의가들은 음과 양의 관계를 어

36) 성호준, 「論語와 儒醫 의학의 상관성」, 『東洋哲學研究』 34, 2003, 참조.

떻게 설정하느냐 하는 것에 따라 다양한 학설을 주장하기도 하였다.

그러나 유의들의 관심사는 음양에만 머물러 있지 않았다. 유의들은 인간의 생명을 비롯한 천지만물의 생성변화가 기화에 의한 것만은 아니며 도덕적 문화적 의미를 담고 있다고 판단하였다. 유의들은 도덕적으로나 형기적으로 천 · 인의 유기적 상응이라는 이상을 의학적으로 구현하고자 하는 목표가 있었고, 이로부터 의학의 존립 근거를 찾았다. 특히 의론 부분에서는 유가의 심성수양의 논의 등을 의학의 절욕양성으로 전이한 특징이 있다. 또한 유학의 천리와 인욕의 문제를 의학적으로 전개한 면이 유의의 본질적 특징이다. 이는 성리학적 입장에서 의학적 심의 문제를 이해하려고 하였던 유의의 입장에서는 이전 의학과는 다른 주장을 한다. 도덕적 심성의 형이상학적 근거를 확립하고, '존천리(存天理) 알인욕(遏人欲)' 의 학문적 이상을 가졌던 유의의 입장에서는 심에 대한 심층적인 분석이 필요하였을 것이다. 이러한 것이 절욕양성이나 천리 · 인욕의 성리학적 주제를 군화(君火) · 상화(相火)나 부양억음(扶陽抑陰) 등의 의학적 이론으로 전이하여 유의 이론의 특징을 생성케 하였다. 인간과 사물의 생명현상과 존재 양상이 형기적인 부분만 아니라 도덕적인 부분도 유기적으로 연관되어 있음에 연유한 것이다. 이는 송대 성리학이 의학적으로 전개된 결과이며 유의의 중요한 특성 중의 하나이다. 또한 이러한 점은 하늘이 명한 본연한 성품을 타고 태어났지만, 항상 외물과 접하고 사람을 만날 때마다 생기는 감정과 정서의 문제나 식색(食色) 등의 욕구 문제를 어떻게 해결할 것인가가 유학의 관심사였고, 이러한 문제를 해결하기 위한 방안으로 공부론이나 수양론이

제기된 것이다. 가치론적으로 보더라고 선악의 문제를 어떻게 해결하는가가 유학자들의 주요 관심사였다.[37]

유의들의 이러한 유학적 기반을 바탕으로 음양과 심성의 문제를 의학적으로 이해하고자 한 공로가 있다. 이러한 점을 명확히 의학 이론으로 제시한 이가 주진형이다. 주진형은 "음식과 남녀는 사람의 큰 욕구이다. 내가 매번 생각건대 남녀의 욕은 관계되는 것이 심히 크고 음식의 욕은 몸에 더욱 간절하다. 세상에서 그 속에 연이어 빠지는 자가 적지 않다. 진실로 도에 뜻을 두면 반드시 이것을 먼저 하여 심을 궁구하여야 한다."[38]라고 하였는데, 음식과 정욕에 대한 경계를 한 것으로 보인다. 맹자가 말한 '심을 기르는 데에는 욕심을 적게 하는 것보다 좋은 것은 없다(養心莫善於寡欲).' 라고 한 구절에서도 보이듯이 욕구나 욕망의 절제가 무엇보다 양심의 조건이었다.

유의들의 음양에 대한 관점을 살펴보자. 우선 장개빈은 부양억음(扶陽抑陰)의 차원에서 음양을 이해하였다. 그는 생명 탄생과 유지에 대해 다음과 같이 말하였다.

> 대개 사람이 천지의 기를 얻어서 생명이 있고 생명을 있게 하는 기는 곧 양기이니 양기가 없으면 생명도 없다. 그러므로 무릇 생으로부터 장(長)하

---

37) 성호준, 「儒醫의 개념정립과 張介賓」『大韓韓醫學原典學會誌』 20-1, 2007, p.134 참조.

38) 『格致餘論』 「飮食色欲箴序」 "飮食男女 人之大欲存焉 予每思之 男女之欲 所關甚大 飮食之欲 於身尤切 世之淪胥陷溺於其中者 盖不少矣 苟志於道 必先於此 究心焉"

고, 장으로부터 장(壯)하니, 양기가 주장이 되지 않음이 없으니 정혈은 모두 그 화생인 것이다. 이로써 양기가 성하면 정혈도 성하여 생기도 성하고, 양기가 쇠약하면 정혈도 쇠약하여 생기도 쇠약하다.[39]

이 구절에서 보면 기를 얻어 생명이 있고, 생명을 유지하는 것은 양기라 분명히 하고 있다. 양기가 성하지 않으면 정혈과 생기도 쇠약해질 수밖에 없다. 이는 양기가 생명의 기틀이 됨을 말한 것이다.

그는 또한 양을 군자에 음을 소인에 비교하여 부양억음적인 관점을 보여주는데, 이는 성리학의 음양론의 한 부분이다. 또한 양이 많고 선행이 많은 사람은 신이 강해 귀가 소멸되고, 음이 많고 악행이 많은 사람은 기가 사나워져 귀가 생긴다. 이를 알아야 길흉화복의 기틀을 마음에서 구할 수 있다고 한다.[40] 그는 다음과 같이 부양억음의 의미를 밝히고 있다.

역을 지으실 때 소장(消長)의 즈음과 맑고 사특(邪慝)한 구분에 이른즉 일찍이 부양억음의 뜻에 이르지 않음이 없으니 고의로 악을 미워하는 것은 아니다. 또한 양덕을 패퇴시키고 무너뜨림을 두려워하여서 건곤의 생의(生意)를 죽일 뿐이다. 이런 까닭에 하나의 음이 생힘은 비유하건대 하나의 적과

---

39) 『景岳全書』 권18 「傳忠錄」 辨丹溪" 蓋人得天地之氣以有生 而有生之氣 卽陽氣也 無陽則無生矣 故凡自生而長 自長而壯 無非陽氣爲之主 而精血皆其化生也 是以陽盛則精血盛 生氣盛也 陽衰則精血衰 生氣衰也"

40) 『類經附翼』 「醫易義」 참조.

> 같아 서리를 밟고 얼음을 굳게 하는 것이라 하니 귀함은 은미한 것을 삼가는 것에 있다. 이는 진실로 의학의 강령이요, 생명의 추기(樞機)이니[41]

그는 이 구절에서 원기를 북돋우고 음기를 제어하는 것으로 의학적 목표로 삼았다. 그의 의론 중 음양론이 유학적 성격을 지녔다고 할 수 있는 것은 '부양억음' 을 통한 '음양(陰陽) 중화(中和)' 에 있으며 유의적 특징이 분명하게 드러난다. 장개빈은 음양을 상호 대대적인 것으로 파악하기는 하나 병리 현상의 해결과 원기를 회복한다는 점에서는 '부양억음' 의 관점을 취한다. 결국 음양의 기가 인간과 사물의 생명현상과 존재 양상을 규정하는 것뿐만 아니라 도덕적인 부분도 아울러 관장하고 있음을 알 수 있고, 이는 송대 성리학이 의학적으로 전개된 결과이며 유의의 중요한 특성 중의 하나라 생각한다.[42]

이러한 부분에 대해 장남은 음평양비(陰平陽秘)의 차원에서 비판을 가한다.

> 총괄하여 말하면 음양은 태극에 있어 상호 뿌리가 되니 반드시 조금도 치우칠 수 없고 한 쪽이 승하면 한 쪽은 끊어지니 태극도 역시 훼손된다. 그러므로 역에 말하기를 "한번 음하고 한번 양하는 것을 일러 도라고 한다." 고

---

41) 『類經附翼』「醫易義」"作易至於消長之際淑慝之分 則未嘗不致其扶陽抑陰之意 非故惡夫陰也 亦畏其敗壞陽德 而戕伐乎乾坤之生意耳 以故一陰之生 譬如一賊 履霜堅氷至 貴在謹乎微 此誠醫學之綱領 生命之樞機也"

42) 성호준, 위의 논문, p.135 참조.

하였으며 내경에서도 "음은 화평하고 양은 고밀해야 정과 신이 비로소 다스려진다." 고 말했다. 저 '평' 이라고 말한 것은 한쪽이 승하지 않도록 함이고, 비(秘)라고 말한 것은 발설하지 말도록 함이니, 양의 성질은 동하면서 발설하기 때문에 발설이 지나치면 진원(眞元)이 소모되므로 특별히 '비(秘)' 를 사용한 것이다.[43]

이 구절에서 보면 장남은 『황제내경』의 '음평양비' 와 『주역』의 논거를 들어 음양의 조화와 균형이 이루어져야 함을 말하고 있다. 이를 장남은 '부양(扶陽)이라고 하면 양의 발설(發泄)을 더욱 조장하는 것이며 억음이라고 한 것은 음이 화평(和平)하지 않도록 하는 것이다' [44]고 하여 음양 중화의 틀을 통해 '부양억음' 은 이치에 맞지 않는다고 하였다. 장남은 또 다른 비판의 논거로 치세의 도와 치병의 도가 다름에 있다는 것을 제시한다. 이는 당위적인 도덕의 세계와 사실적인 형기의 세계가 하나로 혼융되어 그 본말을 깨닫지 못한 것으로 이해한 것이다. 장남은

복희 같은 성인이 팔괘를 그리고 황제와 기백이 육기를 논한 것은 모두 음양 태극에 근본 했으니 그 체는 동일하나, 역은 치세를 논하여 부양억음을 주로 삼았고, 내경은 치병을 논하여 음평양비를 종(宗)으로 삼았으니 그 용

43) 『醫門棒喝』「論景岳書」"總而言之 陰陽互根於太極 必不可稍偏 偏勝則偏絶 而太極亦毁矣 故易言一陰一陽之爲道 內經言陰平陽秘 精神內治 夫言平字 不使偏勝也 秘者勿使發越也 以陽性動而發泄 發泄太過 眞元傷耗 故特用一秘字"

44) 『醫門棒喝』「論景岳書」 참조.

은 동일하지 않다. 용이 이미 동일하지 않은데, 어찌 역의 주(부양억음에 대한 주희의 주)를 인용하여 의학의 이치를 논할 수 있겠는가? 만약 부양억음으로 의학을 논한다면 반드시 편승될 것이다.[45)]

라고 하였다. 여기에서 보면 역에 근본한 음양의 체는 동일하나 음양의 용은 의학과 유학이 다름을 지적하고 군자와 소인으로 양·음을 비유한 주희의 입장을 충분히 이해할 수 있으나 이를 수용하여 의학론으로 윤색하는 것은 장개빈의 오해에서 비롯된 것임을 말하고 이는 중화의 이치에 어긋나는 것임을 주장한다. 그러나 장남의 음평양비는 장개빈의 부양억음과는 상보적인 면을 지니고 있다. 부양억음은 생성과 관련이 있고, 음평양비는 생명의 운용과 관련이 있다. 의학의 특징은 만물생성 원리보다는 운용의 차원에 관심을 집중한 면이 있고, 그러한 측면에서 장남은 음양상보 내지는 조양율음(調陽律陰)을 중시한 것이다.

유의 의학의 특징 중 하나는 군화·상화에 대한 유학적 심성론으로 해석을 시도함으로써 심성수양의 의미를 구체적인 생리·병리에 적용하고자 한 면이 있다. 군화·상화의 논의는 우선 『황제내경』에서 그 기원을 찾을 수 있다. 『황제내경』「천원기대론(天元紀大論)」에서 "군화는 명으로써 하고 상화는 위로써 한다."[46)]고 하였는데, 명은 신명(神明)으

---

45) 『醫門棒喝』「六氣陰陽論」"羲聖劃八卦 軒岐論六氣 皆本陰陽太極 其體則同 而易經論治世 以扶陽抑陰爲主 內經論治病 以陰平陽秘爲宗 其用則不同也 用旣不同 豈可引易註 以論醫理哉 若以扶陽抑陰論醫 則必至偏勝之害"

46) 『黃帝內經·素問』「天元紀大論」"君火以明 相火以位"

로 심화(心火)의 역할을 표현한 것으로 보인다. 군화는 전신을 주재하며 상화는 장부를 온양하는 역할을 담당하는 것으로 알려져 왔다. 군신의 관계로 화를 둘로 나눈 것이다. 군화 · 상화는 유의들에게는 특별한 의미를 전달해 준 것으로 보인다. 왜냐하면 일반적으로 심장이 화에 배속되는데, 육기의 관념으로 보았을 때 군화 · 상화의 문제를 어떠한 방식으로든 정리를 할 필요성을 가졌을 것이다. 그러므로 유의들은 '심-군화' 라는 주장에는 동의하지만 상화가 어디에 있는가하는 문제는 쟁점이 되어 왔다. 장남은

> 심에 연유한 신명이 영광(靈光)하고 형형(炯炯 - 밝게 빛남)한 것은 흡사 임금이 정남향으로 대면하여 아무것도 행하는 것이 없으나 행하지 못하는 것도 없는 것처럼 마치 상천의 천지조화를 운용할 때 무성 · 무취한 것과 같다. 비록 무성 · 무취하나 실은 만물의 기미를 주재하는 것이 신명하여 이루다 헤아릴 수 없으므로 사람의 심화를 군화라 명명하게 되었고, 운용시위(運用施爲)하여 기혈을 생화하는 것은 상화의 공이다. 상화가 비록 신(腎)에 기거하더라도 심화와 관통하고 있으니 선천혼원의 뿌리이다.[47]

라고 하였다. 여기에서 보면 군화와 상화는 선천혼원의 뿌리인 태극에

---

47) 『醫門棒喝』「六氣陰陽論」"緣心之神明 靈光炯炯 恰如君之正南面 而無爲無不爲 猶上天之載 無聲無臭也 雖無聲無臭 實則主宰萬幾 神明莫測 故人之心火 名爲君火 而其運用施爲 生化氣血者 相火之功也 相火雖寓於腎 而與心火貫通 良由同出先天混元之根也"

서 같이 나왔으나 군화는 주재자이고, 상화는 군화의 명을 받아 직접적으로 용사하는 존재로 군화를 체라고 한다면 상화는 용의 입장으로 설명된다. 그러므로 장남은 "심신(心神)이 편안하고 고요하다면 상화가 명령을 받들어 망동하지 못하고 기혈이 안화(安和)하여 질환이 없을 것이다. 이런 까닭에 군화는 체가 되고 상화는 용이 되어 체와 용이 비록 둘로 나누어졌더라도 그 원천을 궁구하면 실은 하나의 화일 따름이다."[48] 라고 하였다. 이는 심에 연유한 신명의 주재가 군화가 되며 상화는 그 명령을 받아 용사하는 역할을 담당하며 신장에 우거한다고 하였다.

군화와 상화의 관계를 다시 보면 장남은 다음과 같이 말한다.

① 적연부동(寂然不動)한 때에는 오직 영(靈)만이 광채가 형형하되 아무것도 행하는 것이 없으니 단지 군화만 있고, 이른바 상화라고 하는 것이 있다는 것을 실지로 알아보지 못하지만, 만약 칠정이 갑자기 발동하면 상화가 즉시 나타난다. 예컨대 색욕이 발동하면 외신(外腎)이 발기하고 노하면 간기가 상역(上逆)하는 것 등이다.[49]

② 상화가 번성하는 것은 분노와 욕망 등의 화이니 욕이 동하여 화가 염상(炎上)하면 원기(元氣)가 손상되고 소모되므로 적이라고 이른다. 『내경』에서

48) 『醫門棒喝』 「六氣陰陽論」 "若心神恬靜 則相火奉令而不妄動 氣血安和無患 是故君火爲體 相火爲用 體用雖異 究其源實則一火而已"

49) 『醫門棒喝』 「六氣陰陽論附問答」 "當寂然不動時 惟靈光炯炯 一無所爲 則但有君火實未見有所謂相火也 若七情乍動 相火立見 如欲則外腎擧 怒發則肝氣逆之類"

'장화식기(壯火食氣)' 라고 말한 것이 이것이다. 만약 심의 군화가 편안하여 태평스럽고 상화가 명령을 받들면서 묵묵히 화육의 기틀을 도와 음양이 화평하다면 원기가 이에 힘입어 생장하므로 원기의 근본이 되는데, 『내경』에서 '소화생기(少火生氣)' 라고 말한 것이 이것이다.[50]

우선 ①에서 보면 앞에서 논의한 적연부동한 때에 하나의 영(靈-性)이 심을 주재하고 있을 즈음에는 군화만이 있고, 칠정이 발동하면 상화가 나타난다고 하였다. 즉 이는 성-군화와 정-상화라는 연결을 가능하게 하는 구절이다. 비록 성리학에서 말하는 '심통성정(心統性情)' 의 논의는 다소 차이가 있으나 유학의 성·정에 대한 논의를 의학의 생리와 병리적인 문제로 전이시킨 면이 있다. 또한 ②는 상화가 번성하는 것은 병리적인 화로 원기를 소모·손상시킨다고 하고 상화가 묵묵히 군화의 명을 받든다면 생리적인 화로 원기를 생하게 한다는 내용으로 이루어져 있다. 여기에서도 본다면 유학의 성정과 동정을 설명하는 구조로 되어 있다. 이러한 군화·상화에 대한 입장을 유학적 견지에서 정리한 이 중 장남과 더불어 대표적인 유의 중의 한 명은 주진형이다.[51]

주진형이나 장남의 이러한 군화·상화에 대한 논의는 유가의 심성론에 바탕 한 것이다. 물론 성리학에서 주장하는 '심통성정' 의 심성체계

---

50) 『醫門棒喝』「六氣陰陽論」"相火熾然 則忿慾等火也 欲動火炎 元氣傷耗 故謂之賊 內經云壯火食氣是也 若心君安泰 相火奉令 默贊化機 陰陽和平 元氣賴以生長 故爲元氣之本 內經云少火生氣是也"

51) 이에 대한 논의는 제2부에서 다룬다.

와는 다소 차이가 있기는 하다. 그럼에도 불구하고 유가 심성론의 전통은 의학의 군화·상화를 이해하는 틀로 활용된 면이 많다. 유의의 관점에서 본다면 심성수양의 문제는 의학적 문제로 전이되며 의학적 문제는 심성론의 차원에서 이해하여야 한다. 즉 과도한 칠정·상화가 원기를 비롯하여 생명을 파괴하는 데까지 이를 수 있어 정서적 안정과 마음의 중절(中節)이 무엇보다 중요하다. 그리고 망동을 조절하는 방법으로 장남은 격치성정을 내세웠던 것으로 보인다.[52]

52) 성호준,「清代 醫學의 易學과 생명사상」,『大同哲學』29, 2005, 참조.

제2부

유의(儒醫) 의학과 동의(東醫)의 출현

제4장

유의(儒醫) 의학의 도입과 성리학자의 의학 · 양생관

1. 유의(儒醫) 의학의 도입 : 『향약집성방(鄕藥集成方)』과 『의방유취(醫方類聚)』

『동의보감(東醫寶鑑)』의 「서(序)」를 보면 "인민애물(仁民愛物)의 덕과 이용후생(利用厚生)의 도가 앞뒤로 한결같아서 중화위육(中和位育)이 진실로 여기에 있다."[1]고 하였는데, 『동의보감』이 백성을 사랑하고 사물을 아끼는 마음의 입장에서 서술된 의서임을 밝히고 있다. 그리고 의학의 목표는 중화위육의 실현에 있음을 말한다. 유의의 의학관 및 의덕의 관점에서 『동의보감』이 편찬되었음을 알 수 있는 말이다. 또한 허준

1) 『東醫寶鑑』「序」"仁民愛物之德 利用厚生之道 … 中和位育之治 亶在於是"

(許浚, 1539~1615)이 지은 『동의보감』의 「집례(集例)에 보면 남의(南醫)·북의(北醫)와 다른 '동의(東醫)'라 칭한 이유가 우리나라의 의학 전통에 있다고 하였다. 『동의보감』 편찬을 지시한 선조(宣祖)도 수양과 향약(鄕藥)의 차원에서 중국과 다른 의서의 필요성을 말하였다. 선조의 말은 심성수양을 중시한 당시의 성리학풍이 『동의보감』의 의론에 반영되었음을 암시한 것이고, 자연과 인간의 상응이라는 측면에서 향약론의 의미를 강조한 것이다.[2] 『동의보감』의 내용으로 유추해 보면 의학의 목적은 '중화위육'이며 이를 실현하는 방법으로 '인민애물'을 제시하였으며, 우리 실정에 맞는 의학의 필요로 『동의보감』이 간행되었음을 알 수 있다. 이에 중요한 시사점이 있다. 곧 『동의보감』 이래 우리나라 의학 곧 '동의'의 지향점이 무엇인지를 분명히 한 것이다. 『동의보감』의 의학적·사상적 지향의 단초는 사실 고려 말 조선 초기부터 있었다. 이는 곧 유의 의학이 유입된 시기와도 일치하고, 『동의보감』이 '동의'라 명명하기 이전 많은 학문적 노력이 있었다고 할 수 있다. 특히 조선시대의 의서들은 왕명을 받들어 편찬된 것이 명대와 청대보다 상대적으로 많다고 하고, 인민애물, 인정(仁政), 천심인애(天心仁愛) 등등의 용어가 서문 등에 많이 사용되었다고 하는데,[3] 유학의 가치를 의학적으로 어떻게 서술하는가가 관건이었을 것이다.

먼저 1433년(세종 15년)에 간행된 『향약집성방(鄕藥集成方)』의 경우를 살펴보자. 권채(權採)가 지은 서문을 보면 다음과 같은 내용이 있다.

---

2) 『東醫寶鑑』 「序」 참조.

3) 李泰鎭, 「鄕藥集成方 편찬의 정치사상적 배경과 의의」, 『震檀學報』 87, 1999, p.164.

임금의 도(道)는 인(仁)보다 더 큰 것이 없고, 인도(仁道)는 지극히 크며, 또한 여러 가지 있는 것이다. 이제 우리 주상 전하께서 거룩한 덕으로 지극히 훌륭한 정치를 일으켜 위(位)를 지키고 정령을 내는데 오로지 이 도의 큰 것에 따르고 있거니와, 의약으로 백성을 구제하는 일에까지 이와 같이 힘을 쓰니, 인정(仁政)의 본말(本末)과 크고 작은 것을 남김없이 다한 것이라 하겠다. 또 옛 임금이 혹은 몸소 약을 조제하고, 혹은 수염을 잘라 약에 타서 은혜가 한 사람에게 미친 것도 후세에서 오히려 칭찬하는데, 한 번 의서(醫書)를 편찬하여 널리 치료하는 방법을 보이고 억조창생에게 은혜를 주고 만세에 덕택을 베푸는 것과 어찌 같으리오. 그 규모와 시설은 실로 천태만상(千態萬象)이다. 지금부터 이 장서로 인하여 약을 먹어 효력을 얻고, 앓는 사람이 일어나고 일찍 죽는 것이 변하여 수명(壽命)을 얻고 무궁토록 화기(和氣)를 얻게 하는 것이 어찌 성조(聖朝)의 인심(仁心)과 인정에서 나온 바를 알지 못하리오.[4)]

인정과 인도(仁道)의 실현을 위하여 편찬을 명한 것이고, 그 이념적 기반은 유가적 정치의 이상을 구현하는 데 있다는 뜻이다. 이는 유의의 의도와 의덕의 관점에서 보면 지극히 상식적인 내용으로 보이며 송대 이후의 중국 의가의 학풍과 다르지 않다.

한편 의학 이론의 부분에서 보면 『향약집성방』은 유의의 의학과는 직접적인 연관은 없어 보인다. 주진형(朱震亨)을 비롯한 유완소(劉完

4) 『世宗實錄』 15년 6월 壬辰.

素), 장종정(張從正), 이고(李杲) 등 금원사대가의 의서들은 거의 인용되지 않았다.[5] 그럼에도 『향약집성방』의 '향약'은 『의방유취』·『의림촬요(醫林撮要)』 등을 거쳐 『동의보감』의 향약론에도 영향을 준 것으로 보이며 이 또한 동의의 정체성을 확립하는 데 기여한 것으로 보인다. 『향약집성방』은 금원대 유의 의학이 조선에 도입되기 시작하는 과정에서 송대까지의 처방 중심의 의학 연구를 마감하고 바로 직후에 만들어 지는 『의방유취(醫方類聚)』식의 이론 중심의 의학으로 넘어가는 과도기적인 성격을 가진 것이라 볼 수 있다고 한다.[6]

『향약집성방』에 인용된 책들 가운데에 주목할 부분은 주요 양생서에 대한 부분이다. 『도서팔제성화경(道書八帝聖化經)』 1회, 『삼원연수참찬서(三元延壽參贊書)』 1회, 『손진인침중기(孫眞人沈中記)』 1회, 『양로봉친서(養老奉親書)』 1회, 『하우신선경(夏禹神仙經)』 1회, 『복기정의론(服氣精義論)』 1회씩 각각 인용되었다고 한다. 또한 갈홍(葛洪), 도홍경(陶弘景) 등의 인물들이 인명으로 인용된 부분이다.[7] 이 가운데 『삼원연수참찬서』와 『양로봉친서』 두 책은 제목에서도 알 수 있듯이 의덕의 차원에서 유의의 의학적 방향과 일치하는 책이다.

송대 임상의학을 도입하여 향약을 발전시킨 것이 『향약집성방』이라고 한다면 의학의 이론적 연구를 위하여 편찬한 책은 『의방유취』이다. 『의방유취』는 1448년(세종 30년) 완성 당시 365권으로 이루어졌는데,

---

5) 金南一, 「鄕藥集成方의 인용문헌에 대한 연구」 『震檀學報』 87, 1999, P.212.

6) 韓國韓醫學研究所篇, 『韓國醫學史 再定立』 上, 한국한의학연구소, 1995, p.245.

7) 金南一, 위의 논문, p.216.

이는 의가들만의 노력은 아니었다. 의서습독관이라는 이름을 지닌 당시의 관료·유학자들의 노력도 간과할 수 없다. 세종 당시에도 김예몽(金禮蒙), 유성원(柳誠源), 민보화(閔普和) 등이 '분문유취(分門類聚)' 작업에 참여하였고, 세조 때에도 양성지(梁誠之)의 감독 하에 의서습독인들을 시켜 교정하게 하여 결국 266권으로 1477년(성종 8년)에 간행되었다.[8] 『의방유취』 편찬 작업에 참여한 유학자들이 당시 사상계를 주도한 인물들은 아니지만 당대 유학자와 의사들의 의학과 도교 사상을 깊이 와 유행하였던 유의 의학과 도교 내단서들의 경향을 보여주고 있는데 의미가 있다.

인용 서목을 살펴보면 한당(漢唐) 이래 고전 방서(方書)에서부터 금원사대가(金元四大家)의 문헌을 비롯한 송원대(宋元代)에 이르는 대표적인 중요 문헌을 총망라하였다. 이는 조선 초기 당시의 성리학이 중국의 성리학을 수입하여 한국 성리학으로 거듭나기 이전의 단계였던 것처럼 의학에서도 중국의 의학서 및 방서를 백과사전식으로 정리하였던 것으로 보인다. 그러나 금원대 유의들의 문헌들이 주도적인 맥락에서 인용되었던 것은 아니었다.[9] 그럼에도 불구하고 이 시기는 당시의 조선 사회에서 '유의'라는 용어가 일반적으로 사용되던 때였다. 세종 당시의 『실록』의 기사를 보면 "의술은 모름지기 음양오행(陰陽五行)의 생극소식(生克消息)의 이치를 연구하여 아는 자라야 능히 병을 진찰하고 약을 쓸 수 있습니다. 또 옛적 좋은 약방문이 유의의 손에서 많이 나왔습

8) 金斗鍾, 『韓國醫學史』, 探究堂, 1998, p.219-p.220.
9) 金斗鍾, 위의 책, p.224-p.225 참조.

니다. 이치에 통달한 문인(文人)이 겸하여 의술을 다스림은 옛날에도 그 예가 있습니다."[10]라 한 구절에서도 확인할 수 있고, 위의 서술처럼 의서 습독을 통하여 유학과 의가들의 공동 편찬 작업이 이루어졌다. 『의방유취』 내용의 구성은 5만 여종에 달하는 처방이 중심이지만, 이론편과 각 문(門)마다 식치(食治), 금기(禁忌), 침구(鍼灸), 도인(導引) 등의 내용을 첨가하였다. 이전의 의서인 『향약집성방』에서 몇 개의 문에만 침구, 도인이 첨가되었던 것에 비해 양적으로도 상당히 증가했음을 알 수 있다. 특히, 도인은 「소아문」을 제외하고는 48문에 골고루 분포되어 있어 본격적인 의학적 치료 이후의 양생법과 예방의학적 치료가 중시되었음을 잘 보여 준다.[11]

『의방유취』가 인용한 의학서는 송금원 시기의 유의들의 문헌이 대부분이기는 하지만 도교 내단서 혹은 양생서가 함께 포함된 것을 주목할 필요가 있다. 대부분은 「양성문(養性門)」에 집중되어 있는데, 『향약집성방』과는 달리 도교 내단서 및 양생서의 많은 부분이 인용되어 있다. 물론 '양성(養性)' 이라는 입장에서 생리·병리의 의학적 이해를 도모하기 위한 인용이었지만, 의관 내지는 의서습독관이라는 지위를 지닌 유학자들의 내단 사상에 대한 이해의 깊이를 알 수 있다. 인용한 대표적인 양생서는 『신은(神隱)』, 『수진비결(修眞秘訣)』, 『영단요결(寶丹要訣)』, 『금단대성(金丹大成)』, 『삼원연수참찬서』, 『활인심법(活人心法)』

10) 『世宗實錄』 16년 7월 庚子.

11) 안상우·최환수, 「의방유취 치법편의 구성과 특징」, 『한국의사학회지』 14-1, 2001, p.109.

등이다. 이중 『금단대성』 및 『삼원연수참찬서』, 『활인심법』 등은 『동의보감』의 형성에도 많은 공헌을 한 책이다.[12] 『금단대성』은 도교 내단학의 남종(南宗)을 이은 원대 소정지(蕭廷之)가 지은 것으로 거의 전편이 인용되어 있다. 세종대부터 성종대에 이르기까지 당시의 유자들도 내단서의 존재를 인식하였고, 의학적 필요성에 의하여 『의방유취』에 전재한 것으로 보인다. 『금단대성』 서두에는 「무극도설(無極圖說)」을 두어 내단의 형이상학적 근거를 설명을 한다. 이어 「천심도(天心圖)」, 「현빈도(玄牝圖)」, 「주천화후도(周天火候圖)」 등을 실고 있다. 뒷부분에는 '금단' 에 대한 용어를 설명하는 「금단문답(金丹問答)」이 실려 있다.[13] 이러한 것은 남종 계열의 내단 사상이 유불도 삼교합일을 지향하고 우화등선(羽化登仙)의 신비주의적인 요소가 많이 없었고, 유학자들의 양생법으로 수용하기에 부적절하지 않은 것에서 기인한다. 특히 의학은 도교 양생론과 그 흐름을 같이하여 왔는데, 유자들이 의서편찬에 참여하면서 도교 양생의 의미를 외면할 수는 없었을 것이다. 의학사적으로 본다면 『동의보감』의 도교적 색채 혹은 도교 양생설의 수용은 오히려 상당 부분 『의방유취』를 통하여 논의되어야 하며, 『동의보감』에 이르러서는 도교 양생론 중 실용의학적인 측면의 내용이 이미 의학의 일부로 편입되었음을 의미한다고 해석해야 한다는 주장도 있다.[14] 이는 또

---

12) 『삼원연수참찬서』와 『활인심법』 두 책에 대한 논의는 다음 장에서 이루어질 예정이다.

13) 成昊俊, 「東醫寶鑑의 철학적 연구」, 성균관대 박사 논문, 2001, p.83.

14) 안상우, 「醫方類聚가 東醫寶鑑 편찬에 미친 영향」, 『한국의사학회지』 13-2, 2000, p.100, 참조.

한 의학적인 부분에서 사상적 개방성 견지하고 있음을 알 수 있고, 유학자들의 이러한 노력은 『동의보감』 등 이후의 유학과 도교의 회통적 의학서 간행의 밑거름이기도 하다.

의도와 의덕의 측면에서 보면 『의방유취』는 이전 의서들과는 차이가 있다. 『의방유취』에서는 「총론」을 두었는데 '논대의학습(論大醫學習)'과 '논대의정성(論大醫精誠)」을 실었다. 이 두 편의 글은 당대(唐代) 손사막(孫思邈)의 글로 『비급천금요방(備急千金要方)』에서 옮겨 놓은 것이다. 다음과 같은 내용을 확인할 수 있다.

> 만일 오경(五經)을 읽지 못하면 인의(仁義)의 도를 알지 못한다. 삼사(三史)를 읽지 않으면 고금의 사정을 알지 못한다. 제자백가를 읽지 않으면 (사실을) 보고도 묵묵히 (사리를) 알지 못한다. 내경(內經)을 읽지 않으면 자비롭게 베푸는 덕행을 알지 못한다. 노자(老子)와 장자(莊子)를 읽지 않으면 자연법칙대로 따를 수 없는 바람에 좋은 일과 흉한 일이 피하거나 꺼리는 일이 가는 길마다 생긴다. 게다가 오행(五行)의 휴왕(休旺)과 칠요(七耀)의 천문(天文)도 아울러 모름지기 깊이 탐구해야 한다.[15)]

의사는 오경(五經)은 물론, 역사, 불경, 도가 등의 내용과 음양오행 천문역법에 능통하여야 하며 의사의 의무와 책임을 강조하는 내용으로

15) 『醫方類聚』 「總論」 "若不讀五經 不知有仁義之道 不讀三史 不知有古今之事 不讀諸子 睹事則不能默而識之 不讀內經 則不知有慈悲喜捨之德 不讀莊老 不能任眞體運 則吉凶拘忌 觸塗而生 至於五行休王 七耀天文 並須探賾"

이루어져 있다.[16] 비록 온전한 유가만의 내용은 아니지만, 유의가 지향하는 의덕과 대동소이한 것으로 평가할 수 있다. 결과적으로 『향약집성방』이 『동의보감』의 향약론에 영향을 준 것이라면 『의방유취』는 『동의보감』의 도교 양생론 도입의 중간 매개가 되었고, 그 중심에는 당시 유학자들이 있었음을 확인할 수 있다. 유의 및 유학자들의 도교 양생론에 대한 이해는 이후에 논의할 예정이다.

2. 유의(儒醫) 의학의 전개 : 『의림촬요(醫林撮要)』와 『동의보감(東醫寶鑑)』

조선에서 금원대 유의 의학서가 활용되고 정리된 의서는 『의림촬요』부터라 보는 것이 적절할 것이다. 『의림촬요』의 성립 시기는 명종~선조초(1546~1580)로 여겨진다. 『향약집성방』에 금원대 유의의 의학과 사상이 수용된 흔적을 찾을 수가 없고 『의방유취』에는 들어와 있다고 해도 아직 소화되지 않은 상태라 할 수 있다. 비로소 『의림촬요』에 와서야 금원대 의가의 의학과 사상이 제대로 반영되었다고 할 수 있다. 『의림촬요』의 인용 문헌을 살펴보면 『향약집성방』이나 『의방유취』 등 기존 의서에서 볼 수 없었던 『단계심법부여(丹溪心法附餘)』, 『명의잡저(名醫雜著)』, 의학입문(醫學入門)』, 『고금의감(古今醫鑑)』, 『종행선방(種杏仙

16) 신동원, 「조선시대의 의학론」, 『醫史學』 13-1, 2004, p.134-p.135.

方)』, 『만병회춘(萬病回春)』, 『제음강목(濟陰綱目)』 등이다.[17] 『의림촬요』는 우박(虞摶)의 『의학정전(醫學正傳)』과 위역림(危亦林)의 『세의득효방(世醫得效方)』이 인용의 주류를 이룬다고 한다. 편제가 『의학정전』의 체계를 따르고 있고, 내상(內傷)에 있어서 『의학정전』, 『의림촬요』, 『동의보감』이 모두 이고(李杲)의 「내외상변혹(內外傷辨惑)」을 중심으로 내상과 외감(外感)의 분별법을 논하고 있다고 하였다. 그리고 우박의 『의학정전』은 1515년에 간행된 것으로 금원사대가 의학을 정리하고 종합한 책이라고 하였다. 우박은 주진형과 동향인데, 『의학정전』 「서」에서 "격치여론(格致餘論), 국방발휘(局方發揮) 등의 편은 모두 선철(先哲)들을 절충한 것으로 편문지폐(偏門之弊)를 구하기 족한 것이니 위대하여 백세의 종사가 된다."[18]라고 하여 주진형의 의학사상과 경험을 매우 중시하였다. 이러한 『의림촬요』의 의학은 금원사대가와 『동의보감』을 이어주는 역할을 담당하였다고 한다.[19]

한편으로 『의림촬요』의 특이한 내용은 '유의'에 대한 서술이 있다는 점이다. 「역대의학성씨(歷代醫學姓氏)」의 편을 두었는데, 이는 이천(李梴)의 『의학입문』의 같은 제목의 편을 바탕으로 서술되었다. 『의학입문』의 내용을 보면 옛 의인 215명을 상고성현, 유의, 명의(明醫), 세의

---

17) 金洪均, 「醫林撮要의 醫史學的 硏究」, 경희대 박사 논문, 2000, p.111.

18) 『醫學正傳』 「序」 "格致餘論局方發揮等篇 皆所以折衷前哲 尤足以救偏門之弊 偉然百世之宗師也"

19) 朴贊國, 「醫林撮要의 韓國醫史學的 價値와 思想」, 『東洋醫學』 16-2, 1990. 한편 金洪均은 이에 대한 반론을 제기한다. 『醫林撮要』는 『醫學正傳』 및 金元四大家의 사상에 별 다른 영향을 받지 않았다고 주장을 한다. 이에 대한 자세한 논의는 金洪均의 논문 「醫林撮要의 醫史學的 硏究」(경희대 박사 논문, 2000) p.70-p.73 참조.

(世醫), 덕의(德醫), 선선도술(仙禪道術) 등의 여섯 부류로 나누어 각기 그들의 이름 밑에 자와 호를 기록하고, 그들의 저서와 업적 및 임상 사례를 들어 비교적 상세하게 기술하고 있다. 상고성현은 의약으로 사람의 생사를 다스린 삼대 이전의 의약을 창시한 성군(聖君)과 현상(賢相)을 얘기하고 있으며 모두 13명이다. 유의는 진한(秦漢) 이후 경전에 밝고 역사에 박식하며 수신하여 삼가 행하고 사람들로부터 거유로 불리는 자로 의학에도 아울러 능통한 사람을 말하는데 모두 41명이다. 명의는 의학에 대하여 그 밝힘을 극진히 한 사람으로 모두 98명이다. 세의는 의술을 주업으로 삼아서 세대로 서로 이어온 사람이니 모두 26명이다. 덕의는 명의와 세의 가운데 덕이 있는 사람이니 모두 18명이다. 선선도술에 대해서는 별다른 설명이 없이 기록하였는데 모두 19명이다. 『의림촬요』도 옛 의인 224명을 상고성현, 유의, 명의, 세의, 덕의, 선선도술, 본국명의(本國明醫) 일곱 부류로 나누어 『의학입문』과 같은 체제로 기록하고 있는데, 여기서는 『의학입문』에서 열거한 215명을 그대로 인용하고 그 끝에 본국명의를 따로 추가하여 설정하였다. 다만 다른 것은 새로이 명의와 세의 그리고 본국명의에 모두 9명을 더 추가하였다는 데 있다.[20)]

그런데 앞에서도 서술하였지만, 『의학입문』과 『의림촬요』의 '유의'에 해당하는 인물들을 보면 장중경(張仲景) · 황보밀 · 손사막(孫思邈) 등을 언급하고 있다. 그러나 그러한 인물들이 표현 그대로 보면 거유라

20) 金洪均, 위의 논문, p.76-p.78.

불릴 수 있는지는 의학사나 유학사에서 자명한 사실이다. 그렇다면 왜 그들을 유의의 범주에 둘 수밖에 없는가 하는 의문이 든다. 필자의 생각으로는 금원대를 지나 명대에 이르러 신유학이 학문의 주류가 되면서 의관들의 유학적 지향이 두드러졌을 것이고, 앞서 언급한 습독관이란 불리는 유자의 의학 전적(典籍) 정리가 사대부 출신의 의학적 토대가 되었을 것이다. 그럼에도 불구하고 이천을 비롯한 의가들은 의도동원(醫道同源)이라 하여 의학의 도교 양생론적 성격을 무시할 수는 없었다. 이른바 의서습독관 등 유학자에 의하여 성경의 지위에 오른 『황제내경』의 경전적 지위에 다른 해석을 할 수 없었을 것으로 추정할 수 있다. 그러므로 '유의'에 대한 정의는 당위적으로 될 수밖에 없었고, 장중경·황보밀·손사막 등 도교적 성향이 짙은 의가들을 유(儒)의 반열에 두어 의학사 및 유의의 연속성을 꾀한 것으로 여겨진다.[21]

『의림촬요』의 유의 의론을 계승하여 명확히 유의의 관점에서 도교 양생론을 회통하고자 하고 이를 의학론으로 정립한 것이 『동의보감』이라 할 수 있다. 우선 『동의보감』「서문」을 보면 『동의보감』 편찬 작업에 참여한 인물들이 나오는데, 허준(許浚)을 제외하고는 유의 정작(鄭碏), 태의(太醫) 양예수(楊禮壽), 김응탁(金應鐸), 이명원(李命源), 정예남(鄭禮男) 등의 이름이 나온다. 그중 양예수는 『의림촬요』를 지은 인물로 알려진 만큼 『의림촬요』와 『동의보감』의 상관성을 엿볼 수 있는 대목이다. 『동의보감』은 금원사대가 의학을 충실히 수용하고, 『황제내경』에

21) 성호준, 「儒醫의 개념정립과 張介賓」, 『大韓韓醫學原典學會誌』 20-1, 2007, 참조.

그 논거를 두는 성향을 보인다. 『동의보감』은 또한 장부생리(臟腑生理)를 중시하여 질병의 원인을 사람의 신체 안에서 구하고자 하는 노력도 보인다. 아울러 『동의보감』 의학의 한 특징은 병이 발생하기 이전의 양성·양생을 치중한 것에 있다. 이러한 관점은 『동의보감』의 인용 서목에도 확인할 수 있는데, 금원사대가와 금원사대가를 정리한 명대 유의의 의학서가 많은 부분을 차지하고 있다. 이중 사상적으로 가장 중요시되는 것은 역시 원대 주진형의 의학론이다. 그러나 주진형의 의학론을 직접적으로 수용한 부분도 있지만 우박의 『의학정전』, 이천의 『의학입문』, 공정현(龔廷賢)의 『만병회춘』 등을 통한 수용도 적지 않다. 우리나라 유의 의학의 토대가 된 주진형은 송명리학의 영향을 가장 많이 받은 인물로 정지(情志)의 망동(妄動)을 주돈이(周敦頤)의 주정(主靜)으로 제어하여야 한다고 할만큼 성리학적 양심(養心)·양성(養性)으로 의학을 정리한 인물이다. 『의학입문』을 지은 이천 또한 주진형의 학문적 영향력 아래에 있었는데, 그의 『의학입문』은 유순(劉純)의 『의학소학(醫經小學)』을 바탕으로 이루어졌다. 『의경소학』의 저자 유순은 주진형의 재전(再傳) 제자이다.[22] 공정현의 『만병회춘』은 내상(內傷, 李杲), 열병(熱病, 劉完素), 잡병(雜病, 朱震亨) 등으로 취사선택하여 의학론을 정립하였다고 한다.[23] 그러나 한편으로 『동의보감』은 유의 유온서(劉溫舒)의

---

22) 鄭勉, 「金元四大家醫學이 朝鮮朝醫學形成에 미친 影響」, 경희대 박사 논문, 1995, p.48-p.55, p.69.

23) 李梴의 『醫學入門』에 대한 丹溪 朱震亨의 영향에 대한 논의는 車雄碩·金南一의 논문 「醫學入門에 나타난 丹溪學派의 영향」(『慶熙韓醫大論文集』 23, 2000)을 참조 바람.

운기론(運氣論)에 대한 내용이 「잡병편」에 있고, 주진형 이외의 이고 등의 다른 금원사대가 의학도 적지 않은 부분을 차지한다. 미기(三木榮)에 의하면 이주학파(李朱學派, 李杲+朱震亨)는 우리나라의 풍토 체질과 성리학의 '양심' 의 분위기 속에서 전문적으로 지지를 받았다고 하였다.[24]

『동의보감』은 기본적으로 금원대 유의 의학의 전통을 계승한 의학서라 할 수 있다. 곧 『동의보감』의 의학적 자연 · 인간상은 송원대 내단 사상의 전통과 금원대 유의 의학의 전통이 결합하는 형상으로 이루어진 것이다. 그렇다면 유학 특히 성리학을 기반으로 한 유의 의학과 도교 수련론이 어떠한 근거하에서 상호 회통하는가 하는 문제가 남는다. 유의 의학서의 인용 빈도를 본다면 본초 부분을 제외하고 이천의 『의학입문』이 2781회로 가장 많고, 그다음으로 『단계심법(丹溪心法)』이 1275회, 『득효방(得效方)』이 1084회, 『의학강복(醫學綱目)』 926회, 『황제내경 · 소문(黃帝內經 · 素問)』과 『황제내경 · 영추(黃帝內經 · 靈樞)』를 합친 『황제내경』이 861회, 『고금의감(古今醫鑑)』이 726회, 『의학정전』이 553회, 『동원십서(東垣十書)』와 『만병회춘』이 525회 등과 여타 의학서들 순이다.[25]

한편으로 『동의보감』이 『향약집성방』, 『의방유취』, 『의림촬요』 등 앞선 시기의 종합 의학서들과 차이를 보이는 점은 『황제내경』을 중요시한 것이다. 『황제내경』은 이미 우리나라에 고구려 때 수입되어 고려, 조선시대까지 계속 읽혀 왔다. 그러나 고려시대는 물론, 조선의 『향약

---

24) 三木榮, 『朝鮮醫學史及疾病史』, 大阪同右, 1963, p.104.

25) 金重權, 「東醫寶鑑의 文獻的 硏究」, 『서지학연구』 11, 1995, p.242.

집성방』, 『의방유취』에도 인용되고 있지 않다. 다만 『의방유취』에는 다른 의학서를 통하여 인용하고 있는 『황제내경』의 내용을 교정하기 위하여 사용된 흔적은 남아 있다. 『의림촬요』 또한 『황제내경』의 인용을 찾아보기 어렵다. 그러나 『동의보감』은 각 부분의 논술이 거의 『황제내경』의 인용문으로 시작되고 있을 뿐만 아니라 여러 부분에서 『황제내경』의 인용을 흔히 볼 수 있다. 이는 의학이 음양오행이라는 철학적 사유 체계가 도입됨으로써 『황제내경』의 성립이 가능하다고 할 때 『동의보감』은 『황제내경』을 통하여 음양오행론적 의학 체계가 성립되었다고 할 수 있다.[26] 『동의보감』이 『황제내경』의 체계를 받아들일 수 있었던 계기는 무엇인가? 그것은 다름 아닌 금원사대가를 비롯한 유의 의학에 있다. 유의 의학은 앞에서 논의한 것과 같이 금원대 성리학과 상의학풍(尙醫學風)을 기반으로 하여 정립된 의학의 학풍이라 할 수 있다.[27]

조선의 의학이 『향약집성방』을 통하여 향약의 체계가 『동의보감』으로 전승되었고, 도교 내단과 관련된 양생론 내지는 의학론이 『의방유취』 등을 통하여 이어졌다는 할 수 있다. 도교 양생론과 의학의 상관성은 유학과 의학 관계 못지않게 매우 소중한 것이다. 형기를 통한 신체에 대한 이해와 신체의 변화를 좇아 생리 · 병리를 이해하그자 하는 것은 가장 기본적인 의학의 책무라 할 수 있다. 그러나 유학의 심성수양의 전통을 수용한 유의의 입장에서 보면 또 다른 과제가 있었다. 그것은 신체를 통하여 심신(心神)을 성찰하고, 심신을 통하여 신체를 다스리는 유학

26) 朴贊國, 「東醫學의 成立에 대한 硏究」, 『大韓原典醫史學會誌』 5, 1991, p.146-p.149.
27) 成昊俊, 「東醫寶鑑의 철학적 연구」, 성균관대 박사 논문, 2001, p.89-p.90.

의 가치를 구현하고자 하는 유의 의학의 대강은 『의림촬요』를 통하여 『동의보감』으로 이어졌다고 할 수 있다. 또한 이 부분은 '향약'과 더불어 '동의'의 성격을 정의하는 중요한 토대가 되었다. 또 하나의 문제가 남는다. 이는 도교 내단 사상이나 의학의 가치가 유학의 그것과 어떻게 교유하고 회통하는 가하는 것이다. 이에 대한 학문적 고민은 『동의보감』에서 주요 논거로 삼은 주진형 · 이천 등의 몫이기도 하고, 『삼원연수참찬서』 및 『활인심법』과도 연관 있는 부분이다. 이에 대한 논의는 다른 장에서 이루어질 예정이다.

3. 조선 중기 성리학자의 의학 · 양생관

『의림촬요』와 『동의보감』이 금원대 유의 가운데, 주진형의 의론을 중심으로 완성되었다고 하였는데, 주진형은 당대 성리학자들 가운데에서도 익히 거론되는 인물이었다. 이항(李恒)이 명종(明宗)과 더불어 수양에 대해 논의하였는데, 그 기록이 『실록』에 보인다.

> 심이 수양되면 치도(治道)만 삼대처럼 융성할 뿐 아니라 혼백(魂魄) · 오장(五臟) · 백해(百骸)까지도 편안하지 않음이 없어서 만수무강하게 될 것입니다. 여조겸(呂祖謙)이 '양생과 양심은 동일한 수양법이다.' 하였고, 허형(許衡)은 '만반의 보양은 다 허위요 오직 심을 잘 잡는 것만이 중요한 수양법이다.' 하였으며, 단계 주진형은 원의 명의였는데 역시 정심(正心) · 수심(收

心)·양심(養心)하면 울화(鬱火)를 막는 것을 약을 먹는 효과보다 나은 것으로 여겼다 합니다.[28]

라고 하였다. 남송의 여조겸이나 원대의 허형·주진형을 논거로 하여 심신수양의 요체는 우선적으로 심에 있다 한 것으로 성리학자들의 수양론 내지는 양생에 대한 입장을 엿볼 수 있다. 이는 주진형을 비롯한 의가들의 의론을 유학자들도 알고 있었고, 성리학의 목표와 다르지 않게 이해하고 있다는 것을 방증하는 것이다.

『실록』에 의하면 내단서인 『주역참동계』에 대한 논란도 살필 수 있는데, 일부에서는 이단서라고 주장하기는 하였으나, 수양의 한 방법으로 차용하고 있음을 알 수 있다. 이덕형(李德馨)은

사람의 일신(一身)은 하나의 태극이니, 음양의 소장(消長)과 이십사기(二十四氣)가 다 자신에게 갖추어져 있습니다. 사람의 일용하는 사이에 반드시 이를 의식하고 살펴서, 본체가 담박하여 사물을 만나 응접할 때에 자연의 도리가 있고 끌려갈 걱정이 없게 한다면, 나의 태극이 이미 가슴속에 안정되어 물과 불의 서로 도와 희로(喜怒)에 차이가 없고 질병이 절로 없어질 것이니, 양생의 방도로는 이보다 큰 것이 없습니다.[29]

라고 하여 양생의 차원에서 『주역참동계』를 이해하고 있고, 음양소식

28) 『明宗實錄』 21년 9월 己亥.

29) 『宣祖實錄』 36년 8월 癸丑.

에 의한 괘기설(卦氣說)에 대한 이해도 이루어지고 있다. 이는 주희의 『참동계고이(參同契考異)』라는 책을 중심으로 토론하는 과정에서 파생된 것으로 이덕형은 양생의 논설은 『주역참동계』에서 나온 것이 많음을 주장하고 있다. 한편 선조도 『주역』 리괘(離卦)를 논하는 과정에서 "사람의 장부(臟腑)를 가지고 말한다면 감(坎)은 신(腎)이 되고 리(離)는 심(心)이 되는데 옛사람이 양생할 때에도 심과 신을 중요하게 여겼으니 사람의 몸도 역시 하나의 음양일 뿐이다."[30]고 하였는데, 도교 내단 사상과 의학의 장상설에 대한 당대의 일반적인 이해를 보여주는 구절이다.

그러면 의학과 양생에 대한 16세기 주도적 성리학자인 퇴계(退溪) 이황(李滉)과 율곡(栗谷) 이이(李珥)의 경향을 살펴보자. 이황에게 있어 일신의 주재가 심이라면 경(敬)은 일심의 주재이다. 경은 주일무적(主一無適)과 정제엄숙(整齊嚴肅)이라고 한다. 주일무적은 마음을 한 곳에 집중하여 다른 데로 달아나지 않도록 하는 것을 말하며, 정제엄숙은 몸가짐을 단정하게 하고 마음가짐을 엄숙하게 하는 것이다. 또한 경은 동정과 내외를 합일하는 방법이라고 한다. "경을 지키는 것은 생각과 배움을 겸하고 동정을 다 일관하고, 내외를 합하고, 현미(顯微)를 하나로 하는 방법입니다."[31]라고 말한다. 이는 심(心)이 일면으로 치우치거나 기울어질 수 있음을 예상하는 것이며, 그러한 불균형을 바로 잡아 인격 주체

30) 『宣祖實錄』 35년 4월 甲寅.

31) 『退溪文集』 권7 「進聖學十圖箚」 "持敬者 又所以兼思學 貫動靜 合內外 一顯微之道也"

를 형성하게 하는 원리가 바로 경이라는 것이다.[32] 그리고 그 경은 신체와 심의 성정(性情)의 균형을 도모하고, 신(身)을 다스리는 중심에 있다. 퇴계는 정좌수렴(靜坐收斂)이 힘든 것은 육신이 어릴 때부터 수련이 되지 않았기 때문이라고 한다.[33] 이는 심이 일신을 주재하기는 하지만, 육신의 수련도 그에 못지않게 중요한 것임을 알려주는 것으로 양생론과 관련이 있다. 몸을 다스리는 양기(養氣)의 중요성을 인정하면서도 양심(養心)이 우선됨을 말하고 있는데, 양기에 치중하면 노장(老莊)에 빠질 것이라고 하였다.[34] 이는 거경(居敬)에 있어 심공부가 우선되지만 형기인 신의 공부도 중요한 것임을 알려준다. 이황의 이러한 수양 · 양생관은 의서에 대한 깊은 이해로 드러났다. 원대 위역림이 저술한 『세의득효방』과 송대 양사영(楊士瀛)이 지은 『인제직지방론(仁齊直指方論)』, 그리고 명대 왕륜(王綸)이 지은 『명의잡저』가 『퇴계전서』에 인용되어 있고, 『계몽전의(啓蒙傳疑)』에서는 오운육기(五運六氣)와 『황제내경 · 소문』을 인용하고 있는 구절도 있다.[35]

이황과 달리 율곡 이이는 직접적으로 의학의 역할과 의미에 대하여 서술한 바 있다. 이이는 의도(醫道)에 관하여 다음과 같이 서술하였다.

> 대개 들으니 대저 도는 하나일 뿐이다. 백가의 학설도 이로부터 생겼고,

---

32) 이동준, 『유교의 인도주의와 한국사상』, 한울, 1997, p.460.
33) 『李子粹語』 권1 爲學 「拾遺」 참조.
34) 이진수, 『한국 양생사상 연구』, 한양대학교 출판부, 1999, p.274.
35) 이진수, 위의 책, p.262-p.265 참조.

뭇 기예의 흐름도 이로부터 생겼다. 저는 음양, 복서(卜筮), 점상(占相), 의약이 어찌 도 가운데 하나의 일이 아니겠는가? 이로부터 말미암아 물(物)에 이로움을 주는 것이다. 또한 이로부터 그 바른 것을 잃어버리는 것이다. 그 바름을 잃어버린다는 것은 진실로 도에 부족한 것이다. 물에 이로움을 주는 것을 가히 폐할 수 없다. 이치에 해롭지 않고 능히 물에 이로운 것으로 백성을 기르는 데 도움을 주는 것은 오직 의약일 뿐이구나![36]

이 구절에서 보면 이이는 주희의 '의학은 소도(小道)' 라는 말에 대한 나름의 답변을 한 것으로 여겨지며 '인민애물' 과 '정기물정(正己物正)' 의 가치를 통하여 의학을 이해한 것으로 보인다. 이는 또한 유의의 의도와 의덕과 차이가 없는 것으로 판단된다. 이어 장수나 요절의 문제는 치중화(致中和)의 원리로 풀어야 한다고 주장을 한다. 임금이 지성(至誠)의 도리로 교화를 펴고 천지를 경륜하고 화육(化育)을 돕는다면 "중화(中和)의 기운이 천지에 가득 차서…… 모두가 인수(仁壽)의 영역으로 들게 되니 반드시 요절하는 일이 없을 것인데 어찌 백성이 장수하지 못할 것을 염려하겠습니까?"[37]라고 하였는데, 의학의 차원을 사회적인 영역으로 이끌어 위정자의 '중화위육' 이라는 통치이념으로 승화시키는

36) 『栗谷全書』 습유 권6 「醫藥策」 "蓋聞夫道 一而已矣 百家之說 以之而生 衆技之流 以之而出 彼陰陽也 卜筮也 占相也 醫藥也 何莫非道中之一事也 由是而有利於物者焉 亦由是而有失其正者焉 失其正者 固不足道也 利於物者 誠不可廢也 不害於理而能利於物 爲養民之一助者 其惟醫藥乎"

37) 『栗谷全書』 습유 권5 「壽夭策」 "中和之氣充塞天地 … 盖囿仁壽之域 必無夭死者矣 何患斯民之未壽乎"

노력을 한다.

또한 이이는 송대 정이가 『맹자』에 근거하여 설명한 진원지기(眞元之氣)와 호연지기(浩然之氣)에 대해서도 견해를 내놓았다. 정이의 진원지기에 관한 내용을 그대로 인용하여 생리적 기인 진원지기에 대하여 설명을 하지만 호연지기 즉 도의와 짝한 기가 우선됨을 말하였다. 또한 주희의 말을 인용하여 "혈기는 형체가 그것을 기다려 생기는 것인데, 혈은 음이요 기는 양이다. …… 리(理)로써 그것을 이기면 혈기의 부림을 받지 않을 것이다."[38]고 하였다. 그러나 그는 진기(眞氣)와 양심(良心)을 더불어 해치는 것은 이목구비(耳目口鼻) 등의 욕망이라고 규정하고 양기(양호연지기)와 양심을 한 가지 일이라고 한다. 양기와 양심을 하면 "양심(良心)이 날로 성장하면서 상하고 해되는 것이 없어서 마침내 그 가려진 것을 모조리 없애버리면 호연지기가 성대하게 흐르고 통하여 장차 천지와 더불어 동체가 된다."[39]고 하였다.

이이는 리와 기의 관계를 통하여 섭생(攝生 - 양생)의 관점을 지적하기도 하는데, 그는 다음과 같이 말하였다.

> 대저 수신하여 천명을 기다리는 자는 리(理)로써 기(氣)를 기르는 자이고, 섭생(攝生)해서 장수만을 추구하는 자는 기로써 기를 기르는 자이다. 리로써

---

38) 『聖學輯要』 권4 養氣第七 "血氣形之所待以生者 血陰而氣陽也 … 以理勝之則不爲血氣所使也"

39) 『聖學輯要』 권4 養氣第七 "良心日長 而所戕害 終至於盡去其蔽 則浩然之氣 盛大流行 將與天地同其體矣"

기를 기르면 장수를 구하지 않아도 저절로 장수할 수 있고 기로써 기를 기르면 비록 장수할 수 있을지라도 리에는 해로울 수 있다.[40]

리와 기를 통하여 섭생 혹은 양생의 적절치 않은 것을 설명한 것으로 유학적 의학 곧 유의의 지향점과 통하는 면이 있다. 그리고 그는 장생불사(長生不死)나 신선사상(神仙思想)의 허황됨을 지적하기도 하는데,[41] 도덕 주체의 확립과 현실주의라는 유가의 특성을 의학·양생관에서도 여실히 드러낸 것이다.

이황·이이와 동시대로 주목할 인물은 남명(南冥) 조식(曺植)이다. 조식은 도가 등의 부분에도 깊은 관심이 있었다고 한다. 조식의 양심·양생에 관한 관점은 「인이기도(人理氣圖)」라는 그림에 잘 나타나 있다.

「인이기도」는 「학기도(學記圖)」의 하나이다. 이 그림에서 특이한 점은 음양오행을 통하여 오장(五藏)을 배당하여 오장신(五藏神)을 나타내고 있다는 것이다. 이 그림에서는 리와 기를 나누고 리에 인의(仁義)를 나누고 오성(五性)을 기에 오장을 두고 설명한다. 오성에는 인(仁)·예(禮)·신(信)·의(義)·지(智)를 목(木)·화(火)·토(土)·금(金)·수(水)에 나누어 배속하고 간(肝)·심(心)·비(脾)·폐(肺)·신(腎)의 오장을 배속시키고 있다. 아울러 시(視)·언(言)·사(思)·청(聽)·모(貌)의 오사(五事)를 배속하고 있다.

---

40) 『栗谷全書』 습유 권5 「壽夭策」 "夫修身而俟命者 以理養氣者也 攝生而求壽者 以氣養氣者也 以理養氣 則未嘗求壽 而自得其壽 以氣養餘 則雖得其壽 而或妨於理"

41) 『栗谷全書』 습유 권5 「壽夭策」 참조.

기의 부분에서는 혼백으로 나누고 혼(魂)·신(神)·의(意)·백(魄)·정(情)으로 나누었다. 이어 이를 다시 오사와 오장으로 배속하고, 혈(血)과 기로 수렴하는 구도이다. 혼·신·의·백·정 가운데 정은 정지(靜志)를 뜻하는 것으로 의학이나 양생론에서는 지(志)로 표현하는 부분이다.[42] 조식의 그림은 성리학의 심성수양의 전통과 심신수련의 차원에서 의학이나 양생론에 관심이 적지 않음을 나타내는 것으로 이해할 수 있다.[43] 의학이나 양생의 기본 원리를 통하여 심신의 조화를 도모하고 형기의 변화까지 아우르고자 하는 노력으로 보이는데, 이러한 그의 학문적 경향은 제자들에게 나타나는데, 학문적 다양성과 도가·도교적인 사상을 절충하는 경향을 보이고 있는 주요한 요소로 판단된다. 천문·지리·예학 등 여러 방면에 관심을 보인 학자가 많았다. 성여신(成汝信)은 산수(算數)·병진(兵陣)·의약(醫藥)·천

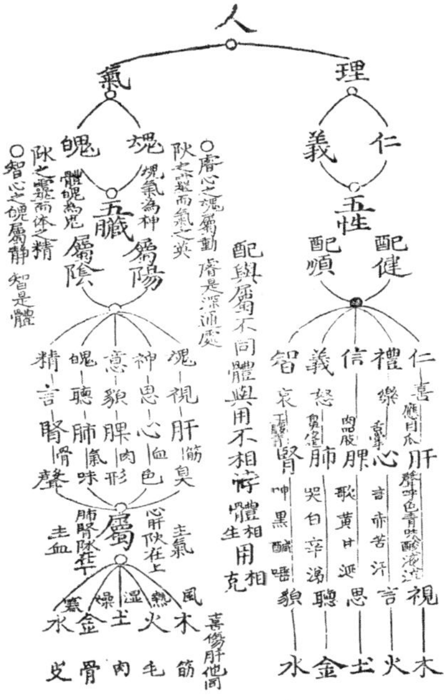

人理氣圖

42)『南冥集 四種』, 南冥學硏究院 出版部, 2000, p.306, 참조.

43) 이에 대한 자세한 논의는 다음의 논문을 참조바람. 成昊俊,「南冥 哲學의 道敎的 기반에 관한 이해」,『韓國思想과 文化』, 20, 2003.

문 · 지리 등에 해박하였고, 하항(河沆)도 침약(鍼藥)에 일가견이 있어 많은 사람을 살려냈으며, 음양서나 의약을 섭렵하였다고도 한다. 이처럼 조식의 문인들 중에는 의학이나 병법에 해박했던 학자들이 다수 인 것도 시대적 상황과 더불어 『동의보감』 편찬에 의미를 전달해 주는 역할을 하였을 것으로 평가된다.[44]

조선 중기인 16세기의 또 다른 경향으로 본다면 성리학자들의 양생서 및 의서 서술이다. 대표적인 인물은 노수신(盧守愼)과 류성룡(柳成龍) 등이다. 노수신은 「치심양위보신지요(治心養胃保腎之要)」라는 글을 통하여 양생의 순서를 치심(治心) 양위(養胃) 보신(保腎)의 순으로 논하고 있는데, 그중 심의 주도적인 역할을 말하고 있다. 그는 금원사대가의 한 사람인 이고의 「생언잠(省言箴)」과 송대 양사영의 『인제직지방론』, 그리고 이붕비(李鵬飛)의 『삼원연수삼찬서』(혹은 『삼원참찬연수서』) 등의 인용을 통하여 심과 위 · 신의 중요성을 말하고 양생의 필요성을 설파한다. 노수신은

> 제일 처음으로 병을 받아들이는 것을 심이라 한다. 심은 군주의 관으로 백체가 따른다. 다음으로는 비위가 영양을 공급하는 장부가 있으니 혈기의 근원이 된다. 아래로는 신장이니 정(精)을 저장하고 골(骨)을 주관하니 일신(一身)의 근본이 된다.[45]

---

44) 申炳周, 「朝鮮中期 處士型 士林의 學風 연구」 서울대 박사 논문, 1999, 참조.

45) 『蘇齋集』 內集 下篇 「庶幾錄丁」 "最先受病者曰心 心爲君主之官 以百體從之 次有脾胃營養藏府 以爲血氣之源 下有腎藏 藏精主骨 以爲一身之本"

라고 하였는데, 그중 심은 화에 속하고, 신은 수에 속하는 것으로 신은 생리적 신체의 정을 저장하고, 심은 정신 활동을 주재하는 것으로 묘사를 한 것이다. 그리고 위는 수곡(水穀)의 바다로 오장육부에 영양을 공급한다고 하였고, 식 · 의 · 주의 양생법을 소개하였다.[46]

한편 류성룡은 일찍부터 의학 특히 침술에 유의하여 선조가 침을 맞을 때 배석하였고, 이천의 『의학입문』「침구편」에 기재된 경혈들을 표로 분류하여 알기 쉽게 표기한 『침경요결(鍼經要訣)』을 편집하기도 하였다.[47] 그는 양생에 대하여 "다만 양심으로써 양생할 뿐이니 맹자가 말한 '심을 기르는 데에는 욕심을 적게 하는 것보다 좋은 것은 없다.(養心莫善於寡欲)' 라는 것은 지극한 말이구나!"[48]라고 하여 양심을 통한 양생을 주장한다. 그렇지만 그는 음식을 조절하고 오장을 화평하게 하고, 기욕(嗜欲)을 줄여서 진기(眞氣)를 길러야 한다고 하였다. 이는 당대의 유자들이 가지는 의학 지식의 수준을 가늠할 수 있는 부분으로 노수신이나 류성룡 등이 금원대 의서나 그를 계승한 명대 의서에 대한 이해의 심도가 만만치 않았음을 보여주는 것이다. 아울러 당시의 유자들은 의서 강독을 위한 계를 조직하기도 하고, 문리에 밝고 의학 지식이 높은 유자들을 의서습독관으로 선발하여 임명하기도 하였다.[49]

조선 중기 사상계의 또 다른 흐름은 실용적 차원의 양생을 넘어 도교

---

46) 위의 책, 「飮膳之節一」, 「衣襯之節二」, 「興居之節三」 참조.

47) 金斗鍾, 『韓國醫學史』, 探究堂, 1998, p.315-p.316.

48) 『西厓集』 別集 권4 「養生戒」 "只欲養心以養生而已 孟子曰 養心莫善於寡欲 嗚呼盡之矣"

49) 金澔, 「東醫寶鑑 편찬의 역사적 배경과 醫學論」, 서울대 박사 논문, 2000, p.109.

단학파가 형성되었다는 부분이다. 성리학이 조선 사회에서 주도적인 입장에 있었음은 주지의 사실이다. 그러나 또 다른 사상의 측면에서는 도교 내단 사상의 흐름을 조선 사회는 공유하고 있었다. 유학이 심성수양을 통하여 도덕 주체를 확립하고자 한 측면이 있다면, 내단 사상은 무심무성(無心無性)의 경지를 추구하는 것을 목표로 삼는다. 내단 사상은 앞장에서 논의한 것과 같이 『주역참동계』·『황정경(黃庭經)』·『오진편(悟眞篇)』 등을 통하여 발현되었는데, 내단 사상은 의서와의 연관성 속에서 논의하는 것이 그 실체를 파악하는 데에 도움이 되며 조선에 있어서도 예외는 아니라고 판단된다. 내단서와 의서는 상호 유기적인 관련성 속에서 전개된 특징이 있기 때문이다.

조선 단학파의 주요 인물인 김시습(金時習)·정렴(鄭磏)·권극중(權克中) 등은 중국의 내단 사상의 흐름과 더불어 그들은 삼교회통 또는 삼교합일의 관점에서 정기신론(精氣神論)과 '단'을 이야기하고 있다. 그러한 점은 성명쌍수론(性命雙修論) 등 수련에도 나타난다. 아울러 유학자들의 양생서 발간이라는 맥락과 사상적으로 교통할 수 있는 매개가 될 수 있었을 것이다. 또한 단학파라 일컫는 인물들의 사상적 출발도 다름 아닌 유학이라는 점도 간과할 수 없다. 양심과 양기·양생을 일원적 구조로 파악하여 심신의 수양 내지는 수련을 도모하였던 것으로 보인다. 이는 『동의보감』 의학이 가지는 특징과도 무관하지 않다. 즉 형기의 변화로 인한 병리에만 치중하지 않고, 『삼원연수참찬서』나 『활인심법』, 그리고 주진형이나 이천 등의 유의 의학을 수용하는 사상적 환경을 제공하는 것이고, 『동의보감』 이후에도 이러한 사상적 경향에서 벗

어나 있지 않았다.[50)]

50) 成昊俊, 「東醫寶鑑의 철학적 연구」, 성균관대 박사 논문, 2001, p.66-p.77, 참조.

제5장

『동의보감』에 반영된 유의 의학 · 양생서 및 그 특성

1. 주진형(朱震亨)의 군화(君火) · 상화(相火)와 주정(主靜)

의학사의 관점에서 본 『동의보감』 편찬 즈음의 조선 사상계는 성리학과 도교 양생론의 경계가 명확하지 않은 것으로 보일 만큼 개방적인 성격이 나타나 있다. '동의' 라고 명명하여 '조선의 의학' 의 단초를 열고자 하였던 『동의보감』의 성서(成書) 과정에는 다양한 사상적 스펙트럼을 수렴하였다. 그 가운데 주목할 만한 인물과 책은 주진형(朱震亨), 이천(李梴) 등으로 이어지는 유의들과 『활인심법(活人心法)』과 『삼원연수참찬서(三元延壽參贊書)』 등이라고 할 수 있다. 이러한 흐름은 『동의보감』뿐 아니라 조선시대 의학의 중요한 사상적 배경이라고 할 수 있다. 동의의 특성을 사상적으로 찾는다면 유의 의학이라고 판단한다. 따라서 본 장에서는 『동의보감』을 비롯한 조선 의학사의 사상적 배경인 유의 의학의 내용과 특징을 논의하고자 한다.

유의들은 인체의 형기 변화에 치중하는 도교의 양생론과 의학을 유학적 언어로 해석하는 것을 통하여 회통의 공간을 확보하고자 하였다. 도덕적 심의 수양을 통한 몸의 단속을 중시하는 유가적 가치와 심신(心身)을 정상적인 상태로 유지하고자 하는 도교 및 의학의 지향을 하나로 통합하는 것이 유의의 목표라 여겨진다. 유의들은 신체의 양생을 주로 하는 도교·의학과 자아의 도덕 주체를 확립하고자 하는 유학의 가치가 상호 배치되는 것은 아니라고 판단하였다.

주진형(朱震亨) 유의 의학의 핵심 키워드는 군화(君火)·상화(相火)와 주정(主靜)이라 할 수 있다. 먼저 군화와 상화에 대해 살펴보자. 군화·상화의 유학적 근거를 주돈이의 「태극도설」에서 찾은 것으로 보인다. 그의 주요 논설인 『격치여론(格致餘論)』의 「상화론」은 「태극도설」을 중심으로 주희의 인심·도심설을 차용하여 두 가지 화, 곧 군화·상화로 설명하는 데 활용하였다. 「상화론」의 첫머리는 다음과 같다.

> 태극이 동(動)하여 양을 낳고 정(靜)하여 음을 낳으며, 양이 동하여 변하고 음이 정하고 합하여 수·화·목·금·토를 낳으며 각각 하나의 성(性)이 된다. 오직 화에는 둘이 있어 군화·인화(人火)라 하고, 상화·천화(天火)라고 한다. 화는 안으로 음이고 밖으로는 양으로 동을 주로 한다. 그러므로 무릇 동하는 것은 모두 화에 속한다.[1]

위의 구절에서 「태극도설」과 다른 점을 발견할 수 있다. 「태극도설」을 인용하였지만, 나름의 각색을 통하여 자신의 군화 · 상화의 논의를 펼치고자 한 것으로 보이는데, 「태극도설」을 보면

> 무극(無極)이면서 태극이다. 태극이 동하여 양을 낳고, 동이 극하면 정하고, 정하여 음을 낳으며 정이 극하여 다시 동한다. 한 번 동하고 한 번 정함이 서로 뿌리가 되어 음으로 나뉘고, 양으로 나뉘어져 양의(兩儀)가 세워진다. 양이 변하고 음이 합하여 수 · 화 · 목 · 금 · 토를 낳는다. 다섯 기가 순하게 펴져서 사시(四時)가 운행된다. 오행은 하나의 음양이고 음양은 하나의 태극이며 태극은 본디 무극이다. 오행이 생겨나 각각 하나의 성이 된다.[2)]

라고 되어 있다. 「상화론」에서는 '무극'에 대한 언급이 빠져 있다. 주진형이 '무극'에 대해서 언급하지 않은 것은 의가(醫家)로서의 특징을 드러낸 부분이라 할 수 있다. 유의라고는 하지만 의학은 인체의 형기를 주로 하는 학문으로 굳이 언급하지 않은 것으로 여길 수도 있다. 「태극도설」의 첫 구절인 '무극이면서 태극이다(無極而太極).' 라는 부분은 『송사(宋史)』「주돈이전(周敦頤傳)」에 보면 '무극으로부터 태극이다(自無

---

1) 『格致餘論』「相火論」" 太極動而生陽 靜而生陰 陽動而變 陰靜而合 而生水火木金土 各一其性 惟火有二 曰君火人火也 曰相火天火也 火內陰而外陽 主乎動者也 故凡動皆屬火"

2) 『性理大全』「太極圖說」"無極而太極 太極動而生陽 動極而靜 靜而生陰 靜極復動 一動一靜 互爲其根 分陰分陽 兩儀立焉 陽變陰合 而生水 · 火 · 木 · 金 · 土 五氣順布 四時行焉 五行 一陰陽也 陰陽一太極也 太極本無極也 五行之生也 各一其性"

極而太極).' 라고 되어 있다. 이는 도가의 '유는 무에서 생겨난다(有生於無).' 는 생성론으로 오인할 수 있는 여지가 있다.[3] 그러면 태극을 하나의 기(氣)로 달리 해석할 수 있는 여지가 있다. 주진형이 '무극' 을 언급하지 않은 것은 천도(天道)와 인도(人道)의 도덕적 일관성을 주창하는 성리학적 가치보다는 기를 중심으로 인체와 천지의 음양변화를 강조하는 의학서의 본질에 충실하고자 한 노력의 일환이라 여겨진다.[4] 「단계옹전」에 보면 참조할 만한 내용이 있다. 제자가 태극의 뜻을 묻자 주진형은 "음양 조화의 정미한 것과 의학의 도는 서로 출입하는 것이다."[5] 라고 말하였다. 이는 무극과 태극의 근원적이고 우주론적 관점보다는 태극의 음양 동정과 변화, 곧 기가 천지와 인체에서 생성 변화하는 과정에 초점이 맞추어져 있음을 알 수 있다. 이는 또한 주희가 태극과 무극을 리(理)라고 하였지만, 주희의 이전과 이후의 무극과 태극에 관한 허다한 논쟁과 무관하게 자신의 의학 이론을 전개하고자 한 것으로 판단된다.

주진형은 "오직 화에는 둘이 있어 군화 · 인화라 하고, 상화 · 천화라고 한다. 화는 안으로 음이고 밖으로는 양으로 동을 주로 한다. 그러므로 무릇 동하는 것은 모두 화에 속한다."[6]라고 하였다. 군화와 상화, 천

---

3) 함현찬, 『주돈이』, 성균관대학교 출판부, 2007, p.74-p.75 참조.

4) 黃崇修는 '무극' 에 대한 언급은 없지만, 주돈이와 주진형의 차이를 천도의 시각과 인체 내부의 생성변화를 서술하는 방식의 차이라고 하였다. 「朱丹溪天人思想下的太極圖新風貌」, 『中日韓傳統醫學文獻交流國際硏討會論文集』, 北京, 2011, 참조.

5) 『九靈山房集』 「丹溪翁傳」 "陰陽造化之精微 與醫道相出入者"

6) 『格致餘論』 「相火論」 "惟火有二 曰君火 人火也 曰相火天火也 火內陰而外陽 主乎動者也 故凡動皆屬火"

화와 인화의 구분에 대해서는 「상화론」을 다시 보자. 주진형은

> 이름으로 말하면 형과 기가 상생하여 오행에 배속된다. 그러므로 군이라 한다. 위치로 말하면 허무(虛無)에서 나와 자리를 지키고 명(命)을 품부 받아 그 동하는 것을 인하여 볼 수 있다. 그러므로 상이라 한다.[7)]

라고 하였다. 일반적인 도교나 의학 그리고 유학이 인체를 국가에 비유하는 서술방식에 따르면 심은 군에 해당하여 온몸을 주재하며 신명(神明)의 부(府)로 정지(情志)활동을 주관하는 것으로 인식한다. 그리고 신하 혹은 재상은 각 장부에 해당하여 자신만의 고유의 역할을 수행하는 것으로 설명한다. 『황제내경』에서도 "심은 군주지관으로 신명이 나온다."[8)] "심은 오장과 육부의 주인이다."[9)]라고 한 바 있다.

군화와 상화의 또 다른 이름인 인화와 천화를 살펴보자. '천화' 는 도덕적 천이나 주재적 천의 뜻보다는 천지자연의 운행 질서 정도로 보는 것이 좋을 듯하다. 군화와의 관계를 통하여 본다면 '천조' 나 '천화' 도 그러한 맥락에서 이해하는 것이 적절하다. 곧 『동의보감』에 나오는 천도(天道)와 같은 것으로 이해할 수 있다. 『동의보감』에서는 "심이 정(靜)하면 가히 신명(神明)과 통해서 일이 이르지 않아도 먼저 알 수 있으며 문밖을 나서지 않아도 천하를 알고 창문으로 엿보지 않아도 천도를

---

7) 『格致餘論』「相火論」"以名而言 形氣相生 配於五行 故謂之君 以位而言 生於虛無 守位稟命 因其動而可見 故謂之相"

8) 『黃帝內經 · 素問』「靈蘭秘典論」"心者 君主之官也 神明出焉"

9) 『黃帝內經 · 靈樞』「口問」"心者五藏六府之主也"

볼 수 있다."[10]라고 하였는데, 천도는 다름 아닌 천지자연의 운행 질서 정도로 이해할 수 있다. 주진형의 천화도 우주의 근원과 연관되며 천지자연의 질서를 주재하는 천의 의미보다는 천지자연의 기로 생성된 인체를 형용하는 것으로 말한 듯하다.

천화와 짝하여 '인화'라고 한 것은 인간의 자율적이며 주체적인 의지와 판단으로 욕망과 정서를 조절할 수 있음을 표현한 것으로 판단한다. 곧 인간은 천지자연 기의 흐름에 수동적으로 대응하는 존재가 아니고, 기를 품부받아 형기를 이루지만 심의 지각 활동을 통하여 자신의 생명 운용에 적극적으로 참여하는 존재임을 밝힌 것으로 이해한다. 그 과정에서 일신의 주재가 되는 '심-신-군화'의 의미는 살아날 수 있다. 이는 또한 「태극도설」에서 언급한 '인극(人極)'의 뜻과도 통할 수 있을 것이다.

주진형이 심의 본연한 상태와 연관하는 군화와 욕망과 감정이 일어나는 과정에서 작용하는 상화를 인화와 천화로 각각 구분 지어 설명하였다고 하였다. 주진형의 「상화론」을 다시 보자.

> 주자(周子)가 "신에서 지각이 발하는데, 오성이 감물하여 만사가 나온다."고 하였는데, 지각이 있은 연후에 다섯 가지의 성이 물에 의하여 감응하는 바가 되어 능히 동하지 않음이 없으니 동이라 한 것은 곧 『황제내경』에서 말하는 오화이다. 상화는 쉽게 일어나니 오성 궐양의 화가 서로 선동하며 망동

---

10) 『東醫寶鑑』 「內景篇」 神 "心靜 可以通乎神明 事未至而先知 是不出戶知天下 不窺牖見天道也"

한다. 화가 망령됨에서 일어나면 변화를 예측할 수 없고 있지 않는 때가 없어 진음을 타게 한다. 음이 허해지면 병이 나고 음이 끊어지면 죽는다.[11)]

위의 구절은 상화와 오성궐양의 화가 서로 선동하며 망동하는 과정을 설명하면서 망동으로 인하여 인체의 진음이 소진됨을 말한 것이다. 그런데 주진형은 주돈이의 「태극도설」과 주희의 인심도심설을 논거로 이러한 망동의 피해를 극복하고자 하였다. 그는 다음과 같이 서술하였다.

> 주자(周子)가 또 이르기를 "성인(聖人)은 중정인의(中正仁義)로써 정(定)하고, 주정(主靜)한다."(「태극도설」에서는 위의 구절 바로 다음에 '입인극(立人極)'이 나온다.)라고 하였다. 주자(朱子)가 이르기를 "인심은 반드시 도심이 일신의 주인이 되어야 하고, 인심은 항상 매번 도심으로부터 명령을 들어야 한다."라고 하였다. 이는 화에 잘 처한 것이다. 인심은 매번 도심의 명을 듣고 또 능히 정(靜)함을 주로 하여야 한다.[12)]

주돈이의 중정인의와 주정, 주희의 인심·도심설이 망동하는 화에 잘 대처하는 방법이라는 점을 분명히 하고 있다. 우선 '중정인의'의 '중(中)'을 주돈이의 『통서(通書)』에 보면 "오직 중이라는 것은 화(和)

---

11) 『格致餘論』「相火論」"周子曰 神發知矣 五性感物 而萬事出 有知之後 五者之性 爲物所感 不能不動 謂之動者 卽內經五火也 相火易起 五性厥陽之火 相扇則妄動矣 火起於妄 變化莫測 無時不有 煎熬眞陰 陰虛則病 陰絶則死"

12) 『格致餘論』「相火論」"周子又曰 聖人定之以中正仁義而主靜 朱子曰 必使道心常爲一身之主, 而人心每聽命焉 此善處乎火者 人心聽命乎道心 而又能主之以靜"

이며 중절이다. 천하의 달도(達道)이고 성인의 일이다."[13]라고 하였다. 『중용』의 중과 화를 아우르는 가치로 중을 설명한 것이 특징이나 실질적으로는 『중용』과 큰 차이가 없다. 그런데 주희는 '인의중정'의 '중정'을 '인의예지' 가운데 '예지'와 연관 지었다.[14] 그리고 주희는 정(定)함에 대해 주석하기를 "대개 한 번 동하고 한 번 정하는 것이 대저 태극의 도가 온전하지 않음이 있지 않아야 이지러지는 바가 없다. 그러면 곧 지향하는 것이 이른바 욕이 동하고 정(情)이 이기며 이해(利害)가 서로 공격하는 것이 이에 안정된다."[15]라고 하였다. 주희의 주석에 의한다면 인의예지의 인간 본연한 성품으로 욕망과 감정을 조절하여야 함이 되고 그렇게 하면 안정을 구할 수 있다고 할 수 있다.

그리고 '주정'의 부분에서도 주희는 "진실로 이 심이 적연하고 무욕한 상태가 안 되면 또 무엇으로써 사물의 변화에 응하여 천하의 동함을 한결같이 하겠는가?"[16]라고 하였다. 심의 적연하고 사사로운 욕망이 없는 상태가 아니면 천지만물의 운동 변화에 대처할 수 없음을 말하였다. 특히 '주정'의 '정'에 대해서는 '음양동정'의 상대적인 정의 상태가 아님을 강조하는데, 다음의 구절을 보자.

---

13) 『性理大全』「通書」"惟中也者 和也 中節也 天下之達道也 聖人之事也"

14) 『性理大全』「通書」朱子解 "中卽禮 正卽智"

15) 『性理大全』「太極圖說」朱子解 "蓋一動一靜 莫不有以全夫太極之道 而無所虧焉 則向之所謂欲動情勝 · 利害相攻者 於此乎定矣"

16) 『性理大全』「太極圖說」朱子解 "苟非心寂然無欲而靜 則又何以酬酢事物之變而一天下之動哉"

사람이 비록 동하지 않을 수 없으니 인극을 세운 자만이 반드시 정을 주로 할 수 있다. 오직 정을 주로 한 즉 그것은 동에 드러난다. 중절치 않음이 없어서 그 본연한 체를 잃지 않는다. ○ 성질로 나누면 정에 속하나 그 깊은 곳에서는 동정에 (모두) 해당되어 치우침이 없게 된다. 그러므로 「악기(樂記)」에서 정으로 성을 말한 것은 곧 가하나, 정자(靜字)로써 천지의 오묘함을 형용하는 것은 불가하다.[17)]

위의 내용으로 보면 주돈이와 주진형의 '주정'의 '정'은 단지 '동'에 상대되는 '정'의 뜻이 아님을 알 수 있다. 정하여 무욕하지 않으면 천지만물의 운동 변화에 대처할 수 없다는 것인데, 이때의 정은 '동정'의 단계를 초월한 것으로 이해하는 것이 적절하다. 인간 본연의 심의 상태로 돌아가는 것이 정이며 정을 통하여 천지자연과 인간 생명의 동정에 대처할 수 있음을 말한 것이다. 아울러 성인이 인극(人極)을 세운다는 의미는 천지 · 일월 · 사시(四時) 등과 같은 자연과 생명 운용에 더불어 할 수 있음을 말하는 것으로 인간의 주체적인 의지를 강조한 면이라 하겠다. 아울러 '중정인의'의 주체는 다름 아닌 성인을 포함한 인간 자신이라는 점을 상기할 필요가 있다.

주진형은 "인심은 반드시 도심이 일신의 주인이 되어야 하고, 인심은 항상 매번 도심으로부터 명령을 들어야 한다."는 주희의 말을 이어서

17) 『性理大全』「太極圖說」細註 "人雖不能不動 而立人極者 必主乎靜 惟主乎情 則其著於動也 無不中節 而不失其本然之體矣○性之分 雖乎靜而其蘊 則該動靜而不偏 故樂記以靜言性則可 遂以靜字形容天地之妙則不可"

인용하고 있는데, 그는 도심을 군화에 인심을 상화에 배속한 듯하다. 다음의 구절을 살펴보자.

> 인심은 도심의 명령을 들어야 하고, 또 능히 정으로써 주관하여야 한다. 저것은 오화의 동함을 모두 중절(中節)하게 하고, 상화가 오직 (인체의) 조화(造化)를 돕고 도와서 생생불식(生生不息)의 운용으로 삼을 뿐이다.[18]

위의 내용에 의하면 인심이 도심의 명을 받들고 주정을 통하여 오화와 상화의 망동을 제어하여 본연의 생명 운용의 기틀을 마련하는 것으로 되어 있다. 앞에서 오성이 오장을 통하여 현실에서 발현하는 것이 오화라고 한 바 있다. 그것을 구체적으로 서술한 구절이 있다.

> 군화와 상화 이외에 또 궐음 장부의 화가 있는데, 오지의 안에 뿌리박고 육욕 · 칠정이 격동하면 그 화가 따라 일어난다. 크게 성을 내면 화가 간에서 일어난다. 술에 취하고 배불리 먹으면 화가 위에서 일어나며 성교가 과다하면 화가 신에서 일어난다. 비통함과 슬픔이 안을 동하게 하면 화가 폐에서 일어나고 심은 군주이니 스스로 불타면 죽는다.[19]

18) 『格致餘論』「相火論」"人心聽命乎道心, 而又能主之以靜, 彼五火之動皆中節, 相火惟有裨補造化, 以爲生生不息之運用耳"

19) 『金匱鉤玄』「火豈君相五志俱有論」"君相之外, 又有厥陰臟腑之火, 根於五志之內, 六欲七情激之, 其火隨起. 大怒則火起於肝, 醉飽則火起於胃, 房勞則火起於腎, 悲哀動中則火起於肺. 心爲君主, 自焚則死矣"

이는 군화와 상화 이외에 오지의 화 혹은 오성의 화 일부를 설명한 내용이다. 그런데 오지 곧 희(喜)·노(怒)·사(思)·비(悲)·공(恐) 혹은 오장신(五藏神)과 연관하여 신(神)·혼(魂)·백(魄)·의(意)·지(志)로 설명하기도 한다. 칠정과 더불어 정지(靜志)라고 표현하기도 한다. 위의 구절에서는 오지와 칠정이 오장과 연관되어 망동하는 경우를 설명한 부분이다. 그렇다면 상화와 군화에 대한 유학적 해석은 어떠한 것인가에 대해 살펴보자. 우선 상화와 군화를 인심과 도심으로 연관지울 수 있다. 그 기원은 주희의 『중용장구』 서문에 기초한다.

> 심의 허령지각은 하나이지만 인심·도심의 다름이 있는 것은 곧 그것이 혹 형기의 사사로움에서 생기기도 하고, 혹 성명의 바름에 근원하기도 하여 지각한 것이 같지 않음이 있기 때문에 혹 위태하여 편안하지 못하고 혹 미묘하여서 보기가 어려울 따름이다. 그러나 인간에게 이 형이 없을 수 없으므로 상지라도 인심이 없을 수 없고, 또한 이 성이 없으므로, 비록 하우라도 도심이 없을 수 없다.[20]

위의 구절을 통하여 보면 인심과 도심은 본연한 선험적인 심의 상태 곧 미발(未發)이 아니라 지각 활동이 일어난 이발(已發)의 상태임을 알 수 있다. 굳이 성리학의 심통성정(心統性情) 논의로 본다면 인심과 도심

---

20) 『中庸章句』 序 "心之虛靈知覺 一而已矣 而以爲有人心道心之異者 則以其或生於形氣之私 或原於性命之正 而所以爲知覺者不同 是以或危殆而不安 或微妙而難見耳 然人莫不有是形 故雖上智不能無人心 亦莫不有是性 故雖下愚不能無道心"

은 이미 발한 상태 곧 정의 부분이라 할 수 있다. 따라서 『중용』 1장의 “희로애락이 발하지 않은 상태를 중이라 하고, 발하여 절도에 맞는 것을 화라고 한다.”[21]는 구절에서 ‘중화(中和)’ 라는 표현보다는 발하여 절도에 맞는다는 뜻인 ‘중절’ 을 주진형은 원용하고 있다. 한편 인심과 도심이 비록 근원과 나오는 바는 다르지만 모두 형기를 통하여 발하는 것으로 서술하고 있다. 그러므로 비록 성인이라도 도심만 있는 것이 아니고, 어리석은 사람도 인심만 있는 것은 아니라고 한 것이다.

이 점은 주진형이 군화와 상화를 도심과 인심으로 이해한 근거가 된다. 주진형이 “심은 군화이며 물에 감응하면 쉽게 동하고 심이 동하면 상화 또한 동하고 동하면 정(액)이 저절로 나온다.”[22]라고 한 구절이나, “상화는 간 · 신의 음분에 저장되어 있고, 군화가 망동하지 않으니 상화는 오직 명을 품부 받고, 자리를 지킬 뿐이다.”[23]라고 한 구절에서 군화는 물과 감응하면 동하는 존재로 묘사되고 있고, 군화도 동하는 존재임을 밝히고 있다. 이는 주진형의 글에서 ‘군화’ 도 형기와 연관되고, ‘상화’ 도 허무에서 나온다고 한 부분의 이해도 가능케 한다. 상화는 비록 허무에 근원하지만 망동할 수 있는 존재로 인체의 병리를 가져올 수 있는 부분으로 묘사를 하고, 군화도 형기를 가지고 있어 동하기는 하지만 심의 본연함에 근거하고 있다는 것이다. 그러므로 주돈이가 “오직 사람

21) 『中庸章句』 1장 “喜怒哀樂之未發 謂之中 發而皆中節 謂之和”

22) 『格致餘論』 「陽有餘陰不足論」 “心君火也 爲物所感則易動 心動則相火亦動 動則精自走”

23) 『格致餘論』 「房中補益論」 “蓋相火藏於肝腎陰分 君火不妄動 相火惟有稟命 守位而已”

만이 빼어남을 얻어 가장 신령스럽다. 형체가 이미 생겨난 후에 신이 지각을 발한다. 오성이 감동하여 선악이 나누어지고 만사가 나온다. 성인은 중정인의로써 정하고, 주정하여 인극을 세운다."[24]라고 한 것에 근거하여 주진형은 자신의 유의 의학의 핵심을 정리한 것으로 판단한다. 이는 인간의 생명 활동을 형기 변화에만 초점을 두어 서술하는 방식을 벗어나 심의 본연한 상태를 의학적으로 표현하고자 한 것이고, 욕망과 정서의 과도함을 중절하는 유학의 가치를 전개한 것이다. 그러므로 주진형은 "유자(儒者)가 가르침을 세워 '정심 · 수심 · 양심하라' 고 말하였는데, 모두 이 화가 망령됨에서 동하는 것을 대비하라는 것이다. 의자(醫者)가 가르침을 세워 '염담허무(恬憺虛無)하면 정(精) · 신(神)이 안으로 지켜지니' 라고 말하였는데, 또한 이 화가 망령됨에서 동하는 것을 막으라는 것이다."[25]라고 하여 유학과 의학의 지향이 다르지 않음을 강조하였다.[26]

---

24) 『性理大全』「太極圖說」"惟人也 得其秀而最靈 形旣生矣 神發知矣 五性感動 而善惡分 萬事出矣 聖人定之以中正仁義而主靜 立人極"

25) 『格致餘論』「房中補益論」"儒者立教曰 正心收心養心 皆所以防此火之動於妄也 醫者立教曰 恬澹虛無精神內守 亦所以遏此火之動於妄也"

26) 이 절의 내용은 다음의 논문을 수정 보완한 것임. 성호준, 「유의(儒醫) 주진형(朱震亨)의 군화(君火) · 상화(相火)에 관한 연구」, 『한국철학논집』 47, 2015.

2. 이천(李梴)의 심(心)과 보양론(保養論)

『의학입문』을 저술한 이천(李梴)의 경우도 『동의보감』의 주요한 논거로 인용되었는데, 이천 또한 주진형의 학문적 영향력 아래에 있었다. 그의 『의학입문』은 유순(劉純)의 『의경소학(醫經小學)』을 바탕으로 이루어졌는데, 『의경소학』의 저자 유순은 주진형의 재전(再傳) 제자이다.[27] 이천을 비롯한 유의의 특징은 심에 대한 이해에서 분명하게 나타난다. 그는 우선 심에 대해 말하기를 "사람이 물(物) 가운데에서 영험한 까닭은 심이고 신(神)이다. 심은 지극히 존귀하고 청정하니 12관의 주인이다. 그러므로 심이 정(靜)하면 만병이 그치고 심이 동(動)하면 만병이 생긴다."[28]고 하였다. 일신의 주재를 심이라 하는 것은 도교나 의학 그리고 유학의 공통된 입장이다. 그런데 이천은 여기에 그치지 않고 심에 대한 구체적 분석을 시도한다.

> 심은 일신의 주인이요 군주지관(君主之官)이다. 혈육의 심이 있으니 형체가 아직 피지 못한 연꽃과 같고 폐의 아래와 간의 위에 거처한 것이 바로 심이다. 신명(神明)의 심이 있으니 신은 기혈(氣血)을 화생시키는 근본이다. 만물이 심으로 말미암아 성장하고 색상(色象)을 드러내지 않으니 어디에 있다

---

27) 鄭勉, 「金元四大家醫學이 朝鮮朝醫學形成에 미친 影響」, 경희대 박사 논문, 1995, p.55.

28) 『醫學入門』 권1 「臟腑」 臟腑總論 "人之所以靈于物者 心乎神乎 至尊至貴至淸至淨 其十二官之主乎 故曰心靜則萬病息 心動則萬病生"

고 말할 수 있는가? 어디에 없다고 말해도 다시 존재하니 만사와 만물을 주재하여 허령불매(虛靈不昧)한 것이 심이나 형과 신은 또한 항상 서로 원인이 된다.[29]

위의 구절에서 보면 형신합일의 심신관을 이천은 일신의 주재인 심에 초점을 두고 강조한 것으로 보인다. 『황제내경』「상고천진론(上古天眞論)」의 '형여신구(形與神俱)'의 관점으로 심을 보았다. 형과 신은 초와 촛불의 관계와 같이 상호 의존하고 존재하는 근거가 된다. 이천은 심의 형기적인 측면인 혈육지심과 정신적인 영역인 신명지부의 측면으로 이해하고 하나인 심의 두 측면임을 말함으로써 형신합일의 근거를 찾고자 한 것이다.

또한 이천의 유의적 특성은 '리기(理氣)'를 적극적으로 수용하여 의론을 펼친 부분에 있다. 그는 "원리(元理)와 원기(元氣)가 혼합하여 간격이 없을 뿐이다. 천을 생하고 지를 생하고 사람을 생하고 물(物)을 생하는 것은 모두 이 조화로써 주인을 삼는다. 생을 기르는(頤養) 자가 이것을 알게 되면 곧 자연히 분(忿)을 징계하고 욕심을 막는다."[30]라고 하였다. 여기서 말하는 '이(頤)'는 『주역』의 산뢰이괘(山雷頤卦, ䷚)와 관련되는데, 기른다는 의미인 '이'에 대해서는 송대 정이(程頤)의 말이 명

29) 『醫學入門』 권1 「臟腑」 臟腑條分 "心者一身之主 君主之官 有血肉之心 形如未開蓮花 居肺下肝上是也 有神明之心 神者氣血所化生之本也 萬物由之盛長 不著色象 謂有何有 謂無復存 主宰萬事萬物 虛靈不昧者是也 然形神亦恒相因"

30) 『醫學入門』 卷之首 「先天圖」 "元理元氣渾合無間而已 生天生地 生人生物 皆由此造化以爲之主也 頤生者知此 則自然懲忿窒慾"

확하다. 그는 "위와 아래의 두 양은 중간의 네 음을 싸고 있어서, 바깥은 실하고 중간은 허하니 턱과 입의 형상이고 입은 몸을 기르는 것이다. 그러므로 군자가 그 상을 관찰하여 그 신(身)을 기르고 언어를 삼가서 그 덕을 기르며 음식을 적절히 하여 그 체를 기른다."[31]고 하였는데 언어와 음식을 삼가고 조절하는 것을 양생의 목적으로 삼은 것이다. 신은 심신을 겸하여 말한 것이고 체는 신체를 가리키는 표현이다. 이러한 정이의 말은 성리학의 양생에 대한 일반적 논거로 활용되었고 명대의 이천도 이러한 전통의 연장선에 있다.

그리고 이천은 리·기를 인욕과 연관 지어 설명하여 심성수양의 의미를 설명하는데 이른다. 그는 "대개 기를 주로 하면 곧 사·생에 대한 생각이 무거워져서 (심이) 혼매하고 착잡하여 더욱 정(靜)을 구하여도 정할 수 없고, 리를 주로 하면 인욕이 소망(消亡)되어 심이 맑고 신(神)이 기뻐 정을 구하지 않아도 스스로 정할 것이다."[32]고 하였는데, 리와 정, 동과 기를 나누어 설명하고 있다. 천도와 인성이 일관하는 리와 음양소식(陰陽消息)하는 기를 대비하여 인욕을 경계하는 것으로 보았다. 그 과정에서 '주정(主靜)'을 설명하고 있다. 이에 대해서도 이천은 도교의 주정과의 혼동을 염려해서인지 '하나의 경(敬)'으로 부연한다.[33]

그러므로 이천은 "매일 일찍이 선천도(先天圖)를 상대하여 정좌(靜

31) 『周易』 頤卦 程傳 "以卦形言之 上下二陽 中含四陰 外實中虛 頤口之象 口所以養身也 故 君子觀其象 以養其身 愼言語 以養其德 節飮食 以養其體"

32) 『醫學入門』 卷之首 「保養」 保養說 "蓋主於氣 則死生念重 而昏昧錯雜 愈求靜而不靜 主於理則人欲消亡 而心淸神悅 不求靜而自靜"

33) 『醫學入門』 卷之首 「保養」 保養說 "吾儒一敬 盡之矣"

坐)하고 『효경』, 『논어』, 『소학』을 완독(玩讀)하면 크게 근원적인 힘을 얻게 될 것이다. 다음으로 사서(四書)의 전부와 옛 주역의 정문(正文)에 미치고 이어서는 『서경』의 「홍범(洪範)」, 「무일(無逸)」, 「요전(堯典)」을 읽는 것에 미쳐야 할 것이다."[34]라고 하여 선천도의 뜻을 음미하고, 정좌 및 유가 경전 읽기 등을 의사가 지켜야 할 규격으로 서술한 것이다. 선천도는 '○'으로 표현하였는데,[35] 이는 주돈이의 태극도 최상단의 '○'과 같은 것이다. 이는 '무극이태극(無極而太極)'을 이르는 것으로 음양동정의 본체라 할 수 있다.[36] 선천도와 정좌에 관한 주장과 더불어 독서를 강조한 것은 주희의 "반일정좌(半日靜坐) 반일독서(半日讀書)"[37]의 전통을 이은 것으로 판단한다.

혈과 기 그리고 심의 관계에 대해서도 이천은 "혈은 기로 말미암아 생기고, 기는 신(神)으로 말미암아 온전해지니 신이구나 심이구나."[38]라고 하여 심과 신이 주재적 역할을 담당하고 있음을 말하고 있다. 양정(養精), 양신(養神), 양기(養氣)의 부분에서도 이천은 "색욕을 경계하여 정을 기르고 사려를 바로 하여 신을 기르면 자음강화 양영 웅신 등의 탕을 또 뭐 하러 사용하겠는가? 식사를 담박하게 하여 혈을 기르고 말을 적게 하여 기를 기르면 사물 사군자 십전대보 삼화 등의 탕을 또 뭐 하

34) 『醫學入門』 卷之七 「習醫規格」 "每早 對先天圖靜坐 玩讀孝經論語小學 大有資力者 次及全部四書 古易白文 及書經 洪範無逸堯典"

35) 『醫學入門』 卷之首 「先天圖」

36) 『性理大全』 「太極圖」

37) 『朱子語類』 권116 「朱子十三 訓門人四」 참조.

38) 『醫學入門』 卷之首 「保養」 保養說 "血由氣生 氣由神全 神乎心乎"

러 사용하겠는가?"[39]라고 하였다. 이는 일상의 생활을 통한 절욕양성의 방법으로 정신기혈을 기를 수 있다는 것으로 이해할 수 있다. 이천의 주장은 『황제내경』과 유가의 심성수양의 전통을 일관하는 입장이라 할 수 있으며 이는 또한 주진형의 주장과 상통하는 부분이다. 그는 "음식과 남녀는 사람의 큰 욕구이다. 내가 매번 생각건대 남녀의 욕은 관계되는 것이 심히 크고 음식의 욕은 몸에 더욱 간절하다. 세상에서 그 속에 연이어 빠지는 자가 적지 않다. 진실로 도에 뜻을 두면 반드시 이것을 먼저 하여 심을 궁구하여야 한다."[40]라고 하였는데, 이는 이천이 인용하여 실은 「천진절해(天眞節解)」 및 『황제내경』의 「상고천진론」의 내용과 상통한다. 그래서 그는 보양(保養)은 음식과 색욕을 조절하는 것에 불과할 뿐이라 하였다.[41]

그래서인지 이천은 자신의 양생과 도교의 양생을 구분하여 보양과 수양(修養)으로 표현하였다. 수양은 방외(方外)의 현묘하고 먼 것을 섭렵하는 방술(方術)로 이해하고 일정한 항상 된 말과 도가 아니라고 하고 보양은 날마다 쓰는 음식과 호흡을 벗어나지 않고 사람들이 알기 쉽고 행하기 쉬운 것이라고 한다.[42] 자신의 보양을 『황제내경』과 유학의 양심으로 이해하였다. 그는 "『황제내경 · 소문』에 말하기를 '음식에 절도

39) 『醫學入門』 卷之首 「保養」 保養說 "戒色慾以養精 正思慮以養神 則滋陰降火 養榮 凝神等湯 又何用哉 薄滋味以養血 寡言語以養氣 則四物 四君 十全 三和等湯 又何用哉"

40) 『格致餘論』 「飮食色欲箴序」 "飮食男女 人之大欲存焉 予每思之 男女之欲 所關甚大 飮食之欲 於身尤切 世之淪胥陷溺於其中者 盖不少矣 苟志於道 必先於此 究心焉"

41) 『醫學入門』 卷之首 「保養」 天眞節解 참조.

42) 『醫學入門』 卷之首 「保養」 保養說 참조.

가 있고, 기거가 일정함이 있으며, 망령되게 수고롭게 하지 않으면 정과 신이 안에서 지켜지니 병이 어디서 오겠는가? 그러므로 능히 천수를 다하고 백세를 헤아리고 이에 떠나는 것이다.' 이것이 보양의 정종이다."[43]라고 하였다. 또한 그는 "성인의 학문이 지극히 크니 내가 알지 못하지만 다만 황제(黃帝)도 또한 옛 성인이다. 지금 옛 성인의 명언을 믿지 않으면서 눈먼 사람의 속이고, 이상하고, 사악한 말을 믿는다. 심지어 집안을 잃고 몸을 죽게 하니 또한 잘못된 것을 볼 수 있다. 이는 내가 다만 보양을 말하는 까닭이다."[44]라고 하여 자신의 주장이 황제에 근거하고 있음을 말하였다. 이는 유의들의 성향으로 인한 것이다. 송대 이후 유학적 소양을 갖춘 '유의' 들에게 『황제내경』은 유학의 경전과 유사한 지위이다. 『황제내경』은 삼분(三墳)의 하나로 받아들여졌는데, "의가에 『황제내경』이 있는 것은 유가에 오경(五經)이 있는 것과 같다." 라고 하여 의생들의 필독서가 되었다. 이후 금원대 유의들은 의학의 본령을 『황제내경』으로 두었다. 유완소(劉完素)는 35년 동안 『황제내경』을 연구하였고, 주진형도 『황제내경』이 도를 실은 책이라고 강조하여 유자(儒者)가 아니면 읽을 수 없다고 하였던 것에서도 확인할 수 있다.[45] 이천도 "의학의 큰 근원은 『황제내경 · 소문』 한 책일 뿐이다."[46]

---

43) 『醫學入門』 卷之首 「保養」 保養說 "素問曰 飮食有節 起居有常 不妄作勞 精神內守 病安從來 故能盡其天年 度百歲乃去 此保養之正宗也"

44) 『醫學入門』 卷之首 「保養」 保養說 "聖學至大 非某能知但黃帝亦古聖人也 今不信古聖名言 而信盲人詭異邪說 甚則脇家殞身 見亦謬哉!此吾所以只言保養也"

45) 林殷(문제곤 옮김), 『한의학과 유교문화의 만남』 예문서원, 2000, p.227.

46) 『醫學入門』 卷之首 「原道統說」 "醫之大原 素問一書而已矣"

라고 하였다. 그래서 그는 식욕과 색욕의 조절을 말하고 있는 「여담론(茹淡論)」이나 「음화론(陰火論)」 등에서 자연스럽게 주진형의 설을 수용하면서 『논어』 등 유가 경전과 『황제내경』을 대비하여 서술하는 방식을 취하고 있다. 주진형의 '양생' 도 청심과욕(淸心寡欲)에 중점이 있었고, 음식을 절제하고 조신양성(調神養性)을 강조하는 등의 이론을 이천이 적극적으로 수용한 것이다.[47)]

그렇다면 이천의 보양론의 핵심적인 가치는 무엇인가? 그는 『맹자』의 '양심과욕(養心寡欲)' 을 들고 있다. 「보양설」에 보면 " '심을 기르는 데에는 욕심을 적게 하는 것보다 좋은 것은 없다.' 고 하였는데, 내가 이 말을 들었다."[48)]고 하여 보양설의 결론으로 삼고 있다. 이는 식색 등의 절욕을 통한 양성·양심의 양생법으로 이해할 수 있고, 앞서 언급한 "음식에 절도가 있고, 기거가 일정함이 있으며, 망령되게 수고롭게 하지 않으면 정과 신이 안에서 지켜지니 병이 어디서 오겠는가?(飮食有節 起居有常 不妄作勞 精神內守 病安從來)" 라고 하는 양생의 정신으로 이해한 것이다. 이는 또한 주진형의 학설을 정리한 구절에서 "두 장(臟)에 모두 상화가 있으니 그 계통은 위로는 심에 속하니 심은 군화이다. 물에 감응하면 쉽게 움직이고 심이 움직이면 상화가 흡연히 따라가니 비록 교회하지 않아도 또한 몰래 흘러 새게 된다. 따라서 성현이 다만 사람을 가르치기를 수심(收心)·양성(養性)하게 한 것이니 그 뜻이 깊다."[49)]고

47) 靳蘭玉·周軍, 「朱丹溪 "養陰" 思想的養生學意義」, 『西部中醫藥』 25-6, 2012, p.40-p.41 참조.

48) 『醫學入門』 卷之首 「保養」 保養說 "養心莫善於寡欲 吾聞是語矣"

하였다. 이는 주진형을 비롯한 유의의 의학 이론의 핵심인 '군화 · 상화' 의 논의로 유학의 수심 · 양성의 논거를 설명한 것이다.

이상의 논의에서 보면 이천은 자신의 보양론 근거를 『황제내경』에 두고 있다. 그런데 이러한 논의의 이면에는 도교의 내단 사상가 진단(陳摶)의 그림을 차용하여 주돈이가 그리고 해설을 붙인 『태극도설』이 자리하고 있다. 내단 수련의 순역(順逆)의 과정을 상징화한 『태극도설』을 유가의 도덕 형이상학으로 포장한 것인데, 주진형은 다시 이를 유의적 차원으로 재해석한 것이다. 이러한 「태극도설」에 근거하여 유학자 혹은 유의들은 도교적 양생과 유가적 수양의 전통이 병존할 수 있는 근거를 확보했다고 생각한다. 다만 이천은 이를 당시 유행하던 『황제내경』과 『논어』 등 유학과 의학이 상통하는 견지에서 도교 양생의 원칙을 수용하고 천명한 것으로 보인다. 그리고 이천의 입장은 양형과 양신(養神) 가운데 양신을 우선시하는 유의의 특징을 부각하고자 하는 것으로 이해할 수 있고, 도교를 중심으로 하는 양형을 다소 도외시한 것은 아닌지 생각할 여지가 있다. 이천은 이를 『의학입문』 다른 영역의 내용에서 보완하였다. 임상적인 부분에서 특히 복약 등에서 도교 양생론의 입장을 수용하여 서술되는 부분이 다수가 있다.

이천 자신도 "항상 말하기를 의는 선도(仙道)와 통해서 음공(陰功)을 반은 쌓아야 한다. 그러나 음공을 가히 반만 쌓고 그만둘 것인가?"[50]라

49) 『醫學入門』 卷之首 「保養」 陰火論 "二臟皆有相火 而其系上屬於心 心君火也 爲物所感則易於動心動則相火翕然而隨 雖不交會 亦暗流而滲漏矣. 所以聖賢只是教人收心養性 其旨深矣"

고 하였던 것에서도 확인할 수 있다. 그런데 이 글의 출전인 「음즐(陰騭)」의 내용은 양생의 측면보다는 양덕의 면이 많다. 이는 「습의규격(習醫規格)」과 더불어 이천의 의덕에 관한 논의로 이해하는 것이 좋을 듯하다. 효는 물론 박시제중(博施濟衆)하는 의도의 실천을 설파한 것으로 판단한다. 그런데 이천은 의덕과 의론의 중심을 일관하는 것을 심으로 두고 있으며 양심과 양형 · 양덕의 핵심으로 삼았다.

그런데 필자는 또 하나의 유학과 도교 그리고 의학의 상통구조는 『태극도설』에서 찾아야 한다고 하였다. 양형과 양신, 양덕과 양생의 지향점이 상호 배치되는 것만은 아니라는 것을 유의의 「태극도설」에 대한 입장에서 확인할 수 있었다. 이러한 전통을 수용한 이천도 의학과 도교 · 유학 회통의 접점을 심에서 찾고자 한 것으로 보인다. 심에 대한 이중적 함의를 형신합일의 전통적인 양생과 의학의 관점으로 해석하고, 심의 형기적 속성과 신명지부의 역할이 상호 배치되는 것은 아니라는 것을 주장하였다.

결국 이천은 유가의 입장과 의학의 전통을 아우르고 도교를 의학과 유가 양생의 차원으로 수용한 것이라 생각한다. 한편 명대의 장개빈(張介賓)이나 이천의 의학론을 대폭 수용한 『동의보감』도 유의 의학의 특징을 『의학입문』과 공유하고 있지만 전개 방식은 차이가 있다. 물론 '심' 이라는 키워드를 이천과 공유하고는 있지만, 장개빈이나 『동의보감』은 보다 구체적이며 직접적으로 당시 내단 사상과의 회통을 지향하

50) 『醫學入門』 卷之首 「陰騭」 "恒言醫通仙道 半積陰功 然陰功可半積而已乎"

고 있다. 끝으로 이천의 입장을 대변할 수 있는 말을 송대 성리학자 정이의 글에서 확인할 수 있었다. "다만 이것은 스스로를 길러서 병이 안 생기도록 한 것이다. 도가의 수양이 또한 어찌 상하게 할 수 있겠는가? 만일 모름지기 존상(存想)·비승(飛昇)하고자 한다면 이는 또한 불가할 것이다."[51) 52)]

3. 『삼원연수참찬서(三元延壽參贊書)』와 『활인심법(活人心法)』

『동의보감』이 유의 의학의 한국적 전개를 통하여 동의의 의론을 정립하였다고 하였다. 『동의보감』은 주진형과 이천 등의 의학을 통하여 의론을 정리하였는데, 이에 못지않게 주목할 책은 『삼원연수참찬서』(이하 『연수서』)와 『활인심법』이다. 두 책은 이미 『의방유취』에도 인용된 바 있는데, 『의방유취』에서는 『연수서』의 내용을 많이 인용하였다. 『연수서』는 『동의보감』에서 '연수서'라고 표기하여 인용한 구절도 있지만, 『연수서』라 표기하지 않고 내용을 바로 실은 경우도 있을 정도로 『동의보감』 편찬에 일정 정도 역할을 한 책이다. 『연수서』는 송말원초(宋末元初)의 유의 이붕비(李鵬飛)에 의하여 1291년에 완성된 책으로 그

---

51) 『文會筆錄』 권17 "只是自養求無疾 如道家修養亦何傷 若須要存想飛升 此則不可" (三浦國雄, 이승연 옮김, 『주자와 기 그리고 몸』, 예문서원, 2003. p.205에서 재인용)

52) 이 절의 내용은 다음의 논문을 수정 보완한 것임. 성호준, 「明代 儒醫 李梴의 道敎이해」, 『大韓韓醫學原典學會誌』 26-4, 2013.

이름이 『중용』의 '천지에 참예하고, 화육을 돕는 데에 도달한다(參天地贊化育).' 에서 비롯되었고, 삼원(三元)이란 천 · 지 · 인을 뜻한다. 『연수서』는 1438년(세종 20년)에 이미 우리나라에서 간행되어[53] 노수신을 비롯한 조선 유학자의 자기수양 및 사친효양(事親孝養)을 위한 교양서로 널리 읽혀졌다고 한다.[54]

하륜(河崙)은 태종과 세종 연간에 올린 글을 통해 한 · 당(漢 · 唐)에서 행하였던 외단(外丹)으로써 금석(金石)을 복용하는 것을 매우 경계하면서, 이붕비의 『연수서』, 손진인(孫眞人)이 『양생명(養生銘)』 등이 치우침이 있지만 유익함도 있다 하여 권하였다.[55] 또한 류성룡(柳成龍)도 양심을 통한 양생을 강조하였는데, 양생의 방법으로 음식을 조절하여 오장을 화평하게 하고 또 색욕을 탐하지 않음으로써 진기(眞氣)를 기르는 것을 거론하였지만, '심을 기르는 데에는 욕심을 적게 하는 것보다 좋은 것은 없다.' 는 맹자의 말을 인용하였다. 그는 『연수서』의 발문을 서술하기도 하였는데, 이러한 태도는 『연수서』를 여러 차례 열람한 이후에도 지속되어, 과욕을 지극하게 함으로써 무욕의 단계에 이르게 되면 굳이 구구한 양생 방법을 찾지 않아도 된다고 주장하였다.[56]

---

53) 三木榮, 『朝鮮醫書誌』, 學術圖書刊行會, 1973, p.193

54) 三木榮, 위의 책, p.193. 또한 19세기 말에서 20세기 초에 완성된 『周易參同契演說』에서도 『延壽書』는 주요한 인용서로 채택되었다고 한다.(이진수, 『한국양생사상연구』, 한양대학교 출판부,1999. p.133-p.193).

55) 『春亭集』 권6 「封事」 참조(김성수, 「16~17세기 養生書 편찬과 그 배경」, 『韓國思想史學』 24, 2005, p.356에서 재인용)

56) 『西厓集』 別集 권4 雜著 養生戒 및 卷18 跋 「書延壽書後」 참조(김성수, 위의 논문 p.359에서 재인용)

권1은 '인설(人說)' 및 '천원지수정기불모자득지(天元之壽精氣不耗者得之)' 란 제목 순으로 서술이 이루어지는데, 「인설」에서 브면 인간 생명의 탄생을 형상 중심으로 설명하고 "대개 몸이라는 것은 부모의 몸이니 그 몸을 가벼이 하는 것은 그 부모를 가벼이 하는 것이다. 지킬 바를 알지 못함으로써 천이 부여한 수명을 온전히 하여 부모를 섬기는 큰 도리를 다할 수 있겠는가?"[57]라 하여 양생 양성의 목적이 효라는 유학의 덕목을 실천하기 위한 것임을 분명히 한다. 이어 그는 질욕을 비롯한 '질욕(窒慾)' 의 내용으로 권1을 마무리한다. 곧 양생에 앞서 사람이 태어나기 전의 양생에 대해 설명하였고, 임신하여 태어나기까지의 과정을 설명한 내용이 있다.

권2에서는 '지원지수기거유상자득지(地元之壽起居有常者得之)' 장인데, 희락, 분노, 비애, 사려 등의 순으로 일상적으로 나타나는 정(情)의 양생을 다루고 있다. 특히 성욕에 대해 다룬 것이 많다. 음식과 남녀는 사람이 누구나 가지고 있는 기본적인 욕구이지만 과도한 경우 몸과 마음의 수양에 좋지 못한 영향을 끼칠 수 있다는 점을 강조한 것이다. 위의 '기거유상' 의 경우도 양생이나 양심이 일상적인 경우를 벗어날 수 없음을 강조한 것도 유의 의학이나 유의 의학의 근거라 여기는 『황제내경』의 양생론과 상통하는 부분이라 할 수 있다.

권3은 '인원지수음식유절유도자득지(人元之壽飮食有節有度者得之)' 장으로 오미(五味), 음식(飮食), 과실 등의 순으로 내용이 구성되어 있

57) 『三元延壽參贊書』 권1 "盖身者親之身 輕其身是輕其親矣 安可不知所守 而全天與之壽 而有以盡事親之大乎"

다. '기거유상(起居有常)' 과 더불어 '음식유절(飮食有節)' 은 『황제내경』에 연원이 있는데, 도교 내단 등에서 나타나는 여러 가지 비현실적인 양생 원리에 대해서는 언급하고 있지 않은 것이 특징이다. 이 점은 금원대 유의들의 지향점과 일치하는 것이며 권2의 기거유상과 권3의 음식유절 부분은 일상적인 삶에서 양생을 추구하는 유가의 양생 이론과 맥이 닿아 있으며 저자 이붕비를 유의라 칭할 수 있는 근거이기도 하다. 특히 사시(四時) 등 자연의 원리에 순응하는 양생을 강조한 것이 특징이다.

권4는 '신선구세각노환동진결(神仙救世却老還童眞訣)' 장으로 상수(象數)의 원리로 진기(眞氣)와 양기(陽氣)의 회복을 주장하는데, 『동의보감』「내경편(內景篇)」 '신형(身形)-학도무조만(學道無早晩)' 에도 인용되어 있는데, 도교 내단 사상을 주로 담고 있다. 권5는 '신선경세(神仙警世)' 로 윤리적 실천의 음덕(陰德)으로 장수와 요절, 화와 복을 설명하는 내용이다. 『연수서』가 인용하고 있는 책들을 보면 자양진인(紫陽眞人)이라고 하여 장백단(張伯端)의 시를 인용하고 있는 구절이 있으나 『황제내경』, 『본초』, 『황정경(黃庭經)』, 『음부경(陰符經)』, 『회남자(淮南子)』, 『명의서론(名醫敍論)』, 공자, 『맹자』, 노자, 장자, 소강절(邵康節), 정이천(程伊川) 등 다양한 책과 인물들을 인용하고 있지만, 대부분은 '서운(書云)' 이라 하여 인용 근거를 대지 않은 것이 특징이다.

『연수서』의 사상적 특징은 유가의 심성수양 전통과 더불어 『황제내경』의 "음식에 절도가 있고, 기거가 일정함이 있으며, 망령되게 수고롭게 하지 않으면 정과 신이 안에서 지켜지니 병이 어디서 오겠는가?" 라고 하는 양생의 정신을 서술의 기본 원리로 삼은 것이다. 이는 앞서 논의한 주진형과 이천의 유가적 양생론의 입장과 차이가 없는 것으로 우화등선(羽化登仙) 등의 비현실적인 양생론과는 거리를 두고 있고, 유학자들이 취하기에 무난한 것으로 구성되어 있다. 이러한 『연수서』의 특징은 조선의 양생서 및 의서 편찬에 많은 영향을 주었다. 정유인(鄭惟仁)의 『이생록(頤生錄)』, 『동의보감』, 조탁(曺倬)의 『이양편(二養編)』 등이 대표적이다.[58] 『동의보감』에서 주로 인용하고 있는 손사막(孫思邈)이나 『포박자』 등의 도교서는 『연수서』「서」에서 징분질욕(懲忿窒欲)류를 실었다고 한 것처럼 구체적인 억정(抑情)·절욕(節慾)의 방법들을 제시하고 있는 것이 특징이다.[59]

또 한편으로 『동의보감』에서는 『연수서』 등의 재인용을 통하여 『양성서(養性書)』·『손진인침상기(孫眞人枕上記)』 등을 인용한 구절도 보이는데, 넓은 의미에서 한·당대의 책들이 내단 사상과 더불어 많이 인용된 편이다. 특히 『동의보감』「내경편」의 양성론은 손사막을 중심으로 서술된 듯하다. 『양생서』나 『양성서』라고 인용된 구절은 『천금요방(千金要方)』「도림양성(道林養性)」에도 나와 있는 부분이 있으며 인용하고 있는 『황제내경』의 부분도 『천금요방』에 실려 있는 부분이 다수 있다. 아울러 『연수서』의 인용을 통하여서도 손진인(손사막) 등의 이름으로 인용되어 있다. 이는 손사막의 성(性)에 대한 이해가 유학적 입장과 다소 상통하는 구조를 지니고 있기 때문이다.

---

58) 김성수, 위의 논문, p.365-p.370 참조.

59) 李遠國, 『道教氣功養生學』, 四川省社會科學院出版社, 1988, p.243-p.245.

『천금요방』「양성」에 보면

> 대저 양성이라는 것은 익힌 것으로 성을 이루고자 하여 성은 스스로 선함이 되는 것이니 익히지 않으면 이롭지 않음이 없다. 성이 이미 저절로 선하니 내외 백병이 자연히 생하지 않고, 화란재해(禍亂災害)도 또한 말미암아 일어남이 없으니 이것이 양성의 대경이다.[60]

라고 하였다. 이 구절에서 보면 성이란 본디 선한 것으로 본연한 성을 지키면 굳이 양성하지 않아도 이롭게 된다고 하고, 질병이나 화란도 피할 수 있음을 말하고 있다. 이는 손사막이 비록 도교 의학의 흐름에서 벗어날 수는 없다 하더라도 한 · 당대 유학의 심성에 관한 입장을 양성이라는 것을 통하여 드러낸 것으로 보인다. 『동의보감』은 『황제내경』 양생의 의미와 유의의 의론을 양성이라는 개념으로 읽고자 하였는데, 그 과정에 『연수서』도 역할을 한 것으로 이해할 수 있다.[61]

또 한편으로 주목할 책은 『활인심법』이다. 우선 『활인심법』은 알려진 것처럼 퇴계 이황이 『활인심방(活人心方)』이라는 이름으로 필사하여 심신수양의 지침으로 삼은 책이다. 저자 명대의 주권(朱權, 1378~1448)은 도가적 양생론을 선호한 이로 알려져 왔다. 『활인심법』의 서문에 보면 다음과 같은 구절이 있다.

---

60) 『千金要方』「養性」序 "夫養性者 欲所習以成性 性自爲善 不習無不利也 性既自善 內外百病 自然不生 禍亂災害 亦無由作 此養性之大經也"

61) 成昊俊, 「東醫寶鑑의 철학적 연구」, 성균관대 박사 논문, 2001, p.172-p.173.

성인은 병들기 전에 다스리고, 의가는 병이 난 후에 고치는 것이니 병들기 전에 다스리는 것을 치심이라 하고 수양이라고 한다. 이미 병이 난 후에 다스리는 뒤의 것은 약이(藥餌)라 하고 폄설(砭焫)이라고 한다. 비록 다스리는 방법은 둘이나 병의 근원은 하나니 반드시 마음에서 비롯되지 않은 것이 없는 것이 생이다. 노자가 말하기를 '심은 신(神)의 주(主)가 되고, 동정(動靜)은 심을 좇는다.' 고 하였다. 심은 화의 근본이 되기도 하고 도종(道宗)이 되기도 한다. 정(靜)하면 심군(心君)이 태연하고 백맥이 편안하고 고요해진다. 동하면 혈기가 혼란하여 백병이 서로 공격한다. 그러므로 성이 정하면 정(情)은 편안해지고, 심이 동하면 신이 지친다.[62]

이 구절에서 보면 치심(治心)과 수양을 위주로 하고 심이 심신의 주인이 됨을 말하고 있다. 그리고 주정(主靜)하여 본래의 심의 본연함을 회복하고자 하는 노력을 노자의 얘기를 통해 설명하고 있다. 그리고 심이 도종으로 귀결된다는 점은 주진형의 유의 의학이나 성리학적 수양의 의미와 큰 차이가 없다. 이황은 주권의 글을 빌어 설명하고 있다. 『활인심법』은 본디 『활인심』으로 알려졌고, 『동의보감』에도 수차례 인용된 바 있는 『활인심법』이 양심을 위주로 하는 양생서임을 생각하더라도 '심과 경(敬)의 수양론' 을 제시한 이황의 입장과 상통하는 것이고, 당시 주도적 지식인들의 일반적인 생각으로 간주하여도 무리가 없을

62) 『活人心法』 序 "聖人治於未病之先 醫家治於已病之後 治於未病之先者曰治心曰修養 治於已病之後者曰藥餌曰砭焫 雖治之法有二 而病之源則一 未必不有因心而生也 老子曰心爲神主 動靜從心 心爲禍本 心爲道宗 靜則心君泰然 百脈寧謐 動則血氣昏亂 百病相攻 是以性靜則情逸 心動則神疲"

듯하다.

『활인심법』은 중국이나 우리나라에서 언제 간행되었는지 밝혀지지 않았으나, 우리나라에서는 세종대에 완성된 『의방유취』의 인용 서목에 『신은(神隱)』과 더불어 포함되어 있는 것으로 보아 세종 이전에 간행된 것으로 추정한다. 일반적으로 『활인심방』으로 불리는데 『동의보감』에서도 『활인심방』으로 인용된 구절이 있다. 그러나 내용면에서는 큰 차이가 없다.[63] '활인심' 이란 백병의 일어남이 사람의 마음에 연유하기 때문에 전인(全人)으로서의 삶을 영위하며 장생(長生)의 경지에 이르도록 하려면 인심부터 고쳐야 한다는 뜻이다.[64] 『활인심서』의 「상권」에서는 중화탕(中和湯)-화기환(和氣丸)-양생지법(養生之法)-치심(治心)-도인(導引)-거병연수육자결(去病延壽六字訣)-보양정신(保養精神)-보양음식(保養飮食) 순으로 구성되어 있고, 「하권」은 주로 처방을 중심으로 서술되어 있다. 이황이 「상권」만을 필사한 것은 바로 정신의 수양 즉 양심 부분만 수용하고자 하지 않았던가 하는 추정을 해본다. 재미있는 사실은 중화탕이나 화기환처럼 약명으로 이해하기 쉬운 표현이 있으나 인심의 수양을 뜻한다는 것이다. 물론 중화란 『중용』 1장의 구절에서

---

63) 이에 대해 安秉國은 1972년 7월경에 退溪學硏究院에서 간행된 영인본 『活人心方 退溪先生遺墨』이라는 제목의 책은 原著의 2권 중 上卷만을 수록하였고, 下卷은 全卷이 빠져있다고 하였다. 安秉國은 慶北 榮州에서 전해 내려오던 1550년(명종 5년) 慶州에서 간행된 판본이 전 내용을 싣고 있다고 하여 영인하여 1976년에 『臞僊活人心法』이라는 이름으로 간행하였다. 본 글에서는 한국한의학연구원 (http://www.kiom.re.kr/index.jsp) 홈페이지에 실려있는 『新刊京本活人心法』 (이하 『活人心法』)을 底本으로 한다.

64) 이진수, 위의 책, p.282.

따온 것이다. 탕이란 심한 병의 치료에 사용하여야 할 것이라고 하였는데, 『활인심법』에서는 심화(心火)와 신수(腎水)로 달여야 한다고 한다.[65] '약재' 로는 "생각에 사특함이 없기, 좋은 일을 행하기, 마음을 속이지 않기, 행방편(行方便) … 하늘의 도리를 따르는 것, 자신의 명을 아는 것, 마음을 맑게 하기, 욕심을 적게하기, 인내하기, 겸손하고 조화롭게 하기 … 어진 마음을 보존하기, 절약하고 검소하기, 중에 처하기 … 신독(愼篤), 사랑을 보존하기, 염퇴(恬退), 수정(守靜)"[66] 등인데, 유학과 도가에서 말하는 수양의 덕목들이 망라되어 있는 듯하다. 중화탕(中和湯)이란 이름으로 표현한 것도 그러한 연유에 있는 듯하다. 화기환도 '인(忍)' 의 뜻풀이를 중심으로 하여 심의 수양을 말하고 있으며, 「양생지법」이나 「도인」, 「거병연수육자결」 등에서는 일상에서 일어나는 일들에 대한 양생적 방법을 제시하고 있다. 이는 손사막의 『천금요방(千金要方)』「양성(養性)」과 도홍경의 「양성연명록(養性延命錄)」 등에서 취하였거나 종리권(鐘離權)의 「팔단금(八段錦)」 등에서 취하였다.[67] 아울러 오장과 담을 보강하는 도인법이 기재되어 있다.

『활인심법』의 내용 중 병인에 대한 부분에서 흥미로운 점을 발견할 수 있다고 한다.[68] 즉 도덕과의 관계를 설정한 것이다. 도덕 주체의 확립이라는 유가적 주장이 『활인심법』에서 확인할 수 있다는 점이다. 『활

65) 『活人心法』 上卷 「中和湯」 참조.

66) 『活人心法』 上卷 「中和湯」 참조.

67) 殷晳玟 · 金南一, 「新刊京本活人心法을 통해 살펴본 朱權의 醫學思想」 『韓國醫史學會誌』 13-1, 2000, p.140.

68) 이연도, 「동양 수양론의 현대적 활용 가능성 모색」, 『中國學報』 59, 2009, p.417.

인심법』의 약재에 대한 설명에서도 언급했듯이 이를 구체적으로 보자.

> 스스로 해쳐서 병이 생기는 원인으로는 섭생과 양생이 적당함을 잃어서 바람, 추위, 더위, 습함에 감염되거나 술, 여색, 재물, 기에 의하여 다친다, 칠정과 육욕은 안에서 일어나고 음양 두 기운은 밖에서 쳐들어오게 되는데, 이를 가리켜서 병은 심에서 생기고 이는 신체에 대한 공격으로 나타난다.[69]

위의 구절에서 보면 칠정과 육욕, 술, 여색, 재물, 기 등은 모두 병을 일으키는 요소들이다. 술이나 여색은 부적절함이나 과도함으로 인해 원기를 훼손시킨다. 그리고 이는 곧 인체에 직접적인 침해로 나타난다. 이와 함께 칠정이나 욕망 또한 모두 병을 일으키는 요소이다. 개인적인 욕망과 욕심 때문에 도덕적으로 문제를 일으키면 곧 자신의 마음을 병들게 하고, 이는 곧 인체에 영향을 미쳐 병이 들게 하고, 죽음에까지 이르게 한다는 것이다. 이는 자신의 감정과 욕망이 지나친 데 따른 직접적인 인체에 대한 침해라기보다는 인간의 본성에 반한 그 자신의 행동을 스스로 용납할 수 없는 갈등에서 비롯된다는 것이다.[70) 『활인심법』의 이러한 접근 방식은 유의 의학의 지향점과 다를 바 없다. 욕망과 욕심의 문제를 유학적 언어로 이해하고 다시 의학 이론으로 전개하는 방식은 유의의 전형적인 모습이라 할 수 있다. 이를 주진형을 비롯한 유의들은

69)『活人心法』上卷「治心」“其自狀之疾者 調養失宜 風寒暑濕之所感 酒色財氣之所傷 七情六慾生於內 陰陽二氣功於外 是謂病生於心 害攻於體也”

70) 이연도, 위의 논문, p.417.

군화와 상화, 인심과 도심의 문제로 이해하고, '인극(人極)' 이라는 인간의 주체적 노력에 의하여 심신의 문제를 극복할 수 있다는 점과 상통하는 부분이다.

또한 『활인심법』에서는 아래와 같이 말하고 있다.

> 혹 말하기를 "선하기 위해 스스로 삼간다." 고 한다. 만약 기호가 한 번 싹트면 바로 선이 아니게 되는데, 이를 받아들이지 않으려 하는 것은 양심(良心)과 서로 다투기 때문이다. 반드시 원망스럽고 분하게 여기는 마음의 싹이 일어나 나의 적이 된다. 나의 자존심과 훌륭해지고 싶은 마음이 저 원망스럽고 분하게 여기는 마음을 만나니 어찌 싸우지 않겠는가? 그 마음에서 싸움이 그치지 않으니 해로움이 생기는 것이다.[71]

위의 구절에서 보면 유가의 심성에 관한 논의와 별반 차이가 없음을 알 수 있다. 사람은 본디 선한 본성을 타고난 것으로 그에 합치되면 선이며, 외부의 환경이나 감정의 질곡으로 인하여 그 본성이 훼손되는 것을 악이라고 본다. 『활인심법』은 사람의 양심을 들어, 그에 어긋나게 나아가려는 기호나 욕심에 대해 스스로 분하고 원망스럽게 여긴다고 말한다. 스스로 양심에 어긋나는 행동을 하거나 욕심을 부리면 양심은 이를 용납하지 못하고 그 심 안에서 갈등과 번뇌를 일으킨다. 비록 신체

71) 『活人心法』 上卷 「治心」 "或曰謹於爲善 若嗜好一萌 卽不善也 歸而勿納 是與良心競也 必有忿悁之心起 而與我敵 以我矜顯之意 按彼忿悁之心 何爲不鬪 鬪不止 而害生矣"

의 양생에 도움이 된다고 하더라도 그 인격의 수양에 해롭다면 이는 자신을 해치는 결과를 가져온다는 것이다. 이러한 측면에서 『활인심법』은 유가와 도가의 수양론을 아우르는 특성을 지닌다고 할 수 있다. 그리고 여기에서 『활인심법』이 제기하는 질병의 내용은 유가의 수양론의 입장과 별반 다르지 않다고 할 것이다.[72] 주진형을 비롯한 유의 의학이 성리학적 이론의 근거 하에서 존심양성과 주정의 논의를 의학적으로 원용하여 양생의 의학을 수양의 의학으로 대체한 점에 주목할 필요가 있다. 이러한 관점에서 『활인심법』과 『삼원연수참찬서』 또한 유의 의학의 맥락에서 분석하는 것이 적절하리라 판단하며 이러한 판단은 노수신, 정유인, 이황 등을 비롯한 당시 조선의 성리학자에게도 통용되는 논리라 추정한다.

72) 이연도, 위의 논문, p.418 참조.

제6장

동의(東醫)의 유의(儒醫) 의학 : 『동의보감』의 유학적 함의

1. 유학과 도교의 의학적 회통

조선 후기의 의학자 이제마(李濟馬)는 『동의수세보원(東醫壽世保元)』「의원론(醫源論)」에서 자신의 의학이 신농(神農)·황제(黃帝)·장중경(張仲景)·주굉(朱肱)·이고(李杲)·왕호고(王好古)·주진형(朱震亨)·위역림(危亦林)·이천(李梴)·공신(龔信)·허준(許浚)을 이었다고 하였는데, 그중에서도 장중경·주굉·허준을 첫째로 삼고 이천·공신이 그 다음이라 한 바 있다.[1)] 한편 이제마와 비슷한 시기의 19세기 조선 의학자 이규준(李圭晙)도 『동의보감』을 자신의 부양(扶陽) 의학론에 맞게 산

1) 『東醫壽世保元』「醫源論」 참조.

정(刪定)하고 간간히 자신의 의견을 삽입한 『의감중마』를 지은 바 있다. 이제마와 이규준 두 사람은 허준과 『동의보감』의 의학적 전통을 계승하여 자신들의 의학 이론을 정립하고자 한 것으로 보인다. 그런데 이제마와 이규준은 철저하게 당시 조선 유학의 심성수양의 전통을 수용하여 자신들의 의학 체계를 정립하고자 한 인물임을 상기할 필요가 있다. 그렇다면 유학적 의학 혹은 유학적 의학자를 일컫는 '유의'의 전통을 계승한 것으로 보이는 이들이 허준과 『동의보감』을 자신들의 의학적 연원으로 두고 있다는 점을 어떠한 관점에서 이해하여야 하는가?

우선 '동의'라는 맥락에서 이해할 수 있다. '동의'는 『동의보감』「집례(集例)」에 나오는 허준의 말에 잘 나타나 있는 것처럼 우리나라 실정에 맞는 의학 이론과 의료 체계의 구축이라는 의미가 담겨있다. 이제마의 『동의수세보원』이나 이규준의 『의감중마』 등에서 보듯 이들의 의학론도 '동의'라는 표현으로 집약할 수 있다. 한편으로 유학적 의학을 지향하는 이제마나 이규준이 『동의보감』을 의학적 연원으로 삼은 것은 의학 이론에만 국한된 것은 아니다. 그들은 『동의보감』이 적극적으로 수용하였던 원대(元代) 주진형(朱震亨) 등의 '유의' 의학에 주목한 것으로 추정한다. 이제마가 존심양성(存心養性)의 유가적 가치를 중시하면서 주진형이나 이천 등 '유의'에 연원을 두고 있음도 주목할 만하다. 이규준도 리기합체(理氣合體)와 심성일물(心性一物) 등을 주장하여 당시 성리학 심성논쟁을 갈무리함과 동시에 이를 기반으로 자신의 유학적 의학을 정립하고자 하였다. 한편으로 보면 조선시대 의학사는 유의 의학의 수용과 전개 그리고 '동의'로 표현되는 한국 유의의 성립과정이라 할 수도 있을 것이다. 또한 '동의'의 사상적 지향점은 '유의'에 있다고도 할 수 있다. 『동의보감』이 16세기~17세기에 중국의 유의 등의 의학 문헌과 도교(道敎) 내단서(內丹書) 및 심신수련 관련 문헌 등을 집대성하여 '동의'와 '유의'의 씨앗을 뿌려 상징적인 단초를 마련하였다고 한다면, 이제마나 이규준의 의학은 이를 계승하여 독창적인 '동의'를 이룸과 동시에 명실상부한 '유의'의 모습도 구현한 것으로 평가할 수 있다.[2)]

필자는 그러한 관점에서 '동의'와 '유의'의 근원인 『동의보감』의 유학적 함의에 대한 논의는 매우 중요하다고 생각한다. 일반적으로 『동의보감』의 사상적 · 의학적 배경을 논의한다면 주진형을 중심으로 금원(金元)시대 유의 의학, 김시습(金時習) · 정렴(鄭磏) · 정작(鄭碏) 등 조선 단학파(丹學派) 및 장백단(張伯端)을 위시한 백옥섬(白玉蟾, 1194~1229?) · 진치허(陳致虛) 등 중국 남종(南宗)계열의 내단 사상 등을 들 수 있을 것이다. 그리고 원대 이붕비(李鵬飛)의 『삼원연수참찬서(三元延壽參贊書)』나 명대 주권(朱權)의 『활인심법(活人心法)』 등을 대폭적으로 인용한 면도 간과할 수 없을 것이다.

그러나 기존의 학계에서 『동의보감』의 유의의 수용을 통하여 나타나는 유학적 성격보다는 도교 및 의학 이론적인 부분에 연구가 치중되어 왔다. 『동의보감』이 도교 내단 사상 특히 남종(南宗)의 영향을 강하게 받은 것에만 주목하고, 양생(養生)의 측면에서 유학적 특성들은 잘 나타

2) 성호준, 「조선 후기 石谷 李圭晙의 유학과 의학」, 『東洋哲學硏究』 60, 2009, 참조.

나지 않는다고 한다. 비록 주진형 등 금원대 유의의 영향을 강하게 받은 부분은 인정하고는 있지만, 유학적 내용 혹은 유의의 특성이 잘 나타나 있지 않는다고 주장하기도 한다. 그런데도 대부분의 학자는 『동의보감』을 유 · 불 · 도 삼교합일 혹은 삼교회통(三敎會通)의 정신을 바탕으로 하고 있다는 주장도 동시에 펼치고 있다. 본 글은 이러한 논란에 대한 해답을 찾고자 하는 것에서 시작한다. 『동의보감』에 나타나는 삼교회통 혹은 유학과 도교의 회통의 키워드는 무엇인지를 우선 논의하고자 한다. 이를 바탕으로 유학의 심성수양을 의학론으로 전이하여 전개하고자 한 '태극'과 '심'을 중심으로 유의 의학의 전개 추이와 양심(養心)과 양생(養生)의 지양(止揚)의 의미를 분석하여 『동의보감』의 유학적 함의를 풀어보고자 한다.

『동의보감』의 유학적 성격을 밝히기 위해서는 삼교합일, 삼교회통을 중심으로 하는 『동의보감』의 사상적 배경에 대한 이해가 필요하다. 그러나 『동의보감』에 나타나는 삼교합일의 의미, 삼교회통의 의미에 대해서는 연구자 간의 이견이 있는 듯하다. 『동의보감』의 어떠한 이론적 구조가 삼교회통의 내용인지에 대한 분석은 구체적이지 못한 듯하다. 단지 유학적 내용을 담은 구절이나 불교적 내용을 담은 구절 등이 있다는 것만을 통하여 삼교회통을 주장하기도 하고, 편찬에 참여한 인물들의 학문적 성향 분석을 통하여 삼교회통의 의미를 찾으려고 하는 시도도 있는 듯하다. 그러나 유학과 도교 그리고 불교가 어떠한 논리적 구성과 의학 이론의 토대 위에서 상호 회통하는가 하는 분석이 이루어지지 않는다면, 삼교합일 · 삼교회통이라 부르는 것 자체가 무리가 있다.

우선 『동의보감』의 도교적 성격은 「집례」에서 밝힌 것과 같이 '도본의말(道本醫末)' 에 잘 나타나 있다. 그리고 『동의보감』 「내경편(內景篇)」을 중심으로 도교 사상 가운데서도 특히 남파계통의 내단 사상의 영향이 두드러진다고 하는 것이 일반적이다. 아울러 『동의보감』에서는 도를 우주의 근원으로 보면서 한대(漢代)의 『역위(易緯)』 계통에 속하는 『건착도(乾鑿圖)』와 『건곤착도(乾坤鑿圖)』에 바탕 한 우주생성론을 수용하고 있다는 점을 『동의보감』의 도교적 성격으로 서술하였다.[3] 이러한 연구는 『동의보감』 「내경편」에서 인용한 여러 도교 내단 사상의 문헌을 분석한 것이다. 이러한 도교의 내단 사상을 중심으로 『동의보감』의 양생론을 이해하고 의학적 세계관을 분석하는 토대로 삼는 것은 「내경편」을 통해 보면 당연한 일이었을 것이다.

그러나 유학과 도교 그리고 의학의 관계에 대해서는 관점에 따라 차이가 있는 듯하다. 우선 허준의 가계(家系)와 생애에 대한 분석은 물론 편찬의 사회적 · 사상적 배경에 대한 분석을 시도한 연구가 있다. 『동의보감』 편찬 당시의 사회적 분위기와 학자들 간의 교유관계 및 사상적 성격 분석을 통하여 『동의보감』 편찬 과정에서 삼교회통 사상의 흐름을 주목하였다. 그러나 이러한 삼교회통의 사상이 어떻게 『동의보감』의 내용과 결부되고 전개되는 것인가에 대한 언급은 있지 않다. 물론 당시의 사대부(士大夫)들이 지녔던 수양(修養)과 양생에 대한 견해가 『동의보감』 편찬에 지대한 영향을 끼쳤다는 사실은 부인할 수 없다. 유학

---

3) 김낙필, 「동의보감의 도교적 성격」 『과학과 철학』 2, 1991.

과 도교가 어떠한 차원에서 『동의보감』에 회통되고 있는가에 대한 분석은 미미한 편이다.[4)]

이와는 달리 유학의 덕목 중 예(禮)를 중심으로 『동의보감』의 사상적 의미를 분석한 연구도 있다. 즉 사회를 구성하는 질서로의 예는 몸의 체계를 본뜬 것이며 반대로 몸은 사회의 질서를 본받는다는 이론적 토대 위에서 『동의보감』의 몸은 사회의 질서, 곧 예를 바탕으로 이루어져 있다 하고 도교를 기반으로 하는 전 근대 의학에 일반적인 것이며 유교를 포함한 일반적인 몸의 이해 방식이기도 했다고 한다. 그런데 도교를 중심으로 한몸 안의 질서를 다스림에 있어서 '염담허무(恬憺虛無)' 곧, 마음을 비우는 것을 우선으로 삼고 불가에서는 공(空)을 우선으로 삼고 유가에서는 '예' 를 우선으로 삼을 뿐이라고 하였다. 그런데 『동의보감』은 도교적 가치를 우선으로 하고 있으며 이런 점에서 마음을 강조하고 있다고 하였다. 그는 이러한 분석을 『동의보감』의 편찬이 유학의 인정(仁政) 차원에서 이루어진 것으로 설명하여 예로 유지되는 사회 질서를 강화하기 위한 것이라는 평가를 하기도 하였다.[5)]

그리고 『동의보감』의 유가적 성격을 이론 외적인 부분에서 중시한 연구도 있다. 유가의 관점에서 도교와 한의학을 아우르는 방식을 채택하고 있다고 하였고, 도교의 종교적인 관점을 배제하고 의학을 실용적

4) 金澔, 「동의보감 편찬의 역사적 배경과 의학론」, 서울대 박사 논문, 2000, p.85-p.106 참조.

5) 朴奭濬, 「동아시아 전근대 의학과 동의보감의 역사적 성격」, 경희대 박사 논문, 2005, p.74-p.75, p.90.

으로 이용하려는 사고에서 나왔다고 주장하였다. 이를 유가적 계몽주의라고 표현하였다. 『동의보감』은 보편적인 원리로부터 서술된 의학서가 아니라 실용적인 치료를 위한 백과전서라 하고 한의학을 중심으로 도교와 불교 이론을 포섭하고 있다고 하였다. 이를 유가적인 기획의 산물이라 하였고, 국가적 기획에 의해 편찬된 것임에서 잘 드러난다고 하였다.[6] 즉 인정(仁政)의 차원에서 기획된 것으로 유가의 계몽주의적 발상에 의하여 도교의 내단 사상이 접합되었다는 논리이며 『동의보감』이 일관된 체계를 갖춘 이념서가 아님도 강조하였다. 유의의 관점에서 본다면 의학 윤리인 의덕(醫德)과 유가적 국가 통치 차원에서 기획하고 편찬된 의학서가 유학의 심성수양서는 아닌 만큼 사상적 한계를 지닌 것은 어찌 보면 당연한 것일 수 있다.

그런데 위의 여러 연구 성과에서도 볼 수 있듯 삼교라고 하지만 실제로는 유학과 도교의 회통이라는 면으로 이해하는 것이 좋을 듯하다. 『동의보감』에 나타나는 불교의 내용이 극히 미미하기 때문이다. 「집례」에서 "인신(人身)의 안으로는 오장육부(五藏六府)가 있고, 밖으로는 근골 · 기육 · 혈맥 · 피부가 있어서 그 형체를 이룹니다. 정(精) · 기(氣) · 신(神)은 또 장부가 되고 백체(百體)의 주인이 됩니다. 그러므로 도가의 삼요(三要)와 석씨(釋氏)의 사대(四大)가 모두 이를 이르는 것입니다."[7]라고 하였고, 「내경편」「사대성형(四大成形)」의 부분에 나타난

6) 조남호, 「동의보감의 이론적 구조와 그 성격」, 『東方學志』 134, 연세대학교 국학연구원, 2006.

7) 『東醫寶鑑』「集例」"人身內有五藏六府 外有筋骨肌肉血脈皮膚 以成其形 而精氣神 又

'지(地) · 수(水) · 화(火) · 풍(風)이 화합하여 사람을 이룬다.' 고 하였는데 이 두 구절 이외에는 불교적 내용이 거의 있지 않고, 불교적 성격으로 볼 수 있는 내용도 찾기 힘들다. 일반적으로 삼교회통이라 할 수 있지만, 『동의보감』의 이론적 정합성을 표현한 부분이라 하기는 어렵고 『동의보감』의 사상적 배경 및 특성을 분석하는 데 혹 걸림돌이 될 수도 있다. 그러므로 삼교합일 혹은 삼교회통보다는 유학과 도교의 의학적 회통의 입장에서 『동의보감』을 이해하는 것이 타당하리라 생각한다.

「내경편」 서두에 있는 '형기지시' 의 부분을 보자.

> ○ 참동계주에서는" 형기가 갖추어지지 않을 때를 홍몽(鴻濛)이라 하고 형기가 이미 갖추어진 것을 혼륜(混淪)이라 한다. 주역에 "역(易)에는 태극이 있으니 이것이 양의(兩儀)를 낳는다." 라고 하였는데 여기서의 역이란 홍몽이요 태극은 혼륜이다. 건(乾)과 곤(坤)이라는 것은 태극이 변한 것인데 합하면 태극이요 나누면 건곤이라 한다. 그러므로 건곤을 합하여 혼륜이라 하고 건곤을 나누어 말하면 천지라고 한다.[8]

『참동계주』에 나타나는 홍몽과 혼륜을 주역의 역과 태극에 대응한 것인데, 역과 홍몽은 '무(無)' 에 속하는 존재의 근원이고, 태극과 혼륜

爲藏府 百體之主 故道家之三要 釋氏之四大 皆謂此也"

8) 『東醫寶鑑』「內景篇」'身形 – 形氣之始' "參同契註曰形氣未具曰鴻濛 具而未離曰混論 易曰易有太極 是生兩儀 易猶鴻濛也 太極猶混淪也 乾坤者太極之變也 合之爲太極 分之爲乾坤 故合乾坤而言之謂之混淪 分乾坤而言之謂之天地"

은 '유(有)' 에 속하나 원기(元氣)의 역할을 한다고 하였다. 이 구절은 천지만물의 생성과 질병의 상관관계에서 나온 대목으로 기화(氣化)를 중심으로 설명한 특징이 있다. 기화에 의한 만물생성의 원리는 「잡병편(雜病篇)」에서도 보인다. 『정리(正理)』를 인용한 구절에서 "천지의 처음에는 혼돈(混沌)·홍몽으로 청탁이 판별되지 않고 다만 일기(一氣)일 뿐이다. 지속되면 밖에서 돌던 것은 점점 가볍고 맑아지며 그 안에 엉키고 모였던 것은 점점 무겁고 흐려진다. 가볍고 맑은 기가 모여서 상(象)을 이루어 천(天)이 되고, 무겁고 흐린 기(氣)가 모여서 형(形)을 이루어 지(地)가 된다."[9]라고 하여 음양(陰陽) 이기(二氣)의 생성과정을 나타내고 있다.

그런데 『동의보감』에서 언급한 '태극' 은 주지하다시피 천지인에 관한 다양한 의미를 동시에 담고 있다는 점을 주목할 필요가 있다. 『동의보감』에서 '태극' 을 통하여 모든 존재와 가치의 근원을 설명하는 것은 물론, 사람의 정서적·생리적 변화를 설명하고자 한다. 정자(程子)를 인용하였다는 「내경편」을 보면

> 혹자가 "천일생수(天一生水) 또한 징험할 수 있는가?" 라고 물으니 "사람의 한몸에서 징험할 수 있다." 고 하였다. 탐심(貪心)이 움직이면 진액(津液)이 생기고, 애심(哀心)이 움직이면 눈물이 흐르며 괴심(愧心)이 움직이면 땀

9) 『東醫寶鑑』「雜病篇」'天地運氣 - 天地之形' "天地之初 混沌鴻濛 淸濁未判 但一氣耳 及其久也 運轉於外者 漸漸輕淸 其凝聚於中者 漸漸重濁 輕淸者積氣成象而爲天 重濁者積氣成形而爲地"

이 나고, 욕심(慾心)이 움직이면 정(精)이 생긴다. 바야흐로 인심(人心)이 적연부동(寂然不動)한 때이면 곧 태극이다. 이 심이 움직이면 태극이 동하여 양을 생하니 심이 한번 동하여 수를 생한 것으로 곧 천일생수의 증거로 삼을 만하다.[10)]

라고 하였다. 이는 '천일생수'를 설명하는 과정에서 태극과 심의 관계와 탐심·애심·괴심·욕심 등을 들어 생리적 변화를 설명하는 형식을 취하고 있다. 이는 심의 움직임에 따라 일신(一身)의 변화가 수반된다는 내용이다. 비록 정자의 말이지만 다분히 내단 사상의 흐름과 일치하는 대목이다.

그런데 이 구절에서 나오는 생리적 음양 변화를 설명하는 '태극'에 주목할 필요가 있다. 필자는 도교와 유학이 의학적으로 회통할 수 있는 근거가 '태극'에 있다고 생각한다. 우선 진단(陳摶) 이래 내단 사상의 흐름에서는 만물이 태극에서 분화되어 나오는 과정과 그 과정을 소급하여 태극에 이르는 과정을 순추공부(順推工夫)와 역추공부(逆推工夫)라 하여 내단 공부를 설명하는 것이 일반적이었다. 『동의보감』 발간 전후의 인물인 조선 단학파 정렴의 견해도 이와 다르지 않다.[11)] 그리고 이를 『도덕경』의 "도생일(道生一) 일생이(一生二) 이생삼(二生三) 삼생만

---

10) 『東醫寶鑑』「內景篇」'津液 - 積氣生液' "或問曰天一生水亦有可驗乎 曰人之一身可驗矣 貪心動則津生 哀心動則淚生 愧心動則汗生 慾心動則精生 方人心寂然不動之時則太極也 此心之動則太極動而生陽所以心一動而水生 卽可以爲天一生水之證也"

11) 『龍虎秘訣』"蓋一生兩 兩生四 四生八 以至於六十四 分以爲萬事者 人道也(順推工夫) 疊足端坐 垂簾塞兌 收拾萬事之紛擾 歸於一無之太極者 仙道也(逆推工夫), 참조.

물(三生萬物)" 이나 『주역』 「계사(繫辭)」의 '태극-양의-사상-팔괘-만물' 등의 생성 구조와 연관하여 설명하는 것이 내단의 특징이기도 하다. 이러한 도교의 '태극' 을 수용하여 유가 만물생성론과 이와 일관하는 심성수양론의 단초를 제시한 주돈이(周敦頤)의 「태극도설」과 연관하여 살펴볼 필요가 있다. 유의와 『동의보감』은 물론 도교 내단 학자들의 고심도 여기에 있는 듯하다. '태극' 을 통하여 만물생성과 심성의 일관된 형이상학적 가치를 찾고 심성수양의 근거를 확보하려는 유가적 지향과 생명의 우주론적 근거와 양생의 의미를 찾고자 하는 내단의 관심이 결코 이율배반적인 것은 아니다.

한편으로 『동의보감』의 주요 인용 문헌인 내단 남종의 제창자 백옥섬도 자신의 이론을 강화하기 위하여 성리학을 끌어들였고, 주돈이의 「태극도설」을 본뜨고 새롭게 해석하여 '진단' 으로 돌아갔으며, 우주생성론을 기본적인 이론으로 삼았고 그것은 그의 「무극도설」에 잘 반영되어 있다고 한다.[12] 백옥섬과 유사한 경우를 유의 주진형을 통해서 확인할 수 있다. 주진형은 『격치여론(格致餘論)』에서 주돈이의 「태극도설」을 의학적으로 재구성하여 자신 의학의 자음(滋陰) 이론의 논거를 제시하였다. 그런데 내단 남종 계통의 백옥섬과 유의 주진형은 『동의보감』의 이론적 구성에서 가장 중요한 역할을 하였다는 점을 상기한다면, 주돈이의 「태극도설」을 통하여 도교와 유학이 『동의보감』의 의학적 구성을 통하여 회통하고 있다고 할 수 있다. 유학과 도교 그리고 의학의

12) 이원국(김낙필 외 옮김), 『내단 심신수련의 역사2』, 성균관대학교 출판부, 2006, p.102.

관계를 잘 설명한 이가 허준과 거의 동시대 인물인 명대의 유의 장개빈(張介賓)이다. 그는 "대저 성명(性命)의 도는 태극에 근본하고 만수(萬殊)에 흩어진다. …… 조화는 성명의 화로이며 도학이라는 것은 성명의 기준이며 의약이라는 것은 성명의 찬육(贊育)이다."[13]라고 하였는데, 성명 즉 생명의 관점에서 도교(조화)와 유학(도학) 그리고 의학의 각각 역할에 대하여 언급한 내용이다. 유의의 입장에서 유학과 도교 그리고 의학의 상관관계를 정리한 것으로 주진형과 『동의보감』의 입장과 큰 차이가 없는 것으로 보인다.

2. 태극(太極)과 심(心)의 의학적 전개

『동의보감』의 사상적 성격을 논의함에 있어 유의의 영향 특히 주진형이나 그를 이은 유의들 영향은 매우 중요한 부분이라 하였다. 그러한 주진형과 『동의보감』 의학에서는 주돈이의 「태극도설」을 매개로 하여 도교와 유학을 의학 체계 안에서 회통하는 구조를 형성하려고 하였다. 이를 구체적으로 논의해보고자 한다. 우선 『동의보감』에서 인용한 주진형의 『격치여론』을 보면 상화(相火)에 대한 내용이 있다.

13) 『景岳全書』 권3 「醫學非小道記」 "夫性命之道 本乎太極 散于萬殊 … 造化者 性命之爐冶也 道學者 性命之繩墨也 醫藥者 性命之贊育也 然而其義深 其旨博 故不有出人之智"

상화란 쉽게 일어나니 오성(五性)의 궐양지화(厥陽之火)가 서로 선동하며 망동(妄動)한다. 화가 망령됨에서 일어나면 변화를 예측할 수 없고 있지 않는 때가 없어 진음(眞陰)을 타게 한다. 음이 허해지면 병이 나고 음이 끊어지면 죽는다.[14)]

이는 음이 부족하면 생명 활동이 위축되니 그 음을 자양(滋養)하여야 한다는 뜻이다. 그런데 오성의 궐양지화는 무엇을 뜻하는 것인가? 주진형의 『격치여론』을 보면 뜻이 분명해진다. 우선

주자(周子)가 "신(神)에서 지각이 발하는데, 오성이 감물(感物)하여 만사가 나온다."고 하였는데, 지각이 있은 연후에 다섯 가지의 성이 물에 의하여 감응하는 바가 되어 능히 동하지 않음이 없으니 동이라 한 것은 곧 『황제내경』에서 말하는 오화(五火)이다.[15)]

고 하였다. 「태극도설」의 원문과 차이 나는 구절이 있다. 「태극도설」의 원문에서는 "신에서 지각이 발하는데, 오성이 감동(感動)하여 선악이 나누어지고 만사가 나온다(神發知矣 五性感動而善惡分 萬事出矣)."는 구절이다. 앞의 주진형의 말과는 '감물'과 '감동'의 차이가 있고, '선악

14) 『東醫寶鑑』「雜病篇」'火 - 火爲元氣之賊' "相火易起 五性厥陽之火相扇 則妄動矣 火起於妄 變化莫測 無時不有 煎熬眞陰 陰虛則病 陰絶則死"

15) 『格致餘論』「相火論」"周子曰 神發知矣 五性感物而萬事出 有知之後 五者之性 爲物所感 不能不動 謂之動者 卽內經五火也"

이 나누어진다.' 는 구절이 생략되었다. '선악이 나누어진다.' 는 말이 생략된 것은 『격치여론』이 성리서가 아니니 거기에 대한 구체적인 논의가 이루어질 수 없을 것이므로 충분히 이해할 수 있는 대목이다. 그렇다면 '감물' 과 '감동' 의 차이는 무엇인가? '감동' 은 자율적이며 주체적인 의미가 있는 듯하며 '감물' 은 물과의 교감을 뜻하는 것으로 이해할 수 있다. 그러나 주희의 주석을 살펴보면 "형체는 음에서 생기고 신은 양에서 발한다. 오상(五常)의 성이 감물하여 동하여 양은 선이 되고 음은 악이 된다. 또 분류를 나누어서 오성의 다름이 흩어져 만사가 된다."[16]고 되어 있다. 위에서 천지인 삼재에 참예할 수 있음을 말한 것과 같이 인간의 자율적인 의지가 작용하는 과정을 통하여 선악과 만사의 구분이 생겨난다는 뜻으로 이해할 수 있다. 이어 오성이 오장이라는 기질(氣質)을 통하여 작용한다는 것이다. 이는 순수 본연한 성품이 기질을 통하여 외물과 접한다는 점을 설명한 것으로 『중용(中庸)』의 중화(中和)의 원리 즉 "희로애락(喜怒哀樂)이 발하지 않은 상태를 중이라 하고, 발하여 절도에 맞는 것으로 화라고 한다."[17]라고 한 구절과 연관해 볼 수 있다.

그런데 생명 활동이 유지되는 것은 모두 '화' 의 역할이라고 한다. 『내경』의 오화는 본연한 심에서 오장을 통하여 현실에 나타나는 것을 말한 것이다. 그런데 『동의보감』과 주진형은 화를 두 가지로 나누어 설

---

16) 『性理大全』「太極圖說」朱子解 "形生於陰 神發於陽 五常之性 感物而動 而陽善 陰惡 又以類分 而五性之殊 散爲萬事"

17) 『中庸章句』1장 "喜怒哀樂之未發 謂之中 發而皆中節 謂之和"

명한다. (『격치여론』의 내용은 『동의보감』에서 인용하지 않은 앞의 구절이 있다.)

> 오행에는 각각 한 가지 성이 있는데, 오직 화에는 둘이 있어 군화 · 인화라 하고, 상화 · 천화라고 한다. 화는 안으로 음이고 밖으로는 양으로 동을 주로 한다. 그러므로 무릇 동하는 것은 모두 화에 속한다.[18)]
>
> 이름으로 말하면 형과 기가 상생하여 오행에 배속된다. 그러므로 군이라 한다. 위치로 말하면 허무(虛無)에서 나와 자리를 지키고 명(命)을 품부 받아 그 동하는 것을 인하여 볼 수 있다. 그러므로 상이라 한다. 천이 만물의 생함을 주관하여 항상 동하는데, 사람 또한 이러한 생함이 있어 항상 동한다. 항상 동하는 까닭은 모두 상화가 하는 것이다.[19)]

위의 구절에서 말하는 군화와 상화는 모두 생명 현상의 본원과 관련되어 있으나 군화가 보이지 않는 내면으로부터 밖으로 형체를 열어 외부의 기운을 받아들이려고 하는 개방적인 양의 성격을 가지고 있다면, 상화는 표면적으로 드러나는 형질에 담긴 기혈(氣血)을 태우지만, 궁극

18) 『格致餘論』「相火論」"太極動而生陽 靜而生陰 陽動而變 陰靜而合 而生水火木金土 各一其性 惟火有二 曰君火人火也 曰相火天火也 火內陰而外陽 主乎動者也 故凡動皆屬火"

19) 『東醫寶鑑』「雜病篇」'火 - 火有君相之二' "五行各一其性 惟火有二 曰君火人火也 曰相火天火也 火內陰而外陽 主乎動者也 以名而言 形質相生 配於五行 故謂之君 以位而言 生於虛無 守位稟命 因其動而可見 故謂之相 天主生物 故恒於動 人有此生 亦恒於動 其所以恒於動者 皆相火之所爲也"

적으로는 안으로 정(精)을 끊임없이 갈무리함으로써 자신의 생명을 유지하려는 음의 성질을 가지는 것이 양자의 차이라 주장하기도 한다.[20] 그런데 주진형의 『격치여론』「상화론」의 첫머리에서는 『동의보감』의 내용과 거의 유사한데, 다만 "태극이 동(動)하여 양을 낳고, 정(靜)하여 음을 낳으며 양이 동하여 변하고 음이 정하여 합한다."[21]라는 구절이 위의 인용문 앞에 기술되어 있다. 이는 주진형이 군화 · 상화에 대한 태극의 역할과 의미를 보다 강조한 면이 있다.

그런데 주진형은 상화는 망동한다고 하는 것이다. 주진형과 『동의보감』에서는 상화의 망동을 유학의 심성수양으로 제어하고자 한 특징이 있다. 우선 망동이란 무엇인가? 주진형을 인용한 『동의보감』의 논의를 보면

> 그것들은 위와 연계되어 심에 속한다. 심은 군화이며 물에 감응하면 쉽게 동하고 심이 동하면 상화 또한 동하고 동하면 정(액)이 저절로 나온다. 상화가 흡연히 일어나면 비록 성교하지 않더라도 모르는 사이에 흘러서 소설(疎泄)된다. 성인이 사람을 가르치기를 수심(收心) · 양심(養心)으로 한 까닭이니 그 뜻이 깊다.[22]

---

20) 白裕相, 「陳無擇의 君火論과 朱丹溪의 相火論 比較 考察」, 『大韓韓醫學原典學會誌』 19-3, 2006, p.387.

21) 『格致餘論』「相火論」"太極 動而生陽 靜而生陰 陽動而變 陰靜而合"

22) 『東醫寶鑑』「內景篇」'精 - 遺泄精屬心' "其系上屬於心 心君火也 爲物所感 則易動心 動則相火亦動 動則精自走相火 翕然而起 雖不交會亦暗流而疎泄矣 所以聖人只是教人收心養心 其旨微矣"

색욕에 있어 정(정액)이 흘러나오는 문제를 지적한 것으로 망동을 일으키는 것은 군화가 아니라 상화의 부분으로 보인다. 주진형은 이를 맹자의 수심 · 양심의 관점으로 풀어보고자 한 것으로 보인다. 그는 「상화론」에서 "저 오장 화의 동이 모두 중절한다면 상화는 오직 조화를 돕고도와 생생불식(生生不息)의 운용(運用)으로 삼을 따름이니 어떠한 적이 있겠는가?"[23]라 중절의 차원에서 풀이하고도 있다. 그리고 이를 『내경』의 염담허무(恬憺虛無)와 연관을 짓는다. 『동의보감』에서 주진형을 인용한 구절을 보자.

> 유자(儒者)가 가르침을 세워 '정심 · 수심 · 양심하라' 고 말하였는데, 모두 이 화가 망령됨에서 동하는 것을 대비하라는 것이다. 의자(醫者)가 가르침을 세워 '염담허무하면 정(精) · 신(神)이 안으로 지켜지니' 라고 말하였는데, 또한 이 화가 망령됨에서 동하는 것을 막으라는 것이다.[24]

주진형과 『동의보감』은 유학의 수양 전통과 『내경』의 양생의 흐름을 상통하는 것으로 이해하고 있다. 또한 화의 망동을 도교나 주돈이의 주정(主靜)의 수양법으로 이해하기도 하는데, 위의 인용문과 배치되는 것은 아니다. 『동의보감』에서 이천의 『의학입문』을 인용한 구절에서 보

---

23) 『格致餘論』「相火論」"彼五火之動 皆中節 相火 惟有裨補造化 以爲生生不息之運用耳 何賊之有"

24) 『東醫寶鑑』「雜病篇」'火 – 制火有方' "儒者立教曰 正心收心養心 皆所以防此火之動於妄也 醫者立教曰 恬澹虛無精神內守 亦所以遏此火之動於妄也"(『格致餘論』「房中補益論」)

면 "화가 망동하지 않으려면, 동은 심에서 말미암는데, 정 한 자로 심의 화를 끄는 것은 수이다. ○ 신이 정하면 심화가 저절로 내려가고, 욕을 끊으면 신수(腎水)가 저절로 올라간다."[25]라고 하였다.

위의 내용 등을 통해 『동의보감』과 주진형은 주돈이의 심성수양 등 유학의 심성수양 전통을 의학적으로 전이하는 근거를 확보한 것으로 보인다. 주진형이

> 상화는 원기의 적이다. 주자(周子)가 또 이르기를 "성인(聖人)은 중정인의(中正仁義)로써 정(定)하고, 주정(主靜)한다."라고 하였다. 주자(朱子)가 이르기를 "인심은 반드시 도심이 일신의 주인이 되어야 하고, 인심은 항상 매번 도심으로부터 명령을 들어야 한다."라고 하였다. 이는 화에 잘 처한 것이다. 인심은 매번 도심의 명을 듣고 또 능히 정(靜)함을 주로 하여야 한다.[26]

라고 하였는데, '중 · 정 · 인 · 의' 란 절도에 맞고 올바르며 어질고 의로운 것을 뜻이며 모두 '동' 의 과정에서 일어나는 부분으로 주돈이의 '주정' 을 통하여 안정하고자 한 뜻이 있다. 그리고 주희의 인심-도심의 관계를 상화-군화의 관계로 전환한 것은 의학-도교의 양생론적인 언어를 유학적 수양의 개념을 전개하고자 하는 목적이 있다. 유의들의

---

25) 『東醫寶鑑』「雜病篇」'火 - 制火有方' "火不妄動 動由於心 靜之一字其心中之水乎 ○神靜則心火自降 慾斷則腎水自升"

26) 『格致餘論』「相火論」"相火 元氣之賊 周子又曰 聖人 定之以中正仁義 而主靜 朱子曰 必使道心 常爲一身之主 而人心 每聽命焉. 此善處乎火者 而又能主之以靜"

유학적 지향을 의학-도교의 입장에서 보면 적절하지 않은 면이 있을 수도 있다. 그러나 금원대 이후 유의들의 특성은 장부생리를 중시하고 병의 내인(內因)을 중시하는 것이었다. 유학의 심성수양 전통을 어떠한 방식으로 의학적으로 전이할 것인가를 고민한 성과물이라는 데 의미가 있고, 그 중심에는 '태극'과 '심'이 있었다. 주돈이의 '태극'을 근거로 하여 심·신의 관계를 설정하고 유학의 심성수양을 의학적 논의로 전환하고자 한 것으로 볼 수 있다.

한편 『동의보감』의 주요한 사상적 배경인 내단 남종에서도 유의의 성향과도 크게 다르지 않은 시각을 갖고 있었다. 남종의 백옥섬은 주돈이는 물론 주희에 대해서도 매우 호의적인 입장이다. 특히 주희에 대한 존경과 그리움의 감정을 매우 깊고 간절하게 표하기도 하였고, 사문(斯文)이라고 표현하여 자신의 단학과 유학이 둘이 아님을 표명하였다.[27] 백옥섬의 주장은 성명(性命)에 대한 언설에서 잘 나타나 있다. 그는

> 명(命)은 형체로 인하여 존재하고, 성은 형체가 있고 난 이후에 머무를 수 있다. 오장의 신이 명이 되고, 칠정(七情)이 연결된다. (이것은) 나의 공변된 도를 해치지 않음이 없다. 천에서 한 번 받은 것은 성(性)이 되고, 공변된 도가 연결된다. 그러므로 성은 천과 도를 같이하고 명은 사람과 욕을 같이 한다.[28]

27) 李遠國(김낙필 외 옮김), 『내단 심신수련의 역사2』, 성균관대학교 출판부, 2006, p.107, 참조.

28) 白玉蟾·朱逸輝, 『白玉蟾全集校注本』, 海南出版社, 2004, 권1 「性命日月論」, p.115

라고 하였다. 성명의 관계를 천과 인의 관계로 설명하고, 이를 도와 욕의 문제로 전환하여 해석하고 있다. 이러한 구조는 천리(天理)와 인욕(人欲), 인심과 도심, 성(性)과 정(情)으로 대별하는 성리학과 유사한 면이라 할 수 있다. 그러므로 그는 "그러므로 능히 감괘(坎卦)의 천리로 이루어진 양으로써 리괘(離卦)의 인욕의 음을 점검하여 깨부순다. 이를 극기복례(克己復禮)라 이른다. …… 근본으로 돌아가는 것을 정(靜)이라 하고 정한 것을 명을 회복한다고 한다. 궁리진성(窮理盡性: 이치를 궁구하여 성을 다한다)하여 명에 이르면 곧 성명의 도를 이루게 된다."[29]라고 하여 천리와 인욕의 문제를 단학의 성명으로 문제로 전환하여 이해하고 있다. 백옥섬의 주장은 주돈이의 「태극도설」의 '주정' 이나 주희의 심의 성정의 문제와 연계되어 있고, 이는 또한 주진형의 「상화론」의 논조와 유학적 기조를 공유하고 있다고 할 수 있다. 물론 인욕의 부분에서 상화의 망동을 자음 혹은 양음으로 제어하자는 주진형의 주장과 백옥섬의 천리의 양과 인욕의 음의 부분은 비교 검토할 부분은 있다. 그럼에도 주돈이 · 주희 등의 '주정' 을 비롯한 천리 · 인욕, 도심 · 인심의 부분을 양심(養心) 및 양생의 측면으로 분석한 것은 주목할 만한 부분이다. 이는 『동의보감』에서 주진형을 비롯한 유의와 백옥섬의 내단 남종계의 사상적 지향이 유학과 도교를 의학적으로 회통할 수 있는 근거이

"命者因形而有 性則寓乎有形之後 五藏之神爲命 七情之所系也 莫不有害乎吾之公道 一受于天爲性 公道之所系焉 故性與天同道 命與人同欲"

29) 白玉蟾 · 朱逸輝, 『白玉蟾全集校注本』, 海南出版社, 2004, 권1 「性命日月論」, p.116 "故能以坎中天理之陽 点破離中人欲之陰 是謂克己復禮 … 歸根曰靜 靜曰復命 窮理盡性而至于命 則性命之道畢矣"

며 상호 모순적인 것이 아님을 확인할 수 있고, 그 이면에는 '태극'과 '심'에 대한 공통의 이해가 있었다.

3. 양심(養心)과 양생(養生)의 조화

유의의 '태극'과 '심'에 대한 이해와 유학적 기반을 가진 남종계의 내단 사상을 수용한 『동의보감』은 양심과 양생을 지양할 수 있는 이론적 기반을 확보한 것으로 보인다. 이러한 논거는 『동의보감』 등을 바탕으로 저술한 『이양편(二養篇)』[30]에서 확인할 수 있다. 저자 조탁(曺倬, 1552~1621)은 "심(心)과 생(生)의 기름은 나에게 있지 않을 수 없다. 합해서 말한다면 양심이 곧 양생이니 비록 하나의 양이라 일러도 가하나 나누어 말한다면 함양(涵養 - 양심)·섭양(攝養 - 양생)에서 각각 입언(立言)것이 다르니 부득불 이양이라 이른다."[31]라고 하여 이양의 의미를 밝히고 있다. 특이한 점은 양생의 문제를 조탁은 효(孝)와 연관하여 설명하는 것이다. 그는 "심을 진실로 능히 기를 수 없다면 천지가 부여한 나의 본래의 성을 잃어버릴 것이고, 생을 진실로 기를 수 없다면 부모가 낳고 기른 남겨준 몸을 상하게 하는 것이다. …… 사람과 자식의

30) 『동의보감』이 간행된 1613년 이후 간행된 것으로 추정.(金侖壽, 「東國傳道秘記와 海東傳道錄」, 『韓國道敎의 現代的 照明』, 亞細亞文化社, 1992, 참조)

31) 『二養篇』「序」"心與生之養 莫非在我 合而言之 則養心卽養生 雖謂之一養可也 分而言之 則涵養攝養立言各異 不得不謂之二養也"

도리를 다하고자 한다면 양심과 양생의 공부에 마땅히 나아가서 이중에서 하나라도 빠져서는 안 된다."[32]고 하였다. 이러한 경향은 인 · 효(仁 · 孝)를 중심으로 의학의 존립 이유를 설명하고자 하는 유의의 전통과 상통한다.

『동의보감』에서도 '인 · 효'를 내세우지는 않지만, 양심과 양생을 일관된 것으로 이해하여 논의를 전개하고 있다. 『동의보감』에서 양심과 양생을 이어주는 매개체는 무엇인가? 그것은 심의 형신합일(形神合一)적 이해에서 찾을 수 있다.

『동의보감』에서는 주진형을 이은 명대의 유의 이천의 심에 대한 주장을 수용하였다. 우선 이천은 심에 대해 다음과 같이 말하였다.

> 심은 일신의 주인이요 군주지관(君主之官)이다. 혈육의 심이 있으니 형체가 아직 피지 못한 연꽃과 같고 폐의 아래와 간의 위에 거처한 것이 바로 심이다. 신명(神明)의 심이 있으니 신은 기혈(氣血)을 화생시키는 근본이다. 만물이 심으로 말미암아 성장하고 색상(色象)을 드러내지 않으니 어디에 있다고 말할 수 있는가? 어디에 없다고 말해도 다시 존재하니 만사와 만물을 주재하여 허령불매(虛靈不昧)한 것이 심이나 형과 신은 또한 항상 서로 원인이 된다.[33]

---

32) 『二養編』「序」"心苟不能養 則失天地賦予之良性 生苟不能養則傷父母生育之遺體 … 欲盡爲人爲子之道 則養心養生工夫 所當進而不可缺於一於是"

33) 『醫學入門』 권1 「臟腑 · 臟腑條分」"心者一身之主 君主之官 有血肉之心 形如未開蓮花 居肺下肝上是也 有神明之心 神者氣血所化生之本也 萬物由之盛長 不著色象 謂有何有 謂無復存 主宰萬事萬物 虛靈不昧者是也 然形神亦恒相因"

위의 구절에서 이천은 일신의 주재인 심에 초점을 두고 서술하였다. 이천은 심의 형기적인 측면인 혈육지심과 정신적인 영역인 신명지심의 측면으로 나누었으나, 형과 신이 서로 상보 · 상인(相因)의 구조임을 말하고 있다. 즉 심은 하나이지만, 두 측면이 있음을 말함으로써 형신합일의 근거를 찾고자 한 것이다.[34)]

『동의보감』에서도 이러한 구분을 수용하여 혈육지심과 신명지심으로 구분하여 사용하나 실은 하나라는 점을 강조하였다. 『동의보감』에서 『의학입문』을 인용한 구절에서 "오장의 줄이 심과 통해 있어서 심이 오장과 통하게 된다. 심의 줄이 오장의 줄과 서로 연결되는 까닭에 오장이 병이 든다면 심이 먼저 병들게 된다."[35)]고 하여 심이 오장 중에서 주도적인 위치이고, 인체의 중심이라고 하였고, 이를 통하여 오장과 통하는 구조를 지닌다 하였다. 또한 심의 형상에 대해서는 북두칠성에 비유한 바 있다. 즉 "심에는 일곱 개의 구멍과 털이 세 가닥이 있다. 일곱 구멍은 북두칠성과 상응하고, 세 가닥의 털은 삼태성(三台星)에 상응하기 때문에 심이 지극히 성(誠)하면 천이 응하지 않음이 없다."[36)]라고 하였다. 이 구절에서 보면 심의 형 · 신(形 · 神) 양 측면에서 천지자연과 소통하는 구조로 되어 있음을 알 수 있다. 심은 형기를 가진 혈육지심만은

---

34) 성호준, 「明代 儒醫 李梴의 道敎이해」, 『大韓韓醫學原典學會誌』 26-4, 2013, p.288, 참조.

35) 『東醫寶鑑』 「內景篇」 '心臟 – 心部位' "五藏系通於心 心通五藏系 心之系與五藏之系相連 故五藏有病 先干於心"

36) 『東醫寶鑑』 「內景篇」 '心臟 – 心形象' "心有七孔三毛 七孔以應北斗七星 三毛以應三台 故心至誠 則天無不應也"

아니다. 심장신(心藏神)의 관점으로 신명지심을 설명한다. 즉 "심장신은 일신의 군주가 되어 칠정을 통섭하고 온갖 기미에 대응한다. 칠정은 희 · 노 · 우 · 사 · 비 · 경 · 공이다. 혼 · 신 · 의 · 백 · 지는 모두 신이 주관하기 때문에 또한 모두 신이라고 한다."[37]라고 하여 신명지심이 일신의 군주임을 설명하고 모든 정서적인 부분을 통섭하는 것을 심이라 하였다. 또한 『활인심법』을 인용한 구절에서는

> 심이라는 것은 신명의 집이니 가운데가 비고 한 치에 불과하나 신명이 거한다. 사물의 원활함은 어지러움을 다스리고 놀라고 어려운 것을 잘 건너기도 한다. 혹 두려워하거나 혹 징계도 하며 혹 기뻐하거나 노하고 혹 사려하기도 하니 하루 사이나 한 각의 사이에서도 몇 치의 불꽃으로 불타오르는 것 같다.[38]

라고 하여 외물과의 접촉에 의한 정서적인 부분을 설명하는 구조이다. 물론 『동의보감』에서 말하는 칠정은 생리 · 병리적 측면에서 논의한 것이고, 유학의 칠정은 도덕적 측면을 강조한 면이 있다. 그런데 심신 안에 별개의 칠정이 있는 것은 아니다. 심(마음)은 신(몸)을 통하여 발현을 하고, 신은 심을 통하여 성찰할 수 있다. 신을 통하여 사람, 사물, 사

---

37) 『東醫寶鑑』「內景篇」'神 – 神統七情傷則爲病' "心藏神 爲一身君主 統攝七情 酬酢萬機 七情者喜怒憂思悲驚恐也 又魂神意魄志 以爲神主 故亦皆名神也"

38) 『東醫寶鑑』「內景篇」'神 – 心藏神' "心者神明之舍 中虛不過徑寸 而神明居焉 事物之滑 如理亂棼 如涉驚浸 或怵惕 或懲創 或喜怒或思慮 一日之間一時之頃 徑寸之地 炎如火矣"

상(事象)을 접하는데, 그 과정에서 발현의 근거인 심에서 찾아 중절(中節)을 도모하는 것이 유학과 의학의 공동의 지향점이다.

심의 형신합일적 이해를 바탕으로 하여 『동의보감』에서는 양심 · 양생의 간극을 지양하고자 한 것으로 보인다. 그 과정에서 자주 인용된 책이 『삼원연수참찬서』와 『활인심서』라 할 수 있다. 『삼원연수참찬서(이하 연수서)』의 '참찬' 은 『중용』의 '찬화육참천지(贊化育參天地)' 에서 비롯되었고, 삼원이란 천 · 지 · 인을 뜻한다. 『연수서』의 내용은 색욕, 기거, 음식, 도인, 음덕(蔭德) 등의 일상적인 양생의 부분을 다루고 있다. 이는 이천이 『의학입문』에서 주장하는 양생과도 통하는 부분이며 『황제내경』의 "음식에 절도가 있고, 기거가 일정함이 있으며, 망령되게 수고롭게 하지 않으면 정과 신이 안에서 지켜지니 병이 어디서 오겠는가? 그러므로 능히 천수를 다하고 백세를 헤아리고 이에 떠나는 것이다."[39]라고 한 양생법과 큰 차이가 없는 것이다. 『연수서』를 인용한 부분으로 보면

> 혜강(嵇康)이 말하기를 "양성(養性)에는 다섯 가지 어려움이 있으니 명리를 떠날 수 없음이 하나요, 희로(喜怒)가 제거되지 못함이 둘이요, 성색(聲色)을 떠날 수 없음이 셋이요, 자미(滋味)를 끊지 못함이 넷이요, 신이 허해져 정이 흩어짐이 다섯이다."라고 하였다. 다섯 가지가 흉중에 없다면 진실로 순해져 날로 오르고 도덕이 날로 온전해져 선을 바라지 않아도 복이 있

---

39) 『黃帝內經 · 素問』「上古天眞論」"食飮有節 起居有常 不妄作勞 故能形與神俱 而盡終其天年 度百歲乃去"

고, 장수를 구하지 않아도 스스로 조절되니 이것이 양생의 큰 뜻이다.[40)]

라고 하였다. 혜강의 다섯 가지 어려움의 문제는 양성(양심)과 양생의 관계를 잘 언급한 것으로 『연수서』의 성격을 보여주고 있다. 양생을 통한 양성을 지향하는 점은 『동의보감』의 성격과 통하는 부분이다. 아울러 『연수서』에서는 도심과 인심, 천리와 인욕의 문제를 음과 양의 관계로 다룬 글도 있다. "음은 인욕이고, 양은 천리이다. 이치로써 욕을 제어하면 이때에 양이 자라고 음은 줄어드나 희미하게 회복되는 것이 근심된다. …… 도심이 없어지고 인욕이 이기는 것은 곧 보름에서 그믐까지의 달이다. 인욕이 다하여 천리로 돌아오는 것은 초하루에서 보름까지의 달이다."[41)]라고 하여 음양을 인욕과 천리, 인심과 도심 등의 유가적 표현으로 설명한 구절이 있는데, 백옥섬의 글과 유사한 면이 있다.

『연수서』에 비하여 심·신(心·神)을 통한 양심과 양생을 구체적으로 표현한 인용서는 『활인심법』이다. 형신의 관계에 대하여 인용하여 말하기를

대저 유라는 것은 무로 인하여 생하는 것이고 형이라는 것은 반드시 신으로서 확립되어야 하니, 유란 무의 집이고 형이란 신의 집이다. 집을 온전하

---

40) 『東醫寶鑑』「內景篇」'身形 - 攝養要訣' "嵇康曰 養性有五難 名利不去爲一難 喜怒不除爲二難 聲色不去爲三難 滋味不絶爲四難 神虛精散爲五難 五者無於胸中 則信順日躋 道德日全 不祈善而有福 不求壽而自延 此養生之大旨也"

41) 『三元延壽參贊書』 권4 "陰人慾也 陽天理也 以理制慾 於是陽長陰消 患迷復耳 … 道心泯而人心勝 則自望至晦之月也 人慾盡而天理還 則自旦至望之月也"

게 하여 안전하게 살게 하지 않고 신(몸)을 닦아서 신(마음)을 기르지 않으면 곧 기가 흩어져 공으로 돌아가고 유혼(遊魂)의 변이 생기니, 초에 견주어 보면 초가 다하면 촛불이 있을 수 없고 제방에 비유해 보면 제방이 무너진다면 물이 모일 수 없다.[42]

라고 하였다. 형과 신 즉 심신의 관계를 유와 무, 초와 촛블, 제방과 물의 관계로 비유하여 양생의 중요성을 설파하였다. 그런데 주권의 『활인심법』을 보면

'심은 신의 주가 되고, 동정은 심을 좇는다.' 고 하였다. 심은 화의 근본이 되기도 하고 도종(道宗)이 되기도 한다. 정하면 심군(心君)이 태연하고 백맥이 편안하고 고요해진다. 동하면 혈기가 혼란하여 백병이 서로 공격한다. 그러므로 성이 정하면 정(情)은 편안하고, 심이 동하면 신은 지친다.[43]

심의 동정을 판단하고 '신주(神主)' 와 '동정종심(動靜從心)' 이라는 관점으로 심을 이해하고 있는데, 이는 유학(성리학)의 입장과도 상통할 수 있는 부분이 있으며 『활인심법』을 주요한 논거로 활용하고 있는 『동의보감』의 입장을 이해할 수 있는 잣대가 될 수 있으리라 생각한다.[44]

42) 『東醫寶鑑』「內景篇」'身形 - 保養精氣神' "夫有者因無而生焉 形者須神而立焉 有者無之舘 形者神之宅也 倘不全宅以安生 修身以養神則不免於氣散 歸空遊魂爲變 方之於燭 燭盡則火不居 譬之於堤 堤壞則水不存矣"

43) 『活人心法』序 "心爲神主 動靜從心 心爲禍本 心爲道宗 靜則心君泰然 百脈寧謐 動則血氣昏亂 百病相攻 是以性靜則情逸 心動則神疲"

『활인심법』과 『동의보감』에서는 심은 군주의 관으로 기화(氣化)를 주도하고 신명의 출처가 된다. 『활인심법』을 인용한 구절에서 "신명은 생화(生化)의 근본이고, 정기(精氣)는 만물의 체이다. 그 형을 온전히 하면 살고 그 정기를 기르면 성명이 길이 보존된다."[45]라고 하였다. 즉 신명은 즉 심은 기화의 근본이고 성명의 중심이 된다고 할 수 있다고 하여 심과 신의 관계를 잘 설명한 부분이다. 결국 『연수서』와 『활인심법』은 『동의보감』의 「내경편」에서 주로 인용하고 있는 내단 남종계와 유의의 사유체계를 중화하는 역할을 한 것으로 보인다. 이는 내단과 의학 그리고 유학 등에서 각각 중시하는 형과 신의 합일, 양생과 양심을 아울러 지양하는 노력으로 볼 수 있다. 『동의보감』에서 인용하고 있는 백옥섬의 형 · 신에 관한 말에서도 확인할 수 있다. 그는 "형을 단련하는 오묘한 이치는 신을 집중하는 데 있고, 신을 집중하면 기가 모이고 기가 모이면 단이 이루어진다. 단이 모이면 형이 견고해 지고 형이 견고해 지면 신이 온전해 진다."[46]고 하였다.

이상에서 필자는 『동의보감』을 유의 의학의 입장에서 논의하였다. 물론 『동의보감』이 의학 문헌이라는 특징을 무시할 수는 없다. 그러나 의학 문헌이 가지는 근본적 특징은 익수연년(益壽延年)과 기사회생(起死回生)을 목적으로 하는 도교 양생론과 통한다 할지라도, 심성수양의

---

44) 成昊俊, 『東醫寶鑑의 철학적 연구』, 성균관대 박사논문, 2001, p.147.

45) 『東醫寶鑑』 「內景篇」 '身形 - 保養精氣神' "神明者生化之本 精氣者萬物之體 全其形則生 養其精氣則性命長存矣"

46) 『東醫寶鑑』 「內景篇」 '虛心合道' "鍊形之妙在乎凝神 神凝則氣聚 氣聚則丹成 丹成則形固 形固則神全"

유학적 이상과 조화하며 자리매김하려는 노력도 간과할 수 없다. 이러한 부분이 『동의보감』이 가지는 유의 의학의 특징이라 생각한다.

『동의보감』의 주요 사상적 배경인 백옥섬을 위시한 내단 남종계와 유의 주진형의 사상적 공통 기반을 주돈이의 「태극도설」과 주희 등에 있다고 하여 그 회통의 관점을 '태극'과 '심'에 두고 도교와 유학이 『동의보감』의 의학적 구성을 통하여 회통한다고 하였다. 그리고 이를 『동의보감』에 인용된 「상화론」은 물론, 주진형의 저서 분석을 통하여 주돈이의 「태극도설」에 바탕 한 유의의 유학적 기반을 논의하였다. 즉 인심-도심, 천리-인욕 등의 심성수양의 덕목이 의학의 군화, 상화, 망동 등의 생리적 개념으로 전이되는 과정에서 유의가 지향하는 가치를 확인할 수 있었다. 이는 또한 유학적 기반을 공유한 백옥섬의 성명론 등과도 상호 모순적이지 않다고 하였다.

이를 바탕으로 『동의보감』에서는 양심과 양생을 지향할 수 있는 이론적 기반을 확보한 것으로 보인다. 이는 조탁의 『이양편』의 주장을 논거로 하여 논의를 전개하였다. 또한 이천의 『의학입문』이나 『활인심법』 『연수서』 등에 나타나는 심의 형신합일적 구조 등 형신관계 및 양심 및 양생론에서 나타나 있음을 논의하였다. 그리고 혈육지심과 신명지심이라는 심의 양 측면의 일원적 이해를 통하여 양심과 양생의 지양점을 확보할 수 있다고 한 바 있다.[47)]

---

47) 이 장의 내용은 다음의 글을 바탕으로 수정 보완한 것임. 성호준, 「동의보감에 나타난 유학적 함의」, 『동의보감으로 이루어진 동아시아 의과학 문명의 교류』, 한국학중앙연구원출판부, 2016, p.193-.p.214.

제3부

동의(東醫)와 유의(儒醫)의 정립

제7장

『동의보감』 의학과 『이양편(二養編)』

1. 『이양편(二養編)』 편찬의 목적

17세기 『동의보감』이 편찬된 이후 조선에서는 다양한 양생 및 심신 수련서가 유학자 등에 의하여 간행되었고, 의학 분야에서도 『동의보감』 의학을 계승한다는 명분에서 『동의보감』을 요약하거나 재편집하여 발간하는 경우도 많았다. 1724년(경종 4년) 주명신(周命新)의 『의문보감醫門寶鑑』, 1799년(정조 24년) 강명길(康命吉)의 『제중신편(濟衆新編)』, 1884년(고종 21년)의 『방약합편(方藥合編)』 등은 『동의보감』을 요약 정리하여 자신의 견해를 첨가한 것으로 『동의보감』 의학의 계승이라 할 수 있다. 이러한 서적들은 『동의보감』의 번잡한 요소를 간명화하여 한의학을 백성에게 더 가까이 갈 수 있도록 해주었다. 의학 지식을 간편화하여 실용적인 편리함을 제공하였다는 데 의미가 있다.[1] 이는 당시 『동의보감』 의학에 대한 절대적인 신뢰를 바탕 한 것이라 할 수 있는데, 『동의보감』 서문에서 『동의보감』의 편찬 목적을 '인민애물(仁民愛物)' 에 있다고 천명한 내용과 상통한다. 유의의 흐름에서 보더라도 의론과 의덕의 측면에서 모두 『동의보감』 의학을 계승한 것으로 이해하며 이는 곧 유의의 계승이라 할 수 있을 것이다.

또 한편으로 『동의보감』은 유학자들의 양생서 발간에 일종의 텍스트 혹은 지침서 역할을 한 것으로 평가할 수 있다. 17세기 조탁(曺倬, 1552~1621)의 『이양편(二養篇)』으로부터 홍만선(洪萬選)의 『산림경제(山林經濟)』, 『규합총서(閨閤叢書)』, 『임원십육지(林園十六志)』, 『보양지(葆養志)』 등에도 『동의보감』의 인용문들이 자주 보이는데, 이것은 『동의보감』이 지방 사대부들에게까지 널리 보급되어 읽히고 있다는 것을 말해주는 대목이다.[2] 이는 도교 양생론을 유학의 입장에서 어떻게 수용할 것인가에 대한 논란 없이 유의의 입장에서 서술된 『동의보감』의 내용과 방향성을 취하여 자신들의 양생에 대한 입장을 재천명한 것으로 이해할 수 있다. 본 장에서는 성리학자의 입장에서 『동의보감』의 의학 · 양생론을 수용한 『이양편(二養編)』에 대해 서술하기로 한다.

조탁이 지은 『이양편』은 『이생록(頤生錄)』, 『수양총서류집(修養叢書類輯)』과 19세기 서유구(徐有榘)의 『보양지』와 함께 조선시대 4대 양생서로 꼽히는 중요한 서적이다.[3] 『이양편』은 조탁이 약관에 병으로 고생

---

1) 韓國韓醫學研究所篇, 『韓國醫學史 再定立』 下, 한국한의학연구소, 1995, p.18.

2) 위의 책, p.17.

하여 심신을 보양하겠다는 마음먹고 『심경(心經)』에서 핵심 내용을 뽑아 '망생순욕(忘生徇欲)' 이라 하였고, 『소학(小學)』, 『근사록(近思錄)』, 『자경편(自警編)』에서 초록한 뒤 『자성편(自省編)』이라 명명하였는데 임진왜란 때 분실되었다. 선조 41년(1608년)에 강릉부사가 되어 공무의 여가에 옛날 읽은 책 및 경전과 문집에서 차기(箚記)하여 정리한 뒤 입교(立敎), 명륜(明倫), 격치(格致), 성정(誠正), 수제(修齊), 치평(治平) 여섯 편을 만들고, 양심(養心)의 상편으로 삼았다. 또 치망(恥忘), 치순(恥徇), 무치(無恥) 세 편을 만들고 양생의 하편으로 삼은 뒤 이 둘을 합하여 『이양편』이라 하였다. 1608년에 『양심편』이 편찬되었는데, 『양생편』은 1608년에서 1618년 사이에 편찬되었을 것이다. 더 좁게는 『동의보감』이 간행된 1613년 11월 이후 몇 해 사이에 완성되었을 것으로 보는 경향이 있다.[4)]

「양심편」과 「양생편」의 합편으로 이루어진 『이양편』의 서명은 편자 조탁의 호 이양당(二養堂)에서 유래하였는데, '이양' 은 신(身)을 기르는 양생과 심(心)을 기르는 양심의 '이양' 을 뜻한다. 조탁은 『이양편』의 서문에서 " '생을 잊고 욕망을 따르는 것(忘生徇欲)' 을 부끄러움으로 여긴다(『二程遺書』 권21)." 고 한 구절에서 착안하여 망생순욕의 교훈을 통하여 양심 · 양생의 약석(藥石)으로 삼는다고 서문에서 서술한 바 있다.

---

3) 金侖壽, 「東國傳道秘記와 海東傳道錄」, 『韓國道敎의 現代的 照明』, 亞細亞文化社, 1992, p.214.

4) 金侖壽, 위의 논문, p.212.

내가 젊어서 안으로 어려움을 당해 일찍부터 병에 걸렸다. 항상 신체를 잘 기르지 못하고 심신을 수렴하지 못해 즐겁게 살아갈 수 없었다. 병중에 『심경』을 읽는데, 정이천(程伊川) 선생이 말한바 "나는 생을 잊고 욕망을 따르는 것을 부끄러움으로 여긴다." 고 한 곳에서 곧 스스로 놀라 마음에 느끼는 것이 있었다. 그로부터 간절히 생각하고 생각하기를 '망생순욕' 네 글자가 양심 · 양생의 약석이 충분히 될 것이라 여겼다.[5]

여기에서 나오는 '망생순욕' 은 『근사록』 『심경』 등에도 인용하고 있는 구절이다. 원문을 살펴보면 "나는 기를 받은 것이 매우 박하여 30세가 되어서야 차츰 성하였고, 40세 50세가 된 이후에 온전해졌으니 내가 태어난 지 72년이로되 근골(筋骨)을 비교해보면 젊을 때보다 손색이 없다. …… 나는 생을 잊고 욕망을 따르는 것을 부끄러움으로 여긴다."[6] 고 하였다. 이는 정이(정이천) 자신의 삶을 돌아보면서 욕망을 따르는 삶보다는 자신의 양심과 양생의 원칙을 말한 것으로 이해할 수 있다. '망생(忘生)' 이란 의리(義理)를 중심으로 양생을 하는 이치를 설명한 것으로 이해할 수 있다. 그러므로 장남헌(張南軒)은 "만약 다른 사람이 양생하여 강강(康强)하기를 구하였다면 이는 다만 리(利)일 것이나 정이천이 말씀한 것은 순수한 천리(天理)이다."[7]고 한 것이다. 위의 구절에서

---

5) 『二養編』 「序」 "余弱冠 遭內艱 夙嬰疾 常以不能怡養身體 收斂身心爲憂 病中嘗心經至程伊川先生 所謂吾以忘生徇欲爲甚恥 便自惕有感於心 仍竊惟念 此忘生徇欲四字足以爲養心養生之藥石也"

6) 『近思錄集解』 권4 存養 및 『二養編』 下篇 권3 「無恥篇」 "吾受氣甚薄 三十而浸盛 四十五十而後完 今生七十二年矣 校其筋骨於盛年無損也 … 吾以忘生徇欲爲深恥"

정이가 말한 '망생순욕'의 의미는 양심 혹은 양성(養性)을 우선시하면서 양생을 하고자 하는 방법이다. '순욕'을 극복하기 위한 방법으로 양생의 이치가 필요하며 그것도 또한 천리를 따르고자 하는 유학적 가치 실현의 방편으로 인식한 것으로 이해할 수 있다. 조탁은 '순욕'에 대해 다음과 같이 말하고 있다.

> 정이천 선생이 말씀하신바 순욕의 욕망이란 이목구비와 사지의 욕망이다. 사람이 한갓 성색(聲色)과 취미(臭味)를 안일하게 따를 수 있는 것으로 알아 그 해로움이 천리를 멸하고 나의 몸을 상하게 하는 것이니 그 부끄럼이 또한 마땅하지 않은가?[8)]

위의 글에서 보면 조탁은 욕망이란 귀, 눈, 입, 코, 사지의 욕망이라 하여 사람에게 없을 수는 없으나 절제하지 못하는 이가 너무 많아 그 마음을 잃어버리고 그 성(性)을 멸하지 않는 자가 드물다는 것이다.[9)] 정이와 조탁의 이러한 관점은 유학의 전통적 방식으로 맹자에게서 그 연원을 찾을 수도 있다.

이어 조탁은 심과 천이 근원적으로 일체임을 말하고 섭양의 근거이자 목적으로 활용한다. 그러므로 『이양편』에서 말하기를

---

7) 『近思錄集解』 권4 存養 및 『二養編』 下篇 권3 「無恥篇」 "若他人養生要康强 只是利 程伊川說出來 純是天理"

8) 『二養編』 下篇 권2 「恥徇篇」 "程伊川先生 所謂徇欲之欲者 卽耳目口鼻四肢之慾也 人徒知聲色臭味 安佚之可徇 而不覺其害之滅天理 而戕吾身 其恥之也 亦宜"

9) 『二養編』 「序」 참조.

『예기』에서는 사람은 천지의 심이라 하였고, 정자(程子)는 사람의 심은 곧 천지의 심이라고 하였다. 그런즉 나의 심은 곧 천지의 심이다. 사람으로 천지의 심으로 나의 심을 삼은즉 가히 심을 잡아 보존하며 함양하는 방도를 생각지 않겠는가?[10]

라고 하였다. 이 구절에서 심을 잡아 보존한다는 '조존(操存)' 은『맹자』에서 인용한 공자의 말로 "잡으면 보존되고 놓으면 잃어서 나가고 들어옴이 정한 때가 없으며, 그 방향을 알 수 없는 것은 오직 사람의 마을 두고 말한 것인저!"[11]에서 원용한 것으로 보인다. 결국『이양편』의 편찬 의도는 양생과 양심을 통한 인간 도덕의 주체적 확립에 있다고 할 수 있다. 그리고 그 이면에는 양생보다는 양심을 근원적으로 인식하는 유가 수양론의 전통이 있다. 그러므로 조탁은 "심과 생의 기름은 나에게 있지 않을 수 없다. 합해서 말한다면 양심이 곧 양생이니 비록 하나의 양이라 일러도 가하나 나누어 말한다면 함양(涵養)·섭양(攝養)의 입언(立言)이 각각 다르니 부득불 이양이라 이른다."[12]고 한 것이다.

한편으로『이양편』편찬의 또 다른 목적은 효에 있다. 조탁은

공자께서 말씀하시기를 "신체발부는 부모로부터 받은 것이다."라고 하였

---

10)『二養編』「序」"禮記曰 人者天地之心也 程子曰 人心則天地之心也 然則吾之心則天地之心也 人而受天地之心 爲吾心則可不思所以操存涵養之方乎"

11)『孟子』「告子上」"操則存 舍則亡 出入無時 莫知其鄕 惟心之謂與"

12)『二養篇』「序」"心與生之養 莫非在我 合而言之 則養心卽養生 雖謂之一養可也 分而言之 則涵養攝養立言各異 不得不謂之二養也"

> 고, 증자는 "신체라는 것은 부모가 남긴 신체인즉 나의 신체는 곧 부모의 신체이다."라고 말씀하셨다. 자식으로서 부모의 신체를 받아 내 신체가 된즉 가히 보호하고 섭양할 방도를 생각지 않겠는가?[13]

라고 하였다. 이 구절에서 보면 이는 전통적인 유가의 도덕적 덕목인 효를 위해 『이양편』이 서술되었음을 알 수 있다. 금원대 이후 유의들이 양생이나 의학에 참여하게 된 이유도 효를 실천하기 위한 데 있었음을 상기할 필요가 있다. 혹 방술이나 잡가의 논의를 유자들이 수용할 수밖에 없는 연유를 유추할 수 있을 듯하다.

그런데 조탁은 심과 생을 각각 천지자연과 부모에 각각 분속하는 입장을 취한다.

> 슬프다! 마음을 진실로 능히 기를 수 없다면 천지가 부여한 나의 본래의 성(性)을 잃어버릴 것이고, 생(生)을 진실로 기를 수 없다면 부모가 낳고 기르고 남겨준 신체를 상하게 하는 것이다. 이는 천지 부모의 죄인이 되는 것이니 가히 두렵지 않은가? 가히 삼가지 않겠는가? 사람과 자식의 도리를 다하고자 한다면 양심과 양생의 공부에 마땅히 나아가서 이중에서 하나라도 빠져서는 안 된다.[14]

---

13) 『二養編』「序」"孔子曰 身體髮膚受之父母 曾子曰 身也者父母之遺體 然則吾之身則父母之身也 子而受父母之身 爲吾身 則可不思所以保護攝養之道乎"

14) 『二養編』「序」"噫心苟不能養 則失天地賦予之良性 生苟不能養則傷父母生育之遺體 是天地父母之罪人也 可不懼哉 可不愼哉 欲盡爲人爲子之道 則養心養生工夫 所當進而不可缺於一於是"

이 구절에서 보면 양심과 양생 공부의 목적을 사람과 자식의 도리를 다하고자 하는 것에서 찾고 있다. 곧 천지가 부여한 것은 나의 본래의 성품 곧 양성(良性)이며 신체는 부모에게서 왔음을 설명하고 있다. 천지와 부모에 각각 성과 체(體)를 나누어 배속시켜 차별화하고 있다. 조탁이 천지자연과 부모를 나누어 성과 체를 나눈 것은 두 가지 측면에서 이해할 수 있다. 우선 인간 본성의 도덕적 자각을 중시하는 유가의 전통에서 양생보다는 양심에 그 우선 가치를 두고자 하는 면을 생각해 볼 수 있을 것이다. 존심양성(存心養性)이라고 하는 유가 수양론의 이상을 양생의 가치보다 우선시할 수 없다는 점을 고려해 볼 수 있다. 물론 천지자연과 부모는 상호 대별되는 개념이 아닐 수도 있다. 그러나 인간 심성의 도덕적 가치가 천지자연의 우주 질서에서 비롯됨을 상기하는 효과는 있을 수 있다. 다른 측면으로는 사람의 신체는 천지자연의 형기를 받아 생성된다고 한다. 그럼에도 굳이 부모의 신체를 통한다는 말을 하는 것은 유가의 주요한 덕목인 효의 가치를 강조하는 효과는 있을 것이다. 물론 천지가 부여한 양성과 부모가 남긴 몸은 상호 일원적인 모습으로 천지자연의 질서가 인간생명에 일관되어있다.

조탁이 편찬한 『이양편』의 의도와 목적을 크게 두 가지 측면으로 나누어 서술하였다. 하나는 '망생순욕'을 부끄럽게 여긴다는 정이의 말을 양심과 양생을 통해 구현하고자 한 것이다. 즉 인간 심성의 도덕적 주체 확립이라는 유가 심성수양의 전통이 맹자와 정이 등을 논거로 하여 양생과 양심이 일원화된 '이양'으로 드러낸 것이다. 또 하나는 마음 수양과 질병 치유의 근거를 효와 천지인 합일에 두고 있음을 알 수 있었다. 인간의 심신이 천지자연 및 부모와 일기(一氣)를 공유하는 데에서 비롯되었다는 관점은 생명에 대한 근원적인 성찰과 인간 심성에 대한 무한한 신뢰의 표현이라고 할 수 있을 것이다.

2.『이양편(二養編)』의 구조와 특징

정이의 '망생순욕' '천지인 합일' '효' 등의 키워드를 통하여 조탁은『이양편』의 의도와 목적을 밝힌 것으로 서술하였다. 그렇다면『이양편』의 구조와 서술방식은 어떠한 사상적 특징이 있는가를 논의해 보고자 한다. 조탁은 우선「서」에서

> 심과 생의 기름은 나에게 있지 않을 수 없다. 합해서 말한다면 양심이 곧 양생이니 비록 하나의 양이라 일러도 가하나 나누어 말한다면 함양·섭양의 입언이 각각 다르니 부득불 이양이라 이른다. 만약에 내외를 겸하고 정밀하고 거친 것을 꿰뚫어 이양의 요체를 말한다면 오직 '경(敬)' 한 글자일 뿐이다. 그러므로 선유가 말하기를 '심은 일신의 주재이고, 경은 일심의 주재라 했다.' 나 또한 그렇게 말하는 것이다.[15)]

15)『二養篇』「序」"心與生之養 莫非在我 合而言之 則養心卽養生 雖謂之一養可也 分而言之 則涵養攝養立言各異 不得不謂之二養也 若兼內外 貫精粗 摠言二養之要 則其惟敬之一字乎 故先儒言曰 心者一身之主宰也 敬者一心之主宰也 余於是亦云"

라고 하였다. 그는 『이양편』을 상 · 하로 나누어 양심과 양생으로 분류하고 있고, 그 중심 요체는 유학의 경에 있다고 하였다. 상편은 「양심편」으로 사회적 관계 속에서 갖추어야 할 예의범절과 처신 처세에 대한 것으로 주로 유가 문헌을 인용하고 있으며, 하편은 「양생편」으로 신체의 수련 측면에서 의서 및 도교 수련서 그리고 유가의 양생에 대한 내용으로 의학과 도교 그리고 유학이 하나의 구조 안에 회통하는 형상으로 이루어져 있다.

상편은 모두 여섯 권으로 각 편명은 『소학』 · 『대학』의 조목 등에서 가져와 각각의 편명으로 삼았는데, 입교 · 명륜 · 격치 · 성정 · 수제 · 치평의 순으로 되어 있다. 편명에서 알 수 있듯이 상편은 주로 유가 경전을 중심으로 인용하여 양심의 지침으로 삼은 듯하다. 주로 인용한 경전은 『중용』 『논어』 『대학』 『맹자』 등 사서는 물론 『주례』 『심경』 『근사록』 『소학』 『주역』 『예기』 『성리대전』 등 당시 성리학의 기본 경전이 망라되어 핵심적인 문구만 인용하여 편집했다. 상편의 특징은 『소학』의 편명 중 「입교」와 「명륜」을 원용하고, 아울러 『대학』의 8조목을 중심으로 편명을 구성하였다는 데 있다. 이는 '하학이상달(下學而上達)' 의 유학의 실사구시(實事求是)적인 학문 경향을 담은 것으로 생각한다. 그중 「격치편」의 경우는 『심경』이나 『근사록』 중심으로 리기와 심성에 관한 형이상학적 내용을 담고 있는 것이 특징이다. 『이양편』의 성격이 양심과 양생을 아우르는 측면이므로 실천궁행하는 현실적인 사례 중심의 서술이 많다. 일부 내용은 저자의 경험과 관심도에 의해 다른 내용에 비해 소략한 면도 없지 않다. 그리고 전체적인 내용은 유가 경전의 편집으로 이루어진 면이 있다. 이는 「서」에서 밝혔듯이 대단히 간략하나 성현의 언행이 한눈에 들어오게 쓴 것으로 항상 옆에 두어 읽기 쉽도록 내놓은 것으로 볼 수 있다. 즉 『이양편』은 새로운 주장을 담기보다는 당시 유학자들이 가장 선호하는 글 중에서 자신의 의도에 의해 편집하여 비망록처럼 활용하고자 하는 데 있으며 상편에서 『이양편』만의 특징은 편차 이외에는 별다른 것이 없다고 할 수 있다.

반면 하편은 『이양편』의 특징이 가장 잘 나타나는 것으로 「양생편」으로 구성되어 있다. 하편의 인용 서적은 상편에서 인용한 유가의 주요 경전을 포함하여 『동의보감』을 비롯한 당대 유행하였던 양생서가 총망라되어 있다. 『삼원연수참찬서(三元延壽參贊書)』, 『수진비록(修眞秘錄)』, 『오진편(悟眞篇)』, 『양생서(養生書)』, 『양생요결(養生要訣)』 『수친양로서(修親養老書)』 등 양생서 · 의학서가 조탁의 편집으로 정리되어 있다. 하편은 세 권으로 치망 · 치순 · 무치의 부분으로 나누어져 있다. 조탁은 유학자들에게 생소함을 덜어주기 위하여 각 권의 서두에 자신의 편집 의도를 붙이고 있다. 우선 권1 「치망편(恥忘篇)」은 주로 『이양편』에 앞서 완성된 『동의보감』을 자신의 의도에 의하여 편제를 수정하고 요약한 내용으로 구성되어 있다. 평소 양생을 위한 기본적 의학지식 수준의 생리와 병리, 그리고 각 장부, 신체 부위의 질병을 예방할 방법 등을 간단하게 정리한 부분이라 할 수 있다. 조탁은 권1 「치망편」 서두에서 다음과 같이 말하였다.

대저 이른바 생이라는 것은 사람이 하늘로부터 얻은 것으로 기로써 형체를 이루는 것이다. 사람이 한갓 구각(軀殼; 신체)이 운동하는 것만 보고 자신의 생을 알지는 못한다. 천지와 함께하는 그 조화가 신(神)을 상하게 하고 생을 손상케 하지 않는 자가 드물다.[16)]

이 구절에서 보면 양생을 하지 못하는 폐해에 대해 언급하고 양심뿐 아니라 양생의 중요성을 강조하고 있다. 권2 「치순편(恥徇篇)」은 욕망을 따른 것을 부끄러워하는 내용이다. 욕망은 이목구비 사지가 좇는바 좋은 소리, 색, 냄새, 맛과 안일함 등에 대한 경계를 나타낸 내용으로 구성되어 있다. 그러나 전반적인 내용은 소략하나 『삼원연수참찬서』를 중심으로 인용하고 있다. 권3 「무치편(無恥篇)」은 우선 유가 경전으로 돌아와 양생격언(養生格言)을 발췌하고 있다. 그 뒤에는 『동의보감』이나 『황제내경』을 비롯한 의학서 및 양생서를 인용하고 있다. 앞 편과 마찬가지로 『삼원연수참찬서』의 인용 빈도가 높은 편이다. 그러나 대부분 의학서의 인용은 『동의보감』의 재인용인 경우가 많다. 이는 의학 지식의 한계일 수도 있으며 『동의보감』이 지닌 유의적 성격으로 말미암은 것일 수 있다. 『동의보감』 형성에 지대한 영향력을 미친 이주학파(李朱學派 – 李杲＋朱震亨)가 우리나라의 풍토 체질과 성리학의 '양심' 의 분위기 속에서 전문적으로 지지를 받았던 것과도 관련이 있다.[17)] 조탁은 서두에서

---

16) 『二養編』 下篇 권1 「恥忘篇」 "夫所謂 生者人之所得乎天 而氣以成形者也 人徒見軀殼之運動 不識吾之生也 與天地同其造化 其不至於傷神 而損生者鮮"

17) 三木榮, 『朝鮮醫學史及疾病史』, 大阪同右, 1963, p.104

맹자가 말씀하시기를 "부끄러움이 없는 것을 부끄러워하면 부끄러워할 일이 없다."고 하였는데, 생을 잊은 것을 부끄러워해서 잊지 않고, 욕망을 따르는 것을 따르지 않는다면 곧 스스로 양생을 체득하게 되어 부끄러워할 바가 없을 것이다.[18]

라고 말하고 있다. 앞서의 논의에서 『이양편』은 '망생순욕'을 경계하고자 하는 정이의 말과 부끄러움에 대한 맹자의 구절을 인용하며 양생의 의미를 설파하고 있다. 하편 3권 「양생편」은 상편의 「양심편」과 함께 '이양'으로 자리하는 것으로 유학적 양생의 모델을 제시하고 있는 것으로 볼 수 있다.

그러면 조탁의 '양생'은 어떠한 의미인지를 살펴보자. 상편 말미에 있는 발문을 보면

나의 생이 천지와 더불어 리기를 함께한다는 것을 어찌 알겠는가? …… 혹 양생의 방도를 조금 아는 자가 있어 그 법을 물으면 약이(藥餌)라 하고, 그 세세한 것은 토납(吐納)이라 한다. 나머지 의론은 모두 구구하여 찌꺼기라 실상이 없는 것으로 돌아간다. 그러므로 세상 사람들은 양생을 허황된 이야기로 생각하고 자못 양생의 의론이 성현의 학문에서 온 것임을 알지 못하니 매우 한탄스럽다.[19]

---

18) 『二養編』 下篇 권3 「無恥篇」 "孟子曰 無恥之恥 無恥矣 若恥忘生 而不忘恥 徇欲而不徇 則便自得養生 而無所恥矣"

19) 『二養篇』 「跋文」 "何知吾之生也 與天地同其理氣乎 … 或有稍解養生之方者 問其法

라고 한 구절이 있다. 이 구절에서 보면 당시 도교나 의학에서 주장하는 양생설의 폐단을 지적하면서 양생 이론이 유학 성현의 학문에서 나온 것임을 강조하고 있다. 그러므로 그는 기만 일러 천지와 더불어 함께하는 것이 아니라 리기를 함께하는 것임을 주장한다. 그러므로 그는 도인법이나 신선술을 통한 익수연년(益壽延年)에 대해서는 정호(정명도)의 말을 빌려 조화(造化)의 기밀을 훔친 천하의 도적이라고 하는 등 부정적인 견해를 보인다.[20] 그리고 양기와 양성 · 양심의 관계에 대해서도 다음과 같이 서술하고 있다.

> 양기 · 양성 · 양심을 합하여 살피면 기는 리(理)에서 생하고, 양기를 잘하고자 하는 자는 양성에 (뜻을) 두어야 하고, 리는 심에 갖추어져 있으니 양성을 잘하고자 하는 자는 양심에 (뜻을) 두어야 한다. 심이 욕에 빠지니 양심을 잘하고자 하는 자는 과욕(寡欲)에 (뜻을) 두어야 하고 적게 하고 또 적게 하여 없음에 이르면 곧 심이 보존되고 성이 보존되니 기는 말할 필요가 없다.[21]

則曰藥餌 細務曰吐納 餘論皆區區糟粕終歸無實 故世人以養生爲虛誕說話 殊不知養生之論 本自聖賢學問中來 甚可嘆也"

20) 『二養編』 下篇 권3 「無恥篇」 "人有語導氣者問明道先生曰 君亦有術乎 曰吾嘗夏葛而冬裘飢 食而渴飮 節嗜欲 定心氣 如斯而已矣 問神仙之說有諸 明道先生曰 若說白日飛升之類則無 若言居山林間 保形鍊氣 以延年益壽則有之 譬如一鑪火 置之風中則易過 置之密室則難過 有此理也 又問聖人能爲此等事否 曰此是天地間一賊 若非竊造化之機 安能延年 使聖人肯爲 周孔爲之矣" 참조

21) 『二養編』 上篇 권4 「誠正篇」 "養氣養性養心 合而觀之 氣生於理 善養氣者在養性 理具於心 善養性者在養心 心汨於欲 善養心者在寡欲 寡之又寡 至於無則心存而性存 氣不必言"

조탁은 양심 · 양기 · 양성의 문제를 단계적으로 이해하고 있다. 그는 양심 · 양기 · 양성은 욕망을 없게 하는데 그 궁극적인 의미가 있다고 주장하고, 양기를 중심으로 하는 도교의 양생과는 차이가 있음을 말하고 있다. 이는 또한 '망생순욕' 의 경계와 통하는 부분이다. 조탁은 자신이 말하는 양생과 도교의 양생이 구별됨을 말하고 있는데, 이에 대한 분명한 주장은 율곡 이이에게서 볼 수 있다.

> 대저 수신하여 천명을 기다리는 자는 리(理)로써 기(氣)를 기르는 자이고, 섭생(攝生)을 해서 장수만을 추구하는 자는 기로써 기를 기르는 자이다. 리로써 기를 기르면 장수를 구하지 않아도 저절로 장수할 수 있고 기로써 기를 기르면 비록 장수할 수 있을지라도 리에는 해로울 수 있다. 하물며 무당과 푸닥거리를 통하여 명(命)을 빌고자 하는 것은 말할 필요가 없다. 복식을 억제하고 동작을 조절하여 양생만을 오로지 하는 사람은 반드시 수신에는 해로울 것이요, 엄숙하고 공경하여 수양함으로써 기혈이 정도를 순환하게 하여 수신에만 힘쓰는 사람은 양생도 잘하는 것이니 군자는 기를 기르기를 리에 합당하게 할 뿐이다.[22]

이 구절에서 보면 리로써 기를 수양하는 사람과 기로써 기를 기른 사

22) 『栗谷全書』 습유 권5 「壽夭策」 "夫修身而俟命者 以理養氣者也 攝生而求壽者 以氣養氣者也 以理養氣 則未嘗求壽而自得其壽 以氣養餘 則雖得其壽 而或妨於理 況以巫祝禳禬 欲以祈命耶 若醫藥之治病 則雖聖人 亦所不免也 以此觀之 制其服食 節其動作 專於養生者 必妨於修身 莊敬持養 氣血循軌 而專於修身者 不失其養生 君子之養氣 合於理而已"

람을 구분하고 있다. 양생만을 오로지 하는 사람은 수신에 방해가 된다고 한다. 수신이란 결국 양심과 양생을 아우르는 개념으로 양생만 치중하는 사람은 수신을 이룰 수가 없다. 기를 기르는 양생도 리에 합당하게 하여야만 가능하다는 논리이다. 이를 『이양편』에 나오는 조탁의 말로 표현하자면 양생도 양심의 원칙에 따라야 의미가 있다는 것으로 이해할 수 있다. 즉 『이양편』이 추구하는 양생의 의미와 논거는 유학의 성현에 있고, 그 원리는 '이치를 따르고 욕을 막는 것(順理窒慾)' 에 두고 있음을 알 수 있다. 또한 이는 절욕양성(節欲養性)이라는 유학적인 관점으로 양생과 의학을 해석한 유의들의 논조와 유사하며 당대 사대부를 비롯한 유자들에게도 일반적으로 나타나는 현상이다.

3. 『이양편(二養編)』의 『동의보감』 재구성

『이양편』 하편에서 가장 중요시되는 인용 문헌은 단연 『동의보감』이다. 그러나 『이양편』에서 인용하고 있는 『동의보감』은 편찬 당시의 『동의보감』의 서술과는 차이가 있는 부분이 있다. 이는 『이양편』의 편집 의도와 양생관이 반영된 것이라 할 수 있다. 우선 『이양편』의 양생관에 대해 「발문」을 살펴보자.

> 주역에서 말하기를 자구구실(自求口實, 頤卦에 나오는 것으로 자기 자신이 자기를 기를 음식을 구한다는 뜻)이라 했는데, 주자(朱子)는 양생의 술로

해석을 하였고, 논어에서는 불철강식(不撤薑食)이라 하였는데 선유(先儒)는 양생을 갖춤으로 밝혔다.[23]

이 구절에서 보면 조탁은 양생을 『주역』의 이괘(頤卦, ䷚)의 원리를 통하여 이해하고자 한다. 이괘는 상은 간괘(艮卦, ☶)이고 하는 진괘(震卦, ☳)로 상하 두 양 사이에 네 음을 머금고 있는 형상이다. 이는 턱과 입의 모양을 형상화한 것으로 유가의 양생관을 설명하는 좋은 자료로 활용되고 있다. 조탁은 이러한 『주역』 이괘의 「상전(象傳)」과 이에 대한 정전(程傳)을 인용하여 다음과 같이 말한다.

> 군자는 언어를 삼가고 음식을 절제한다. 정자(程子)가 말하기를 "위와 아래의 두 양은 중간의 네 음을 싸고 있어서, 바깥은 실하고 중간은 허하니 턱과 입의 형상이고 입은 몸을 기르는 것이다. 그러므로 군자가 그 상을 관찰하여 그 신(身)을 기르고 언어를 삼가서 그 덕을 기르며 음식을 적절히 하여 그 체를 기른다." 고 하였다.[24]

언어와 음식이 나오고 들어가는 것을 담당하는 사람의 기관은 입과 턱으로 양생을 상징하는 것으로 묘사하고 있다. 위의 인용문에서 신

23) 『二養篇』「跋文」"周易云 自求口實 而朱子釋之養生之術 魯論記不撤薑食 以先儒明之 以養生之周 "

24) 『二養編』 下篇 권2 「恥徇篇」"君子以愼言語節飮食 以卦形言之 上下二陽 中含四陰 外實中虛 頤口之象 口所以養身也 故 君子觀其象 以養其身 愼言語 以養其德 節飮食 以養其體"

(身)과 체(體)를 구분하고 있는데, 신은 심신을 아우르는 표현이고 체는 형상적 신체만을 지칭하는 것이다. 이러한 정이의 말은 성리학의 양생에 대한 일반적 논거로 활용되었고 명대의 이천(李梴)도 이러한 전통의 연장선에 있다. 이천은 『의학입문』에서 다음과 같이 말한 바 있다. 그는 "원리(元理)와 원기(元氣)가 혼합하여 간격이 없을 뿐이다. 천을 생하고 지를 생하고 사람을 생하고 물(物)을 생하는 것은 모두 이 조화로써 주인을 삼는다. 생을 기르는(頤養) 자가 이것을 알게 되면 곧 자연히 분(忿)을 징계하고 욕심을 막는다."[25]라고 하였다. 여기서 말하는 '이(頤)'는 바로 조탁이 언급한 '이' 이다. 이어 조탁은 정이의 말을 인용하면서 양생・양형・양덕・양인을 설명한다. 그는 "동식(動息)을 적절하게 베푸는 것으로 양생하고, 음식과 의복으로써 양형하며, 거동을 위엄있게 하고 옳은 일을 행하는 것으로써 양덕하고, 자기를 미루어 물(物)에 미침으로 사람을 기른다."[26]고 하였다. 이는 조탁은 물론 당시 유학자들의 양생관을 대변한 것으로 음식과 의례를 중시하는 경향을 알 수 있다.

그런데 『이양편』 하편에서 다양한 유가 경전이나 유의 등의 의학서를 인용하고 있음에도 가장 중심이 되는 것은 『동의보감』이다. 『동의보감』 의학은 도교와 유학 심성론을 '양심' 의 문제로 이해한 특징이 있다. 유기적인 관련성 속에서 형기의 주체와 도덕의 주체인 심은 하나의

25) 『醫學入門』 卷之首 「先天圖」 "元理元氣渾合無間而已 生天生地 生人生物 皆由此造化以爲之主也 頤生者知此 則自然懲忿窒慾"

26) 『二養編』 下篇 권3 「無恥篇」 "動息節宣 以養生也 飮食衣服 以養形也 威儀行義 以養德也 推己及物 以養人也"

인신(人身) 안에서 보면 하나의 실체일 뿐이다. 다만 도교는 형기의 측면을 중심으로 서술하였고, 유학은 도덕의 주체 확립이라는 면을 중심으로 한 것이다. 그러므로 양자는 상반된 것이 아니라 상보적인 측면에서 이해하여야 한다. 이러한 『동의보감』의 사상적 경향은 『이양편』에 전이되었다. 다만 『동의보감』은 의학서이고 『이양편』은 조탁이라는 유학자의 관점에서 서술한 책이다. 물론 『동의보감』도 유의들의 유학적 의학을 적극적으로 수용함과 동시에 도교 내단 사상을 회통하고자 한 노력이 돋보이는 책이다. 곧 『동의보감』은 의학이라는 토대 위에서 유학과 도교를 회통하고자 한 것이라면, 『이양편』은 유학을 중심으로 도교와 의학을 '이양' 이라는 방식으로 회통하고자 한 것이다. 이러한 점이 『동의보감』과 『이양편』의 서술방식의 차이이자 양자가 지향하는 목표가 다른 부분이다. 이런 연유로 『이양편』은 『동의보감』을 적극적으로 인용하고 양생의 원리로 삼고 있음에도 『동의보감』의 내용을 자체적으로 재편집한 것이다. 이는 『동의보감』의 내용 중 생리학적 내용과 병인론적 내용을 위주로 발췌해서 정리하고 있는 것에서도 알 수 있다. 조탁이 취사(取捨)한 것들을 보면 대개 장부와 질병에 대해 개념적으로 이해할 수 있는 것들을 주로 취했고, 의업(醫業)을 행할 자가 아니면 활용도가 떨어지는 것들은 취하지 않았음을 알 수 있다.[27] 이는 『이양편』이 양심과 양생의 실용적인 지침서를 지향하는 것과 무관하지 않다.

구체적인 내용으로 들어가서 권1의 「치망편」의 내용을 검토해 보자.

---

27) 임병묵 · 蘇敬順 · 金光湖, 「曺倬의 二養編에 나타난 養生思想 연구」, 『대한예방한의학회지』 1-1, 1997, p.7.

우선 「치망편」의 앞부분에서 조탁은 『동의보감』「잡병편」의 '천지운기' 부분을 인용하였다. 『동의보감』의 편제는 「내경편」·「외형편」·「잡병편」·「탕액편」·「침구편」 등의 순서로 이루어져 있다. 그러나 『이양편』에서는 「잡병편」의 천지운기를 가장 앞에 두고 있다. 각 장별 제목도 『동의보감』의 제목과 차이를 두고 있다. 즉 천지운기의 1장에서 5장은 '천지'를 각 장별 제목 앞에 부가하고 있고, 『동의보감』에 없는 오행론의 기본을 서술한 특징이 있다. 이는 양생의 부분에서 보면 오행의 생극 순역(順逆)이 무엇보다 중요함을 인식하였던 것에 이유가 있었을 것이고 조탁 자신은 물론 유학자들에게는 의학이나 양생론에서 원용하고 있는 오행론의 기본적인 원리를 재강조하고자 한 것으로 평가할 수 있다. 내용적인 면에서도 『이양편』은 의도적으로 출처를 밝히지 않는 방식으로 일부 도교 양생론의 입장에 선 인물들을 배제하는 특징이 있다. 「치망편」 제1장 '천지운기'에 보면 『동의보감』에서는 분명 '왕빙(王氷)'이라는 출처를 밝혔음에도 불구하고, '고인(古人)'이라는 표현으로 회피하고 있다.[28)]

「치망편」은 이어 『동의보감』「내경편」을 편집 요약하여 인용하였다. 그 차례도 신형(身形)-정(精)-기(氣)-신(神)의 순서로 『동의보감』과 동일하다. 「치망편」에서는 '신형장부도(身形藏府圖)'를 『동의보감』과 마찬가지로 가장 먼저 소개하고 있다. '신형장부도'는 신체 안의 정기의 흐름을 구체적인 그림의 형태로 표현하고 있다.[29)] 이 그림에는 기가 신

28) 『東醫寶鑑』「雜病篇」'天地運氣' 및 『二養篇』 下篇 권1 「恥忘篇」'天地運氣' 참조.
29) 『二養編』 下篇 권1 「恥忘篇」 및 『東醫寶鑑』「內景篇」'身形-身形藏府圖' 참조.

체를 두루 흐르는 존재로 묘사되어 있다. 정기의 흐름을 따라 신체의 모든 기관이 유기적인 관련성을 맺고 있음을 보여주는 것이다. 여기에 관련하여 본문에서도 언급하고 있는데, 우선 『동의보감』에서는 『선경(仙經)』의 주장을 빌어 다음과 같이 말하고 있다.

> 등의 뒤에는 3관이 있는데, 뇌 뒤에 있는 것을 옥침관(玉枕關)이라고 하고, 등골뼈 뒤에 있는 것을 녹로관(轆轤關)이라고 하며, 수 · 화가 만나는 곳을 미려관(尾閭關)이라고 한다. 모두 정기가 오르내리고 왕래하는 길이다. 이것은 마치 북두칠성의 자루가 한 바퀴 돌 때와 같아서 위아래로 순환하는 것이 은하수가 북두칠성을 따라 도는 것과 같다."[30]

고 하였다. 그러나 『이양편』에서는 이러한 부분은 포함되어 있지 않고 「신형장부도」에 실린 내용도 『동의보감』에 실려 있는 손진인(손사막)의 글을 뒤의 한 장을 따로 구성하여 서술하는 형식을 취한다. 그리고 유의인 주진형의 글을 싣고 있다. 이러한 편집은 유학자인 조탁의 유학적 배경에서 기인한 것으로 평가할 수 있다.[31] 양심과 양생을 아우르고자 하는 의도는 있으나 유학을 보완하는 방식으로 도교나 의학의 양생을 수용하려는 내면을 나타낸 것으로 판단한다. 그리고 『동의보감』에

30) 『東醫寶鑑』「內景篇」'身形-背有三關' "背後有三關 腦後曰玉枕關 夾脊曰轆轤關 水火之際曰尾閭關 皆精氣升降往來之道路也 若得斗柄之機斡運 則上下循環 如天河之流轉也"

31) 『二養篇』下篇 권1「恥忘篇」'身形藏府圖'

실린 불교에서 사대설(四大說)을 바탕으로 사람의 형체가 성립됨을 말하고 있는 '사대성형(四大成形)' 이나 『포박자(抱朴子)』를 인용하여 사람의 신체를 나라에 비유한 '인신유일국(人身猶一國)' 같은 경우도 『이양편』에는 실려 있지 않다. 이 또한 유학의 본뜻을 훼손하지 않을까 하는 염려가 있었던 것 같다. 이러한 부분은 『이양편』의 한계임과 동시에 사상적 특징이라 할 수도 있다. 의학적 견지에서 모든 사상적 흐름을 수용하고자 한 『동의보감』의 자유로운 개방성을 유학자가 편찬한 『이양편』에서는 수용하기 어려운 점도 있었을 것이다.

'신형장부도' 를 이은 편제에서도 『동의보감』과 다른 특징이 있다. 『동의보감』의 「내경편」에서 '오장육부(五臟六腑)' 보다 앞서 서술된 혈(血), 몽(蒙), 성음(聲音), 언어(言語), 진액(津液), 담액(痰液) 등의 장들이 『이양편』에서는 '오장육부' 보다 뒷부분에 인용되어 있다는 점이다. 이는 유의의 특징과도 상통하는 부분이다. 유의의 대표적인 인물인 금원사대가(유완소 · 장종정 · 이고 · 주진형)는 유학의 심성수양의 논의를 수용하여 임상가들에게 소외되었던 장부생리를 다시 발전시킨 면이 있다. 이는 유가의 심성수양의 전통이 의학의 생리적 문제로 전이되는 계기가 되었다. 이러한 관점에서 보면 『이양편』의 서술 방식은 이해가 되는 부분도 있을 수 있다. 즉 장부의 생리를 중시한 유의의 견해를 수용한 면이 있는 듯하다. 그리고 「치망편」은 『동의보감』 「외형편」을 축약하여 인용하고 끝을 맺고 있다. 「치망편」은 양생을 위한 기초 의학 지식 수준의 생리와 병리, 병후 그리고 각 장부와 신체 부위의 질병을 예방할 방법들을 간명하게 정리한 것이다. 그러나 치료를 위한 처방 운용에 대

해서는 구체적으로 언급하지 않고 있다.[32)]

하편의 권2 「치순편」은 분량도 미미하고 『삼원연수참찬서』의 인용은 있으나 『동의보감』을 인용한 부분은 있지 않다. 이어 권3 「무치편」은 양생격언, 운기(運氣), 섭양(攝養), 치병, 잡병유인(雜病有因) 등을 다루면서 『동의보감』을 주요 인용 문헌으로 활용하고 있다. '양생격언'에 보면 『동의보감』 「내경편」의 '섭양요결(攝養要訣)' '반운복식(搬運服食)' '안마도인(按摩導引)' '사시절의(四時節宜)' 등을 인용하고 있고, '운기(運氣)'를 다루면서도 주요 인용 문헌으로 『참등계』와 『동의보감』 「내경편」을 활용하고 있다. 뒷장에서도 이러한 경향은 줄어들지 않고 있는데 『황제내경』이라 밝힌 곳도 사실 『동의보감』의 재인용으로 볼 수 있다. 『동의보감』 이외의 인용 문헌은 금원사대가인 이고 · 주진형의 인용이 있고, 『삼원연수참찬서』의 내용도 인용하였다. 그러나 이고 · 주진형 등 유의 의학이나 『삼원연수참찬서』가 『동의보감』 의학의 중요한 인용 자료였음을 상기한다면, 『동의보감』 의학과 맥을 같이하는 것으로 판단할 수 있다. 그리고 한편으로 『이양편』에 인용된 『동의보감』의 내용은 『황제내경』의 『소문(素問)』이나 『영추(靈樞)』를 비롯한 의학서의 경우를 제외하고 내단 사상가나 도교 양생론 부분은 드물게 인용되고 있다. 물론 부분적으로 도교 내단서를 인용한 부분이 있기도 하지만, 전반적으로 유학의 입장에서 '양생'을 보는 관점의 반영이라고도 할 수 있다. 이러한 성격은 하편의 사상적 특징이라 할 수 있다. 그

32) 임병욱 외, 위의 논문, p.4 참조.

럼에도 불구하고 『이양편』이 추구하고자 한 의학과 도교를 유학적 관점에서 회통하려고 한 점은 폄하할 수 없다. 양심과 양생을 두 축으로 심신수양과 수련을 아우르고자 한 점은 높이 평가할 만하다.[33)]

33) 『二養編』에 관한 서술의 내용은 다음의 논문을 수정 보완한 것임. 성호준, 「曺倬의 『二養編』과 『東醫寶鑑』」, 『東洋文化硏究』 8, 2011.

제8장

이제마(李濟馬)의 심성론과 사상의학

1. 이제마(李濟馬) 의학의 역학적(易學的) 이해

유의(儒醫)와 동의(東醫)의 관점에서 빠트릴 수 없는 인물이 조선 후기 이제마(李濟馬, 1837~1899)라 할 수 있다. 『동의보감』 의학이나 이제마와 비슷한 시기인 이규준(李圭晙)의 의학에 비하여 우리나라 학계의 연구도 활발하게 이루어진 편이다. 이제마에 대한 초창기 연구의 주도자는 이을호 교수였다. 이을호는 「이동무(李東武) 사상설 논고(論攷)」[1]와 「동무사상설의 경학적 기조」[2]를 통하여 사상의학에 대한 철학적 분석을 시도하였다.[3] 이후 2000년 전후에는 이제마의 학문적 연원과 유학

1) 이을호, 「이동무(李東武) 사상설 논고(論攷)」, 『철학연구』 7-1, 1972.

2) 李乙浩, 「東武四象說의 經學的 基調」, 『韓國學報』 3-1, 1977.

적 특징을 분석하기 위한 다양한 노력이 시작되었다. 즉 이제마의 학문적 연원을 운암(芸菴) 한석지(韓錫地)에게 두고 그에 대한 철학적 분석을 시도하여 이제마의 사상의학과 관련하여 서술하고자 하는 이들도 있고,[4] 이제마 사상의학에 대한 유학적 성격 및 윤리적 · 정치적 의미에 대한 다양한 분석이 이루어지고 있다. 유의를 '유학적 이상을 의덕과 의학 이론 등 의학의 전 부분에 적극적으로 구현하고자 한 의가' 로 정의한다면, 유학의 심성론(心性論) 등으로 자신의 의학 체계를 정합적으로 구성한 이제마의 사상의학이나 이규준의 부양의학이 『동의보감』으로 시작하는 우리나라 유의 의학의 결실이라 할 수 있다. 『동의보감』이 16세기에 중국의 의서와 내단서 및 심신 수련서 등을 집대성하여 '동의' 와 '유의' 의 의미를 상징적으로 구현하였다면, 『동의보감』의 전통을 이은 이제마나 이규준의 의학은 독창적인 '동의' 의 경지를 이룸과 동시에 명실상부한 유의의 모습도 실현한 것으로 평가할 수 있다.

이제마는 『동의수세보원』「의원론(醫源論)」에서 자신의 의학이 신농(神農) · 황제(黃帝) · 장중경(張仲景) · 주굉(朱肱) · 이고(李杲) · 왕호고(王好古) · 주진형(朱震亨) · 위역림(危亦林) · 이천(李梴) · 공신(龔信) · 허준(許浚)을 이었다고 하였고, 그중에서도 장중경 · 주굉 · 허준을 첫째로 삼고 이천 · 공신이 그다음이라 하였다.[5] 즉 『동의보감』 의학이 자

3) 이을호 교수의 연구 이전에도 韓東錫의 『동의수세보원주석』이라는 사상의학의 해설서가 있다.

4) 대표적인 논문은 尹鍾斌의 「운암 한석지 실학의 선진유학적 특성에 관한 연구」(충남대 박사학위 논문, 2000)와 方正均의 「芸菴 韓錫地 사상연구」(경희대 박사학위 논문, 2003) 등이 있다.

신 사상의학의 기원이 되었음을 분명히 한 것이다. 이 부분을 유의의 입장에서 본다면, 동의보감 등 심성수양의 의학적 전개를 표방한 유의 의학의 맥을 자신이 잇고 있다는 주장으로도 수용할 수 있고, 그것을 『격치고(格致藁)』나 『동의수세보원』에서 충분히 나타낸 것으로 판단할 수 있다. 결국 인간의 심성을 중심으로 도덕 주체를 확립하고자 한 유학적 이상을 인간의 신체를 중심으로 하는 의학에서는 어떠한 방법으로 전개할 것인가가 이제마 의학의 또 다른 목적이라 생각한다.

한편으로는 이 부분에 대해 『동의보감』이 『황제내경』의 여러 측면 중에서 특히 외형과 신(神)의 관계에 주목하고 있으며, 병을 보는 데서도 각 개별적인 신체의 허실에 기준을 두고 있다고 평가하고, 개체를 중시하는 관점은 각 개체의 체질을 기준으로 변증을 하는 사상의학의 기초가 되었다고 평가하기도 한다.[6] 아울러 주진형 등으로 이어진 심성수양의 의학적 전개를 표방한 유의 의학의 맥을 자신이 잇고자 한다는 주장으로 수용할 수 있다.

이제마의 의학과 유학에 대하여 다시 정리해 보자. 그의 학문적 연원은 크게 세 가지로 나눌 수 있다. 첫째는 유의 의학의 흐름을 계승하고 있다는 점이다. 주진형의 의론을 중심으로 이어진 심성수양의 의학적 전개를 표방한 유의 의학의 맥을 잇고 있다. 둘째는 역학(易學)의 논의를 적극적으로 수용하였다. 의학은 『황제내경』 이후 음양오행을 의학적 인간관 · 우주관의 기본 틀로 이해하고, 이를 천인상응 및 인간의 생

5) 『東醫壽世保元』, 「醫源論」 참조.

6) 許勳, 「東武 李濟馬의 心性論 硏究」, 성균관대 박사학위 논문, 2008, p.17-p.18.

리, 병리를 설명하는 구조로 활용하여 왔다. 그러나 이제마의 의학에서는 오행보다는 사상의 구조를 활용하고 있다. 이제마의 사상의학이 『주역』「계사」의 '태극(太極)-양의(兩儀)-사상(四象)-팔괘(八卦)'에 근거한 것은 분명하나, 오행과는 무관하다는 주장이 초기 연구에서 제기된 바 있었다.[7] 반면 『황제내경』의 음양오행은 목·화·토·금·수 중 오행의 본체를 비토(脾土)로 보았으나 이제마는 심토(心土)로 보아 중앙지태극(中央之太極)인 심과 사유지사상(四維之四象)인 심을 제외한 사장(四臟; 간·비·폐·신) 관계로 오행·오장의 의미를 분석하고 있다고 주장하기도 한다.[8] 셋째는 당대 유학의 학풍에서 이제마 의학의 또 다른 배경을 찾아 『명선록(明善錄)』을 지은 한석지(韓錫地)와 성리학자 기정진(奇正鎭)과의 연관성을 논의하기도 한다.[9]

이제마의 저서 중 가장 중심인 것은 『격치고』(1893)와 『동의수세보원』(1894)이다. 『격치고』는 이제마 의학의 철학적 원리를 담은 책이고, 『동의수세보원』은 『격치고』를 바탕으로 이루어진 의서로 두 책은 체용관계에 있다. 이제마 의학의 유학적 기초인 『격치고』는 말 그대로 『대학』의 격물치지(格物致知) 등 유학적 사고를 그가 철저히 수용한 결과이며 그 이론적 결과물은 사원(四元)-사상(四象) 구조로 나타난다. 이러한 논리 구조는 『맹자』와 『중용』은 물론 『대학』의 논의를 빌려 완성한

7) 金斗鍾, 『韓國醫學史』, 探究堂, 1998, p.462.
8) 金榮睦, 「四象醫學의 易哲學的 基礎에 관한 연구」, 『大韓韓醫學原典學會誌』 21-2, 2008.
9) 金達來·高炳熙·宋一炳, 「李濟馬의 學問的 淵源과 四象醫學의 形成時期에 對한 研究」, 『사상의학회지』 2-1, 1990.

것이다. 『격치고』는 「유략(儒略)」, 「반성잠(反省箴)」, 「독행편(獨行篇)」의 세 편으로 구성되어 있는데, 전 편에 걸쳐 『맹자』, 『중용』, 『대학』 등 유학의 경전을 자신의 논거로 활용하고 있다. 「독행편」을 보면 정심(正心)과 부동심(不動心)에 대한 설명으로 이루어져 있다. 정심 · 부동심은 다름 아닌 『대학』의 팔조목 중의 정심이며, 『맹자』 「공손추상」의 부동심이다. 또한 「반성잠」을 보면 편의 뜻을 "건잠(乾箴) · 태잠(兌箴)은 『중용』의 도를 존중하여 지었고, 곤잠(坤箴) · 간잠(艮箴)은 사모하여 지었다. …… 학문의 도(道)는 구방심(求放心)이다."[10]라고 하였다. 「유략」에서는 "물은 신체의 집이며, 신체는 심의 집이며, 심은 일의 집이다."[11]라고 한 바 있는데, 사 · 심 · 신 · 물의 상호 유기적인 관계를 설명하고 있다. 이는 『중용』의 22장과 23장의 자기의 성품을 다하고 물의 성품을 다하는 '진기진물(盡己盡物)'과 자기를 이루고 물을 이루는 '성기성물(成己成物)' 가운데에서 자기의 심(心) · 신(身)과 물의 사(事) · 물(物)에서 모든 사물을 완전하게 인식하는 사상의 구성적 요소가 비롯되었다고 한다.[12] 『중용』을 보면 '진기진물'과 '성기성물'의 전제는 성(誠)에 두는 것도 중요한 의미가 있다. 아울러 '진기진물'의 목적은 '천지화육(天地化育)'에 있는데, 이는 유의들이 주장한 의학과 유학의 공통 이상 '중화위육(中和位育)'에 참여하는 것이다.[13]

---

10) 『格致藁』, 「反省箴」 참조.

11) 『格致藁』, 「儒略」 참조.

12) 許勳, 「東武 李濟馬의 心性論 硏究」, 성균관대 박사학위 논문, 2008, p.29.

13) 『韓國儒學思想大系 XII』 科學技術思想編, 제6장 의학과 심신수련(성호준), p.673-p.676.

그러나 한편으로는 이제마의 역학과 유학에 대한 배경을 인정하면서도 상반된 의견이 존재하는 것이 학계의 현실이다. “한의학의 철학적 기초는 음양오행에 있다. 음양오행을 동무가 어떻게 적용하고 있는 가를 살펴야 한다.”[14]고 하였고, 한편으로는 사상의학의 독창적인 면은 “음양오행설에 이론적 근거를 둔 전통 의학을 따르지 않고 사상설에 근거를 둔 새로운 의학 이론을 창시했다는 점이다.”[15]라고 하여 음양오행 특히 오행설을 부정하는 데에서 이제마 의학의 특징을 찾고자 하였다. 사실 상반된 두 주장의 중심에는 한동석이 있다. 한동석의 『우주변화의 원리』(대원출판사, 2001)는 아직도 한의학 전공자들의 필독서일 만큼 영향력은 대단하다. 그러나 철학계에서는 공식적으로 거론조차 되지 않는 실정이다. 이에 대해 “참신(斬新)함이 독자로 하여금 많은 숙고를 하도록 하기 때문으로 보인다. 그것이 아니라면 한동석의 오행론에 입각한 해석이 일고의 가치도 없다고 보기 때문이다.”[16]이라고 평가한 바 있다. 의학이나 음양오행을 연구하는 철학 연구자 대부분은 한동석의 주장에 대해 언급이 없었던 것이 사실이다. 그러나 정역(正易)에 의한 새로운 오행설이 이제마의 사상설을 설명하는 한동석의 오행설 관점에도 수용되었다는 사실을 부인하기 어렵다고 하였고, 성정(性情)론을 새로운 오행 도식의 관점에서 해석해 볼 필요가 있다고 적극적으로 한동석의 주장을 수용하고자 하였다. 이어 한동석의 『동의수세보원』의 주

14) 허훈, 『동무 이제마의 철학사상』, 심산, 2008, p.23.
15) 최대우, 『이제마의 철학』, 경인문화사, 2009, p.198.
16) 허훈, 위의 책, p.23.

석을 고려하지 않은 기존의 논문들은 대부분 사상설이 음양설을 바탕으로 하지만, 오행설은 취하지 않았다는 주장까지 하였다.

그러나 이러한 주장에 대해 적극적으로 반대하는 경우도 있다. 그는 기존의 연구를 우주의 변화 원리로 해명하는 상수(象數) 원리로 사상의학을 해석한다고 규정하고 이것이 하도(河圖)와 낙서(洛書) 그리고 정역에 맞추어져 있다고 하였다. 이에 대해 그는 다음과 같은 비판을 한다. "첫째 사상의학 이론이 상수 원리를 근간으로 성립되었다면 이제마가 이 사실을 명시하지 않는 이유는 무엇인가? 둘째 동의수세보원에 대한 이제마의 자주(自註)가 이제마의 자작이라면 사상의학 이론은 상수 원리로 해석해야 이해할 수 있다는 가장 중요한 사실을 주해하지 않은 이유가 무엇인가? '오행의 도식이 변형되어 장부와 대응한다.' 는 논거 역시 설득력이 부족하기는 마찬가지이다. …… 순환의 도식이 하도와 낙서, 그리고 정역에 맞추어져 있다고 하더라도 사상의학은 이러한 사실을 단 한 줄도 언급하고 있지 않기 때문이다"[17]라고까지 하여 상수 원리에 기반한 이제마의 사상의학에 대한 해석은 설득력이 없다고 하였다. 황제내경 이래로 의학은 음양오행을 의학의 중심 원리로 상정하여 천지자연과 인간의 심신(心身)은 상응한다는 근거로 활용해 왔음은 정설로 자리하여 왔다. '오행과 이제마 의학' 에 대한 상반된 입장은 중요한 의미가 있으며 이제마 사상의학과 철학 사상을 가름하는 잣대가 될 수 있으리라 생각한다.

---

17) 최대우, 위의 책, p.17.

이제마의 사상의학이 정역 등을 통해 오행론을 새롭게 전개하였다는 입장과 오행론을 벗어나 독창적인 의학 체계를 마련하였다는 주장 모두 어느 정도 설득력은 있다. 그러나 한편으로 '오행 논쟁' 을 벗어나 유학적 입장에서 의학을 조명한다면 두 저자의 입장은 공유하는 부분이 많은 것도 사실이다. 유학의 심성론 등으로 자신의 의학 체계를 정합적으로 구성한 이제마의 사상의학은 우리나라 유의 의학의 결정체라 할 수 있다.

2. 경학(經學)과 심성수양론

유학의 경전에 바탕을 두어 사상의학의 체계를 완성한 이제마의 경학과 심성수양의 특징을 통하여 사상의학의 유학적 기반을 살펴보고자 한다. 앞서 내용처럼 그가 중시한 유가의 경전은『맹자』,『중용』,『대학』 등이다. 특히『맹자』의 심성수양론에 대한 수용은 한석지와의 교류를 통하여 이루어진 듯하다. 우선『맹자』와 관련된 내용을 살펴보자. 우선 성선설(性善說)에 관한 내용이다. '맹자께서 성이 선한 것에 대해서 이야기하실 때마다 요임금과 순임금을 예로 드셨다.' 하고, 또 '사람이 모두 요순과 같이 될 수 있다고 하지만 보통 사람의 현명함과 지혜로는 아무리해도 요순만 같지 못하니 그 성이 요순과 같다고 하는 것은 무슨 까닭인가?' [18]라는 물음에 이제마는 요순이 이목구비(耳目口鼻)가 있으며 보통 사람도 역시 이목구비가 있으며, 요순이 폐비간신(肺脾肝腎)이 있으며 보통 사람도 역시 폐비간신이 있으니 귀는 능히 듣고, 눈은 능히 보고 폐는 능히 학(學)하고 비는 능히 문(問)하니, 이것이 보통 사람의 본성이 요순과 더불어 같은 것이 아닌가?[19]

라고 하여 맹자의 성선의 입장을 계승하고 있음을 분명히 한 바 있다. 또 그는 인간의 본성이 순선(純善)한 것은 성인과 군자 소인이 한가지로 같으나 인간의 심에는 선하고 악한 것이 있어 사람마다 만 가지로 다르다고 하고, 「반성잠(反誠箴)」에서는 "한 가지로 같은 것은 선으로 알기가 쉬우며, 만 가지로 다른 것은 악으로 알기가 어렵다."라고 하여, 인간의 본성은 선성(善性, 至善)이지만, 그 본성이 드러나는 작용인 심은 선과 악으로 나누어진다고 하였다.

인간의 심은 지선(至善)인 본성에 근거하고 있지만, "인간의 성품〔人性〕은 같고, 인간의 욕심〔人欲〕 또한 같으니"[20]라고 하고, "세상 사람 심의 선성(善性)을 꿰뚫어 알은 연후에야 희로애락이 이미 발하여 절도에 맞을 것이고, 세상 사람 심의 악한 욕망을 꿰뚫어 알은 연후에야 희로애락이 발하지 않아도 적중하는 것이다."[21]라고 하여, 인간의 심은

18) 『格致藁』「獨行篇」"曰孟子道性善言必稱堯舜 又曰人皆可以爲堯舜衆人之賢知 萬不如堯舜而其性之與堯舜同者何耶"

19) 『格致藁』「獨行篇」"堯舜有耳目口鼻 而衆人亦有 耳目口鼻 堯舜有肺脾肝腎 而衆人亦有肺脾肝腎 耳能聽 目能視 肺能學 脾能問 此衆人之性 不與堯舜同乎"

20) 『格致藁』「獨行篇」"人性同也 人慾亦同也"

21) 『格致藁』「反誠箴」乾箴下截 "洞知天下人心之善性然後 喜怒哀樂 己樂而節也 洞知

선과 악으로 작용하기 때문에 선성과 악욕(惡欲)을 꿰뚫어 알아야 자신의 '희로애락'을 잘 발용 할 수 있다고 하였다. 여기서 동무는 인간의 심 작용을 인성〔善〕과 인욕〔惡〕으로 나누고, 인성은 호선(好善)과 오악(惡惡)으로 인욕은 사심(私心)과 태심(怠心)으로 각각 작용하는 사상적 구조로 밝히고 있음을 알 수 있다.

이제마는 이러한 사상적 구조의 심의 작용에 대하여, '이목비구의 정(情)은 선을 좋아하여 공정하고 사사로운 심이 없으며, 폐비간신의 정은 악한 것을 미워하는데 사사로움이 없고 극히 공정한 것이며, 함억제복(頷臆臍腹)은 지혜가 있으나 교만하며 자긍하며 자벌하며 자과하는 사사로운 심이 이것을 어기면 널리 통하지 못하게 되며, 두견요둔(頭肩腰臀)은 쉬지 않고 실행하게 하는 힘이 있으나 빼앗고 사치하고 게으르고 도적질하는 욕심이 그것을 억누르면 정당한 행동을 하지 못하게 된다고'[22]라고 하여, 구체적으로 설명하고 있다. 그런데 『동의수세보원』 「성명론(性命論)」에서는 '천 · 인 · 성 · 명'의 사상적 구조를 통해 인간 존재를 밝히면서, 이목비구의 천과 함억제복의 성을 결부시키고, 또 폐비간신의 인과 두견요둔의 명(命)을 결부시키고 있기 때문에, 사상적 심의 작용도 호선과 사심이, 오악과 태심이 각각 결부되는 것이다.

天下人心之惡慾然後, 喜怒哀樂 微發而中也"

22) 『東醫壽世保元』 「性命論」 "耳目鼻口之情 行路之人 大同於協義故好善也 好善之實極公也 極公則亦極無私也 肺脾肝腎之情 同室之人 各立於擅利故惡惡也 惡惡之實極無私也 極無私則亦極公也 頷臆臍腹之中 自有不息之知 如切如磋 而驕矜伐夸之私心卒然敗之 則自棄其知而不能博通也 頭肩腰臀之下 自有不息之行 赫兮咺兮 而奪侈懶竊之慾心 卒然陷之 則自棄其行而不能正行也"

『맹자』의 성선설을 바탕으로 자신의 사상체계를 세운 이제마는 『중용』을 적극적으로 활용하여 심성론의 중심으로 삼고 사상의학의 기초로 정립한다. 『동의수세보원』의 「반성잠」 건잠(乾箴)에서는 첫 번째 부분에 대하여, 『중용』 제1장의 본성(性) · 도(道) · 가르침(敎)을 도와 덕으로 집약하고, 군자는 '홀로 삼가다(愼獨)' 와 '앎에 이르다(致知)' 해야 함을 다음과 같이 논하고 있다.

> 도라는 것은 천명의 도니 천명의 도는 누가 잠시라도 떨어질 수 있겠는가? 덕이라는 것은 인성의 덕이니 인성의 덕은 어찌 넘어지는 사이에도 반드시 이것에 있지 않겠는가? 그러므로 군자는 반드시 경계하고 삼가서 그 보이지 않는 곳에서 홀로 삼가고 앎에 이르며, 두려워해서 그 들리지 않는 곳에서 홀로 삼가고 앎에 이르는 것이다."[23]

또 제1장에 대하여, "홀로 있을 때 삼가는 것이 치우치면 홀로 지키는 것이 어렵고, 물정을 살피는 것이 치우치면 물을 접하는 것이 어려우니, 사물의 이치를 궁구하고 홀로 삼가야 거의거의 허물이 없을 것이며, 홀로 삼가고 사물의 이치를 궁구해야 거의거의 위태롭지 않을 것이다."[24] 라고 하여, 『중용』에서 논한 '신독(愼獨)' 을 중요시하면서 이것을 『대

---

23) 『格致藁』「反誠箴」 乾箴下截 "道也者 天命之道也 天命之道 孰可須臾 離於斯乎 德也者 人性之德也 人性之德 何不顚沛 必於是乎 是故君子 必戒愼乎其所不覩而愼獨致知 恐懼乎其所不聞而愼獨致知"

24) 『格致藁』「反誠箴」 乾箴下截 "偏愼其獨 難爲守獨 偏察物情 難爲接物 格物愼獨 庶幾不罔 愼獨格物 庶幾不殆"

학』의 근본인 '격물(格物)'과 '치지(致知)'에 연계하여 해석하고 있다.

이어서 둘째 부분에 대해서는 신독(愼獨)과 치지(致知)에 이르는 것이 천하의 근본이고, '수신(修身)'과 '세상에 행함(行世)'이 천하에 통달한 도임을 논하고 있다.

> 희로애락이 아직 발하지 않은 상태를 중(中)이라 하고, 발하여 모두 절도에 맞는 것을 일러 화(和)라고 하니, 홀로 삼가고 지혜에 이르는 것이 천하의 위대한 근본이며, 신체를 닦고 세상에 행하는 것이 천하의 통달한 도이다. 왕(往)하면 반드시 슬픔이 있고, 래(來)하면 반드시 즐거움이 있고, 임(臨)하면 반드시 노여움이 있고, 립(立)하면 반드시 기쁨이 있으니, 희로애락은 인성이고, 왕래임립(往來臨立)은 천명이다.[25]

여기서 왕래임립을 천명이라 하고, 희로애락을 인성으로 규정한 것은 사상철학을 이해하는데 있어서 핵심적 의미가 있다. 일반적으로 성리학에서는 희로애락을 정(情)이라 하고, 그것이 아직 발하지 않은 상태를 성(性)으로 하여 심성정의 관계를 정하는데, 이제마는 희로애락을 곧바로 인성으로 서술하고 있는 것이 특징이다. 그러나 사상의 심성 구조를 『중용』의 중화(中和)의 구조를 빌어 설명하는 것이 일반적인 경우와 큰 차이가 없다.

---

25) 『格致藁』「反誠箴」乾箴下截 "喜怒哀樂之未發 謂之中 發而皆中節 謂之和 愼獨而致知者, 天下之大本也. 修身而行世者 天下之達道也 往必有哀 來必有樂 臨必有怒 立必有喜 喜怒哀樂 人性也 往來立臨 天命也"

이어 천명으로 규정한 왕래임립은 『격치고』 제2권 「반성잠」에서 집중적으로 논하고 있는데, 「반성잠」에서는 "하늘을 이고 왕(往)하는 것은 하늘의 때를 고르게 하는 것이고, 땅을 밟고 래(來)하는 것은 땅의 이로움을 고르게 하는 것이고, 문을 나와서 임(臨)하는 것은 사람의 꾀를 고르게 하는 것이고, 잔치를 즐기고 립(立)하는 것은 사람의 재주를 고르게 하는 것이다."[26]라고 하여, 왕래임립을 천시(天時) · 지리(地利) · 인모(人謀) · 인재(人才)와 연계하여 논하고 있다.

「반성잠」의 '왕래임립' 에서 왕래(往來)는 『주역』의 천지인(天地人) 삼재지도(三才之道)의 학문 체계에서 천도를 위주로 밝히고 있는 하도(河圖)와 낙서(洛書)의 작용을 상징하는 것이며, 임립은 인도의 입장에서 상하와 직접 관계되는 것으로 왕과 래, 임과 립이 서로 대대적(待對的)인 관계인 것으로 이해할 수 있다. 다음으로 인성으로 규정한 희로애락은 『동의수세보원』 「사단론」에서 애기(哀氣) · 로기(怒氣) · 희기(喜氣) · 락기(樂氣)의 기로 언급하면서 사상인(四象人)을 구분하는 근거가 되기 때문에 사상의학을 이해하는데 있어서 근본적 개념이라 하였다. 위 인용문에서 '왕하면 반드시 슬픔이 있고, 래하면 반드시 즐거움이 있고, 임하면 반드시 노여움이 있고, 립하면 반드시 기쁨이 있으니' 라고 하여, 천명인 왕래임립의 작용이 인간의 성품인 희로애락으로 드러나게 됨을 밝히고 있다. 희로애락은 인성의 덕이 드러나는 것으로 왕래임립의 사이에서 절도에 맞을 수도 있고 맞지 않을 수도 있기 때문에 인

26) 『格致藁』 「反誠箴」 乾箴下截 "戴天以往 平均天時 履地以來 平均地利 出門以臨 平均人謀 遊燕以立 平均人才"

간은 천명으로 주어진 왕래임립의 사이에서 경계하고 삼가고 두려워하여 적중하는 행동을 해야 하는 것이다.

또 왕래임립이 「성명론」의 천기 유사와 결부된다면, 희로애락의 인성은 「성명론」의 인사 유사인 사무(事務) · 교우(交遇) · 당여(黨與) · 거처(居處)[27]와 결부된다고 하였다. 「성명론」에서 논한 천인성명의 사상적 구조에서 천과 인, 성과 명이 서로 체용의 관계라는 점에서도 인성으로 규정된 희로애락의 인사 유사와 결부되는 것이다. 「성명론」에서는 "폐는 사무에 정통하며, 비는 교우에 합하며, 간은 당여를 세우며, 신(腎)은 거처를 정한다."[28]라고 하여, 폐비간신을 통해 인사 유사를 달합립정(達合立定)하게 되고, 「사단론」에서는 사상인의 폐비간신 장국(臟局)의 대소와 애로희락을 연계시켜 논하고 있는데,[29] 그 철학적 근거를 격치고의 위 문장에서 찾을 수 있다. 「사단론」에서는 사상인의 폐비간신 장국의 대소를 논하면서 천기 유사를 청시후미(聽視嗅味)하는 이목비구로 논하지 않고, 인사 유사를 달합립정(達合立定)하는 폐비간신(肺脾肝腎)으로 논하고 있는 것이다. 또한 왕래임립의 천명과 희로애락의

27) 『東醫壽世保元』 「性命論」 "人事有四 一曰居處 二曰黨與 三曰交遇 四曰事務"

28) 『東醫壽世保元』 「性命論」 "肺達事務 脾合交遇 肝立黨與 腎定居處"

29) 『東醫壽世保元』 「四端論」 "太陽人 哀性遠散而怒情促急 哀性遠散則氣注肺而肺益盛 怒情促急則氣激肝而肝益削 太陽之臟局 所以成形於肺大肝小也 少陽人 怒性宏抱而哀情促急 怒性宏抱則氣注脾而脾益盛 哀情促急則氣激腎而腎益削 少陽之臟局 所以成形於脾大腎小也 太陰人 喜性廣張而樂情促急 喜性廣張則氣注肝 而肝益盛 樂情促急則氣激肺而肺益削 太陰之臟局 所以成形於肝大肺小也 少陰人 樂性深確而喜情促急 樂性深確則氣注腎而腎益盛 喜情促急則氣激脾而脾益削 少陰之臟局 所以成形於腎大脾小也"

인성을 연계하여, 가고 오고 서고 임하는 명이 있으면 오지도 가지도 않고 서지도 임하지 않을 때 명이 있으며, 희로애락이 발할 때의 본성이 있으면 희로애락이 발하지 않을 때 본성이 있는 것으로 천명과 성, 중과 절에 대하여 구체적으로 논하고 있다. 이는 희로애락을 정을 보지 않고 모두 미발과 이발(已發)의 성으로 보았다는 점에서 성(性)과 정(情)으로 나누어 보는 성리학과 확연한 차이가 있다. 특히 이제마는 성리학의 리기론에 대해서는 직접 언급하지 않지만, 성정에 있어서는 희로애락을 성과 정으로 논하고, 그것이 병의 주원인이 된다고 하였다.

한편 『중용』 1장의 '천명의 성' · '솔성(率性)의 도(道)', '수도(修道)의 교(敎)'를 종합하여 다음과 같이 논하고 있다.

> 천명으로써 인성에 주는 것이 천명의 성이고, 인성으로써 천명에 순응하는 것이 솔성의 도이다. 희로애락이 아직 발하지 않은 것은 지혜에 이르고 홀로 삼가는 것이며, 지혜에 이르고 홀로 삼가는 것은 삼가 경계하고 두려워하는 것이니, 지혜에 이르고 홀로 삼가는 것을 쉬지 않고 오래 하는 것이 곧 수도(修道)의 가르침이다.[30]

또 희로애락의 발함과 발하지 않음을 『중용』 20장의 '지인(知人)'과 '지천(知天)'을 통해 설명하고, "세상사람 심의 선성(善性)을 꿰뚫어 알

30) 『格致藁』「反誠箴」乾箴下截 "以天命而授人性者 天命之性也 以人性而順天命者 率性之道也 喜怒哀樂之未發 卽致知愼獨也 致知愼獨 卽戒愼恐懼也 致知愼獨 不息而久則 修道之敎也"

은 연후에야 희로애락이 이미 발하여 절도에 맞을 것이고, 세상사람 심의 악한 욕망을 꿰뚫어 알은 연후에야 희로애락이 발하지 않아도 적중하는 것이다."[31]라고 하여, 인간의 심은 선과 악으로 작용하기 때문에 선성과 악욕을 꿰뚫어 알아야 자신의 희로애락을 잘 발용 할 수 있다고 하였다. 희로애락이 발할 때 절도에 맞고, 발하지 않을 때도 적중하기 위해서는 지천과 지인을 해야 하며, 지인에 있어서는 인간 심의 선악을 꿰뚫어 알아야 희로애락이 절도에 맞고 적중할 수 있음은 알 수 있다. 『동의수세보원』에서도 우임금의 희로애락이 절도에 맞은 것은 지인에 있음을 강조하고, 정성(誠)과 밝음(明)이 지인을 하는 방법임을 논하고 있으며 "희로애락이 아직 발하지 않은 상태를 중이라 하고 발하여 절도에 맞는 것을 화라 한다. 희로애락이 발하지 않아도 항상 경계하는 자는 중에 점점 가까이 가는 자가 아닌가? 희로애락이 나타난 뒤에 스스로 돌이켜 보는 자는 절도에 맞게 점점 가까이 가는 자가 아닌가?"[32]라고 하여, 희로애락이 적중하기 위해서는 항상 경계해야 하고, 화합하기 위해서는 자기반성을 해야 한다고 하였다.

그런데 「사단론」에서 "애기(哀氣)는 곧게 올라가고, 로기(怒氣)는 옆으로 올라가고, 희기(喜氣)는 놓여서 내려가고, 악기(樂氣)는 빠져서 내려간다."[33]라고 하여, 희로애락을 애로희락의 순서로 밝히고 있다. 사

31) 『格致藁』「反誠箴」乾箴下截 "洞知天下人心之善性然後 喜怒哀樂 己發而節也 洞知天下人心之惡慾然後 喜怒哀樂 微發而中也"

32) 『東醫壽世保元』, 「四端論」, "喜怒哀樂之未發, 謂之中, 發而皆中節, 謂之和, 喜怒哀樂未發而恒戒者, 此非漸近於中者乎, 喜怒哀樂已發而自反者, 此非漸近於節者乎."

33) 『東醫壽世保元』「四端論」"哀氣直升 怒氣橫升 喜氣放降 樂氣陷降"

상의학의 철학적 근거로 인간의 생리적 작용을 애기 · 로기 · 희기 · 악기로 논하고 있기 때문에 이제마에 있어서 희로애락과 애로희락은 구분해서 이해할 필요가 있다. 「사단론」에서 심의 작용성을 말할 때는 『중용』의 입장과 같이 희로애락이라고 하였지만, 인체의 기를 논할 때는 애기 · 로기 · 희기 · 악기라 하여, 『중용』의 희로애락을 근거로 자신의 사상철학과 사상의학을 융합하고 있는 것이다. 따라서 이제마는 『주역』 뿐만 아니라 사서를 중심으로 경전의 구절과 개념을 끌어들이고 있지만, 경전의 해석을 위한 시도에 머무르지 않고 인용한 경전 구절들을 자신의 사상(四象)적 사유체계로 조명하여 새로운 의미를 부여하면서 자신의 철학을 완성시킨 것이다.[34) 35)]

3. 사상의학(四象醫學)으로의 전개

이제마는 왜 전통 의학인 '『내경』의 오행론' 과는 차이가 있는 사원-사상의 구조를 고집하는 것인가? 이는 『주역』의 원리에서 찾을 수 있다. 『주역』 「건괘」의 '건은 원(元)하고 형(亨)하고 이(利)하고 정(貞)하니

---

34) 금장태, 「동무 이제마의 사상」, 『철학과 현실』 14, 철학문화연구소, 1992, p.202 참조.

35) 이 절의 내용은 다음의 두 논문을 인용하고 요약한 것임. 임병학, 「동무 이제마의 四象的 사유체계와 『孟子』」, 『退溪學과 儒敎文化』 53, 경북대 퇴계학연구소, 2013. 임병학 「李濟馬의 『中庸』에 대한 해석과 四象哲學」, 조선대 『인문학연구』 51, 2016.

라.' 고 한 구절에서 그 의의를 찾을 수 있다. 천도(天道)의 변화인 원형이정은 인간의 내재적인 사덕(四德)인 인의예지(仁義禮智)와 상응하는 구조로 이루어져 있는데, 상응의 원형이 사상에 있고, 그러므로 사상의 구조로 인간과 사물 그리고 천지자연과의 유기적 상응 관계를 통하여 인간의 심성 구조와 생리·병리를 연계하여 분석함이 이제마 사상의학의 출발점이다. 또한 이는 천도와 성명의 일관된 구조로 나타난다. 『주역』의 "건도(乾道)가 변화함에 각기 성명(性命)을 바로 하여 크게 화합함을 보전하고 합하나니 이에 바름에 이로우니라!"[36]라는 말을 통하여 알 수 있듯이 천이 부여한 것은 명이 되고 그것을 인간을 비롯한 물이 받은 것은 성이 된다. 그러나 성명의 근원은 성(誠)에 있다. 즉 천도의 변화인 원·형·이·정은 성(誠)이 유행하는 과정이고, 각정성명(各正性命)은 인과 물이 각각 자신의 성명을 바르게 한다는 것이다. 유학에서 천도와 성명은 성으로 일관된 구조를 가지고 있다. 이러한 과정에서 성명의 바름을 구현하고자 한 것이 유학의 중화라면 바르게 된 성명을 바탕으로 인·물의 화육을 돕는 것이 의학의 중화이다. 아울러 각정성명과 보합태화라는 체용적 구조와 맞물려 있다고 하였는데, 각정성명이라는 유학의 이상 실현을 위한 보합태화가 필요하다고 생각한다. 이러한 이론적 근거에서 본다면, 이제마 의학은 주진형과 『동의보감』을 계승하는 진정한 유의의 모습을 구현한 것이다.

『동의수세보원』의 내용을 자세히 살펴보면 이제마의 유학적 의학의

36) 『周易』 乾卦 「彖傳」 "乾道變化 各正性命 保合大和 乃利貞"

특징이 그대로 이어진다. 「사단론」에서 보면 다음과 같이 말하였는데, 이것은 『격치고』의 논의를 재확인한 내용이다.

> 희로애락이 발하지 않은 상태를 중이라 하고 발하여 절도에 맞는 것을 화라 한다. 희로애락이 발하지 않아도 항상 경계하는 자는 중에 점점 가까이 가는 자가 아닌가? 희로애락이 나타난 뒤에 스스로 돌이켜 보는 자는 절도에 맞게 점점 가까이 가는 자가 아닌가?[37]

또한 『격치고』의 '사(事) · 심(心) · 신(身) · 물(物)'은 『동의수세보원』 「성명론」에서는 '천(天) · 인(人) · 성(性) · 명(命)'으로 나타난다. 이는 우주만물의 구성을 설명하기 위한 기본적인 요소를 네 가지로 설정, 이들의 상호 관계를 우주 · 사회 · 신체 현상의 상호 관련 속에서 관찰하고 해석한 것이다. 또한 우리 인간은 이목구비의 듣고, 보고, 맛보고, 냄새를 맡는 기능을 통하여 외부 환경을 인식하고 받아들인다. 또한 폐장(肺臟) · 비장(脾臟) · 간장(肝臟) · 신장(腎臟) 즉 네 장기는 희로애락이라는 감정과 관련이 있어 네 가지 체질로 갈라지는 바탕이 된다.[38] 이제마의 의학에서는 전통적인 오행배당의 장부 인식 등을 부정하고, 사원구조 안에서 장부와 성정 그리고 여타의 우주 · 사회 · 인간 등의 사사물물을 유기적으로 배당하고 이해한 것이다. 여기에서 이제마의

37) 『東醫壽世保元』, 「四端論」, "喜怒哀樂之未發, 謂之中, 發而皆中節, 謂之和, 喜怒哀樂未發而恒戒者, 此非漸近於中者乎, 喜怒哀樂已發而自反者, 此非漸近於節者乎."

38) 許勳, 「東武 李濟馬의 心性論 硏究」, 성균관대 박사학위 논문, 2008, p.56, p.58.

체질 의학이 나온 것으로 볼 수 있다.

『동의수세보원』은 총 7편으로 그중 「성명론」과 「사단론」, 「확충론」이 중심 이론이며 「의원론」에서는 본인 의학의 연원에 대해 자술하는 내용으로 이루어져 있다. 우선 「성명론」에서 이제마는 천기(天機)를 지방(地方)·인륜(人倫)·세회(世會)·천시(天時)로 나누고, 인사(人事)는 거처(居處)·당여(黨與)·교우(交遇)·사무(事務)로 나누었다. 이어 천기의 네 가지는 이목구비(耳目口鼻)로 연결되고, 인사의 네 가지는 폐비간신(肺脾肝腎)과 관련이 있다고 하였다. 「성명론」에서는 하늘로부터 부여받은 성을 알고 법칙을 알아서 신체의 원리를 이해하고자 한 것으로 보인다. 이어 「사단론」에서는 인간의 체질을 태양(太陽), 소양(少陽), 태음(太陰), 소음(少陰)으로 나누고, 각각의 체질과 사장 즉 폐·비·간·신의 대소가 이들을 나누는 주요 요인임을 논하였다. 사상인은 사장대소로 인해 각각의 체질이 다르며, 사장대소는 희로애락에 대한 조절과 관계가 있으므로 이제마는 수양을 강조한다. 「확충론」은 「성명론」과 「사단론」을 확충시킨 것으로 사상인의 희로애락의 변화가 이목구비와 폐비간신에 어떠한 영향을 미치는가에 대해 설명하였다.[39)]

사상의학은 외형·심리·성격·병증 등에 따라 체질을 분류한다. 그러나 단순히 체질을 나누고 그에 대한 의학적 진단과 치료만 도모한 것은 아니다. 그의 사상의학의 핵심은 '희로애락'에 있다. '희로애락'은 때로는 성(性)으로 때로는 정(情)으로 나타나 성리학과는 다른 독창적

39) 심창애, 「李濟馬의 四象體質에 따른 道德修養論」, 『東洋哲學硏究』 35, 2003. p.155-p.157 참조.

성정론이 형성된다. 「확충론」에 의하면 희로애락은 이목구비가 천기를 살피는 과정으로 드러나는 자연적 성품이며, 정으로서의 희로애락은 폐비간신이 인사를 행할 때 드러나는 희로애락의 감정이다. 여기서 성으로서의 희로애락은 순동(順動)의 성질을 가지나, 정으로서의 희로애락은 촉급한 성질을 가지며 역동(逆動)하기 쉬운 성질을 갖는다.[40]

이제마의 성정에 대한 새로운 유학적 · 의학적 시도는 '희로애락'의 성정을 주요한 병인(病因)으로 인정하는 단계로까지 이어진다. '희로애락'은 각 체질별로 각기 다른 양상으로 드러나고, 희로애락의 편중에 의하여 신체의 질병이 유발되며 아울러 그를 치유하기 위한 방법도 다르다는 것이다. 「사단론」에 보면 다음과 같이 말하였다.

> 태양인은 슬픔이 극에 달해 가지런히 하지 못하면 분노가 밖으로 흐르고, 소양인은 분노가 극에 달해 이기지 못하면 비애가 그 가운데에 동하고, 소음인은 즐거움이 극에 달해 이루지 못하면 기쁨과 좋아함이 안정되지 않고, 태음인은 기쁨이 극에 달해 불복하면 사치와 즐거움에 대해 싫어함이 없게 된다. …… 이것이 죽고 사는 것과 장수하고 요절하는 기틀이므로 몰라서는 안 된다.[41]

이는 사상의 각 체질이 지향하는 수양의 방법과 치병의 방법이 달라

---

40) 許勳, 「東武 李濟馬의 心性論 硏究」, 성균관대 박사학위 논문, 2008, p.96 참조.

41) 『東醫壽世保元』, 「四端論」, "太陽人哀極不濟, 則忿怒激外, 少陽人怒極不勝, 則悲哀動中, 少陰人樂極不成, 則喜好不定, 太陰人喜極不服, 則侈樂無厭……此死生壽夭之機關也, 不可不知也."

야 한다는 점을 분명히 한 것이다. 즉 태양인과 소양인은 슬픔과 분노를 조절하여야 하고, 소음인과 태음인은 즐거움과 기쁨을 조절하여야 한다고 하며, 중화를 수양의 목표로 삼은 것이다. 결국 사상의학에서는 '희로애락' 의 조절이라는 유학의 도덕적 수양이 중요한 의학적 문제로 전이된 것이다. 물론 사상의학은 인간 개체의 특성을 인정하는 유형 체질 분석에 의해서 개체적 특성에 따른 질병의 변화 가능성을 예측할 수 있고 같은 증(證)이라도 내적 요인에 따라 현증(現症)의 의미를 정확히 파악할 수 있다고 한다. 이는 증치(證治) 의학의 보완이라 하겠다. 또한 유형 체질 분석으로 개체에 맞는 양생법과 질병의 예방법을 사용하여 건강을 유지할 수 있다는 점은 사상의학의 의학적 공로라 할 수 있다.[42)]

유학의 입장에서 본다면, 심성수양의 전통을 의학 이론과 의학의 목적에 정합적으로 구성하여『맹자』이후 전개되어 온 심학의 전통을 의학 이론으로 재정립한 것이다. 그러므로 사상의학의 궁극적 목적은 사상 체질 분석에 의한 외형적 질병 치료에 있는 것이 아니라, 유학의 '중화위육' 이나 '존심양성(存心養性)' 의 의학적 실현에 있는 것으로 이제마를 명실상부한 유의로 칭하는 이유이기도 하다. 그러나 한편으로 기존의 이제마 연구가 유의의 계승이라는 면을 간과한 면이 없지 않은 듯하다. 금원대 이후 '절욕양성' 이나 '존심양성' 의 유학의 심성수양론이 의학적으로 전개되는 과정에서 핵심이 되었던 부분도 이제마의 논의 부분과 상통하는 부분이 많기 때문이다.[43)]

---

42) 韓國韓醫學硏究所篇,『韓國醫學史 再定立』下, 한국한의학연구소, 1995, p.138.

43)『韓國儒學思想大系 XII』科學技術思想編, 제6장 의학과 심신수련(성호준), p.677-

그러나 사상의학의 논거가 되는 성정론이 도덕적 범위 안에서 언급되었던 성정을 의학적인 생리(병리)와 연결함으로써 기의 순동과 역동에 따라 성과 정으로 나눈 것이 특징이라 한다. 이는 기존의 유학자들이 미발과 이발의 관계로 심 · 성 · 정을 나누어 수양을 강조하였지만, 이제마는 생리(병리)적 현상을 설명하기 위하여 기의 적극적인 도움도 필요한 것이라 하였다. 그러므로 이제마의 성정론에서 "이목비구는 선을 좋아하고 폐비간신은 악을 싫어하며, 함억제복(頷臆臍腹)과 두견요둔(頭肩腰臀)은 요사스럽고 태만하여 수양하지 않으면 사심(邪心)과 태행(怠行)이 드러나는 것"이라고 하였다. 성리학에서 심과 신의 관련성을 직접 언급한 경우가 보이지 않지만, 이러한 이제마의 수양론은 신체 부위와 감정의 연결이 직접 대응관계를 맺고 있다. 곧 그의 수양론은 관념적인 것이 아니라 지극히 현실적인 것으로 평가한 경우도 있다.[44]

그러나 위의 평가는 유의의 전통에서 보면 재고할 여지가 있다. 주진형을 비롯한 금원대 유의는 물론, 우리나라의 『동의보감』 등 유의의 영향을 받은 의학서 등에 공통으로 나타나는 경향일 뿐이다. 더욱이 뒤에 서술할 이규준도 이제마와 의학적 성격은 같지 않지만, 지향하는 바는 크게 다르지 않기 때문이다. 곧 이제마의 주요 관심사인 심을 통한 도덕 주체의 확립과 신체를 어떠한 방식으로 해석하고자 하는가는 매우 중요한 부분이기는 하지만, 이제마의 독창적인 면모라고 판단하기는 쉽지 않다. 유학과 의학에서 서술하는 신체를 통한 심의 성찰과 심을 통한

---

p.679, 참조.

44) 허훈, 『동무 이제마의 철학사상』, 심산, 2008, p.261-p.262.

신체의 단속은 결국은 하나의 흐름에서 통하기 때문이다. 역사적으로 군화(君火)와 상화(相火)의 분별, 칠정(七情)이 오장(五藏)을 통해 작용하는 문제 등에서 나타나는 망동(妄動)과 욕망의 절제 부분은 다름 아닌 유학과 의학의 공통된 과제라 생각한다. 그러므로 유의들은 '정심(正心)·수심(收心)·양심(養心)' 이나 '중화(中和)' 등의 유학적 표현을 생리적 용어로 환원하여 설명하고자 하였다. 즉 이제마의 의학을 유의 의학의 계승이라는 면으로 이해할 수 있다고 필자는 판단한다. 이제마가 「의원론」에서 장중경·주굉·허준을 첫째로 삼고 이천·공신이 그다음이라 하여 자신의 의학의 배경을 밝혔는데, 그 의미를 유의적 관점 혹은 심성수양의 전통을 계승한 것에서 찾는 것도 의미 있는 일이다.

제9장

이규준(李圭晙)의 경학과 부양의학

1. 유의(儒醫) 전통의 계승과 경학(經學)

이제마(李濟馬)와 더불어 조선 후기에 주목할 만한 유의는 이규준(李圭晙, 1855~1923)이다. 그는 유학의 이상을 의학을 통하여 구현하고자 한 대표적인 유의에 속하는 인물이다. 우선 그는 경학을 중심으로 하여 독자적인 심성수양론의 체계를 구성하였고, 이를 바탕으로 자신만의 의학 이론을 전개함으로써 의유동도(醫儒同道)의 이상을 실현한 인물이라 할 수 있다. 이규준의 유학적 · 의학적 성격 또한 이러한 '유의'와 '동의'의 맥락에서 이해하고 분석하는 것이 적절하다. 이규준은 1906년에 『소문대요(素問大要)』를 간행하였는데, 이 책은 우리나라 최초의 『황제내경』의 주석서이다. 이어 그는 1908년에는 『동의보감』을 발췌하여 엮어 자신의 주장을 펼친 『의감중마(醫鑑重磨)』[1]라는 책을 간행하기도 하였다. 이규준의 의학적 특징은 부양론(扶陽論)이라 할 수 있는데, 그는 "성인이 의약을 제정함에 반드시 말하기를 '양은 살리는 것이고 음은 죽이는 것이다.' 라고 하였으니 그러므로 부양을 위주로 한다. 그런데 지금 의서 모두가 음은 살리는 것이고 양은 죽이는 것이라 하여 곧 사람을 죽이는 것에 힘쓴다."[2]라 하였다. 이규준의 의학은 현재까지도 후학에게 이어져 그의 의학을 연구하고 임상에 적극적으로 활용하고 있는 실정이다.[3]

그런데 이규준의 독창적인 의학 이론은 유학 사상에 기반한 것이다. 이는 그가 지은 책들의 성격을 통해서도 확인할 수 있다. 그는 다양한 방면에 많은 책을 남겼다. 우선 유학 관련 저서로는 『육경(六經)』(모시, 상서, 주역, 춘추, 주례, 의례) 26책, 『경수삼편(經髓三篇)』(『대학』, 『중용』, 『예기 · 예운』의 주석서) 1책, 『전례』 1책, 『논어』 3책, 『효경』 1책, 『당송고시』 1책, 『후천자(後千字)』 1책 등이 있다. 주로 원문, 주석과 서문 등을 자신의 견해에 따라 편집한 것들로 사이사이 자신의 의견을 제시하고 있다. 그 외에 서양의 역사와 문물에 대해 논한 『포상기문(浦上奇聞)』 1책, 당시 성리학과 이의 당파성에 대하여 논하고 자신의 철학 사상을 피력한 『석곡심서(石谷心書)』 1책, 수학에 관한 『구장요결(九章

---

1) '醫鑑重磨' 란 '東醫寶鑑' 을 거듭 연마한다는 뜻이다.

2) 『石谷心書』「與李汝敏」"聖人之制醫藥也 必曰陽生陰死 故以扶陽爲主 而今醫書皆曰陰生陽死 便以殺人爲務"

3) 성호준, 「儒醫 李圭晙의 『中庸』 이해」, 『東洋文化研究』 19, 2014, p.42.

要訣)』 1책, 시, 산문, 기행문 등을 수집하여 사후에 편집한 『석곡산고(石谷散稿)』 등이 있다.[4)]

유가의 심성수양 전통을 의학적으로 전개하고자 한 『동의보감』의 면모는 서론에서 말한 동의와 유의의 핵심적인 내용이며 그 중심에는 심에 대한 논의가 있다. 이규준도 본인의 학문이 심학이라고 한 것처럼 유의의 전통 위에 서 있었다. 우선 그는 심을 형이상하를 일관하는 형신합일의 관점으로 파악한다. 그리고 이를 오장과의 연계 속에서 설명한다. 그는

> 심은 본디 무형으로 혈육의 장(심장)에 머물러 있다. 바야흐로 그것이 정(靜)하면 순수하게 천도로서 그 본체가 순일하고 치우치고 의지함이 없는 까닭으로 중이라 이른다. 이를 천명지성이라 이른다. 역(易)에 말하기를 "건도(乾道)가 변화하여 각기 성명을 바르게 한다."고 하였으니 물에 감응하여 발함에 이르러서는 반드시 이에 혈육이 탄다. 오장이 용사(用事)하여 칠정이 나오고 선악이 나누어진다. 오직 심이 형기를 제어한 이후에 발하여 모두 절도에 맞아 그 심과 형이 합일되어 이그러지고 어그러지는 바가 없다. 그러므로 화라고 이른다. 이를 일러 성을 따르는 도라 한다.[5)]

---

4) 권오민, 「石谷 李圭晙의 人間觀과 醫學論 연구」, 경희대 박사학위 논문, 2010, p.2 참조.

5) 『經髓三篇』 「中庸」 1장 刷管 "心本無形舍於血肉之藏 方其靜也 粹然天道 以其本體純一無所偏倚 故謂之中 是謂天命之性也 易曰乾道變化各正性命 及其感物而發也 必乘血肉於是 五藏用事而七情出焉 善惡分矣 唯心制形氣然後 發皆中節 以其心形合一無所乖戾 故謂之和 是謂率性之道也"

라고 하였다. 중과 화를 심이 순수한 천도로 치우치고 의지함이 없는 것을 중이라 하고 성이라 하고, 그 심이 발하여 절도에 맞아 형과 합일되는 경지를 화라 하고 도라고 한다. 오장이 사람을 만나고 사물을 대하는 용사를 하여 선악이 나누어지는데, 일신(一身)의 주재인 심의 제어를 통하여 '화' 가 실현된다는 내용이다. 심이 명령을 하여 오관 즉 오장이 용사하여 칠정이 생하고 심이 오장을 제어하면 중절하게 되며 오장을 제어하지 못하고 오장이 망동하면 악이 생긴다고 하였다. 심과 형이 합일되면 '화' 라고 한다고 하였다.[6]

주진형(朱震亨)을 주돈이(周敦頤)의 『태극도설』을 통하여 시도하였던 유학의 의학적 전개를 한 유의라 한다면, 이규준은 『중용』의 중화를 통하여 유의의 이상을 추구하였던 인물이라 할 수 있다. 그러나 주진형과 이규준의 중심에는 본연한 도덕적 심성을 의학적으로 이해하고 의학의 생리·병리를 설명하는 중심 논거로 활용하고자 한 유학적 이상이 공통으로 담겨 있다. 이는 또한 위의 인용문에서 이규준이 "역에 말하기를 '건도가 변화하여 각기 성명을 바르게 한다.(各正性命)'" 라고 말한 것처럼 '각정성명' 의 논의에서는 유의 심성론의 전통을 잇고 있고, 이는 주진형과 『동의보감』, 그리고 『태극도설』의 논의와 다르지 않는 언설이라 할 수 있으며 '유의' 의 관점에서 본 '동의' 의 전통과 상통한다.

이규준이 자신의 학문을 일컬어 '심학' 이라 칭하고 '심' 을 중심으로 의학과 유학을 회통하려고 하였던 근거를 그는 경학에 두고 있다. 그러

6) 성호준, 「조선 후기 儒醫 李圭晙의 心에 관한 연구」, 『동양문화연구』 9집, 2012, p.57 참조.

나 그의 경학은 기존 성리학의 사서(四書) 중심의 경학과는 차이가 있었다. 이규준은 자신의 학문이 육경과 『논어』 혹은 오경에 바탕을 두었다고 한다. 그는 육경에 대하여 '시(詩) · 서(書) · 예(禮) · 악(樂) · 역(易) · 춘추(春秋)'[7]라고 하였지만, '시 · 서 · 의례(儀禮) · 주례(周禮) · 역 · 춘추'[8]라고 한 대목도 있다. 그런데 『의례』 · 『주례』 · 『예기』 · 『악기』 등은 모두 예악에 관한 것으로 내용상으로 큰 차이가 없고, 오경이라 일컬어도 무방한 부분이다.

이규준의 오경에 관한 논의는 『경수삼편』에 잘 드러나 있다. 그는 "『시』와 『서』는 정치의 학이요, 『의례』는 교화의 학이며 모두 인도이다. 『주역』은 곧 정치 교화가 나오는 것으로 이에 곧 천도이다. 『춘추』는 이에 정치예교의 증안이다."[9]라고 하였다. 『시』 · 『서』를 정치의 학문으로 이해하고 『의례』를 교화의 학문으로 하여 이 둘을 인도라 일컫고, 주역은 정치와 교화가 근원하는 것으로 곧 천도라 하였으며 『춘추』는 이를 검증하는 증거라 한 것이다.

한편 『석곡심서』에서는 다음과 같이 서술하고 있다.

> 『시』는 예악의 언어요, 『서』는 예악과 정령(政令)의 언어이며 『의례』는 예악의 법도이다. 『주역』은 예악과 정령이 나오는 곳이요, 『춘추』는 예악과 정

---

7) 『經髓三篇』 「總論」 참조.

8) 『石谷心書』 「經說」 참조.

9) 『經髓三篇』 「總論」 "詩書者政治之學也 儀禮者敎化之學也 皆人道也 周易則政治敎化之所自出 乃天道也 春秋乃政治禮敎之證案也"

령의 단안(斷案)이다. 『시경』과 『서경』은 인도요, 『예』와 『역』은 천도이다. 『춘추』는 곧 인도와 천도의 분명한 증거이다. 하학상달(下學上達)은 곧 학문의 대 관건이다.[10]

이 글을 『경수삼편』을 인용한 앞의 글과 비교해 보면 차이가 있다. 『경수삼편』에서는 『예』를 인도에 속하는 것으로 설명하나 『석곡심서』에서는 천도에 속하는 것으로 설명하였다. 그런데 이규준은 오경의 내용에 대하여 넓고 방대하여 오경을 연구하는 지침서를 『대학』 『중용』 『예기 · 예운』이라 하고 이를 중심으로 경학의 골간을 형성하고자 하였다. 그는

『대학』은 시 · 서의 목록이다. 『중용』은 예와 역의 선로(先路)이다. 「예운」은 춘추의 지남이다. 그러므로 오경은 도학의 큰 바다이다. 삼 편은 오경의 항로이다. 만약 진실로 삼 편을 지켜서 오경을 읽지 않는다면 배를 지녔음에도 큰 바다를 건너지 않는 것과 같다.[11]

라고 하였다. 이 구절을 통해 보면 『대학』은 『시경』과 『서경』, 『중용』은

---

10) 『石谷心書』 「經說」 "詩者 禮樂之言語也 書者 政令之言語也 儀禮者 禮樂之法度也 周禮者 政令之法度也 周易者 禮樂政令之所自出也 春秋者 禮樂政令之斷案也 詩書 人道也 禮易 天道也 春秋 乃人道天道之明徵也 下學而上達 乃學問之大關鍵"

11) 『經髓三篇』 「總論」 "大學者 詩書之目錄也 中庸者 禮易之先路也 禮運者 春秋之指南也 故五經者 道學之大海也 三篇者 五經之航路也 若苟守三篇 而不讀五經 猶持航而弗渡"

『예기』와 『주역』 그리고 『예기 · 예운』은 『춘추』와 연관을 지으며 바다와 항로로 비유하고 있다. 즉 이규준이 『대학』 · 『중용』 · 「예운」을 통하여 오경의 큰 바다를 건널 수 있다고 한 만큼 『경수삼편』은 오경 중심의 이규준 경학 연구의 지침서라 할 수 있을 것이다.

이규준의 관심은 정치와 예악에 있는 것으로 보인다. 『예』를 제외한 부분은 정치를 예악과 정령으로 나누어 이해하고 있고 예악을 실행하는 방법과 준칙을 교화의 학이라 하고 있다. 아울러 『주역』은 근원적인 의미를 지니고 있고, 『춘추』는 징험하는 경전으로 설정하고 있다. 오경 중심의 하학상달(下學上達)의 학문의 목적을 구현하기 위하여 『경수삼편』이 저술되었음도 알 수 있다.[12]

경학의 핵심인 『경수삼편』 가운데 특히 『대학』과 『중용』에 관한 주석은 경학적 의미가 적지 않다. 한편 『대학』과 『중용』의 관계를 그는 표리관계라 칭한다. 그는

> 『대학』은 『시』와 『서』를 발명하여 명명덕(明明德) 신민(新民) 지지선(止至善)으로 강거를 삼고 수신(修身) 제가(齊家) 치국(治國)을 목적으로 한다. 『중용』은 『예』와 『역』을 발명하여 성명 중화로 대본을 삼고 성례(誠禮) 위육(位育)으로 결과를 삼는다. 그런즉 『시』 『서』와 『예』 『역』이 상호 경위가 되고 『대학』 『중용』이 상호 표리가 된다.

12) 성호준, 「儒醫 李圭晙의 『中庸』 이해」, 『東洋文化硏究』 19, 2014, p.47-p.48.

고 하였다. 구체적인 실천의 하학 강목들을 『대학』에 배속하고 성명, 중화, 성례, 위육 등은 상달에 배속한 것을 볼 수 있다. 그리고 그는 "『대학』은 다만 하학을 말하였으나 천도를 말하지 않았으며 『중용』은 상달을 표시하여 인사로써 해당시켰다."[13]라고 하였다. 그러나 하학인 『대학』과 상달인 『중용』은 무관한 것이 아니라 상호 겉과 속이 된다고 한 것처럼 형이상하가 일원적으로 연계되는 면을 강조하였다.[14]

『대학』과 『중용』 등을 통하여 오경의 본 뜻을 파악하고자 하였지만 그 주석의 바탕에는 성리학보다는 한학이 중심이었다. 서론에서도 인용하지만 그는 "이제 한유(漢儒)의 주를 낸 것을 살피니 말이 간결하고 뜻이 지극하여 사람으로 하여금 지극한 생각에 이르게 하여 스스로 얻게 하니 진실로 훈고(訓詁)의 좋은 것이었다." 고 하였다. 그가 말한 한유는 다름 아닌 정현(鄭玄)으로 여겨진다. 그는 "먼저 『중용』과 『대학』의 고본의 주를 취하였는데, 정씨가 주요한 내용이고 그 작은 흠결은 곧 장구(章句)를 선택하여 보완하고자 하였다. 다만 혹 미진한 부분은 또 나의 좁은 소견을 붙였다."[15]라고 하였다. 전체적인 맥락과 흐름은 정현의 주를 따르되 주자(朱子)의 견해 중 자신의 주장과 부합되는 부분은 굳이 배척하지 않고 자신의 논거로 삼은 것이며 그래도 부족한 부분은 자신이 직접 주를 달았다는 것이다.[16]

---

13) 『經髓三篇』 「古本庸學原委」 "大學但說下學 而不言天道 中庸表示上達 而該以人事"

14) 성호준, 「儒醫 李圭晙의 『大學』 이해」, 『退溪學論叢』, 20, 2012, p.89.

15) 『經髓三篇』 「古本庸學原委」 "先取庸學 古本注惟鄭氏是主 而其小疵者 則采章句以補之 猶或未盡 亦附管見"

16) 성호준, 「儒醫 李圭晙의 『中庸』 이해」, 『東洋文化研究』 19, 2014, p.49-p.50.

2. 심성일물(心性一物)과 리기(理氣)

이규준은 조선 후기 심성 논쟁의 관건인 심과 성에 대하여 천도와 인간의 성명이 일관되는 구조를 가지고 있으며 '명(命), 성(性), 심(心), 정(情)은 하나의 물로 다른 것이 아니라고 주장하면서 자신의 심학을 정립하였다. 그는

> 천이 품부한 것으로부터 말하면 명이고, 사람이 품부받아 태어나는 것으로 말하면 성이다. 몸의 주재로부터 말하면 심이고, 심이 발출함으로 말하면 정이다. (명 · 성 · 심 · 정은) 일물(一物)이지만 나열하여 이름 붙인 것뿐이다. 심은 본디 무형으로 혈육의 장(심장)에 머물러 있다. 바야흐로 그것이 정하면 순수하게 천도로서 그 본체가 순일하고 치우치고 의지함이 없는 까닭으로 중이라 이른다. 이를 천명지성이라 이른다.[17]

라고 하였다. 인간의 심성이 천도와 일관하고 융화하여 도덕적 형이상학적 근거를 확보하고자 한 것이다. 이규준은 자신의 논거를 정호(정명도)에서 근거를 찾았다. 그는 말하기를 "정자가 말하기를 '심이 곧 성이다. 천에 있으면 명이 되고 사람에게 있으면 성이 된다.' 고 하였으니 심성의 설이 이보다 절실한 것은 없다."[18]고 하였다. 사실 정호의 말은

17) 『經髓三篇』「中庸」 1장 剛管 "自天賦予曰命 自人稟生曰性 自身主宰曰心 自 心發出曰情 一物而隧名耳 心本無形舍於血肉之藏 方其靜也 粹然天道 以其本體純一無所偏倚 故謂之中 是謂天命之性也"

『맹자』에 근거를 두고 있다. 「진심상(盡心上)」에 나오는 "그 심을 다하는 자는 그 성을 알고, 그 성을 안즉 하늘을 알 수 있다. 요절하고 장수하는 것은 둘이 아니니 수신으로 기다림은 명을 세우는 것이다."[19]라 한 구절을 통하여 보면 심 · 성 · 천이 하나가 되는 것이다. 초월적인 의미', '인신(人身) 내재의 의미', '보편적인 의미' 등의 3자가 아울러 융화되고 있다. 그리고 이러한 뜻은 『주역』과 『중용』에서 말하는 천도와 성명이 서로 일관한다는 주객융화(主客融化)의 경지는 다만 기화의 문제만이 아니라 도덕적 심성의 수양 문제에도 직결되고 있음을 알 수 있다.[20] 이러한 입장에서 살펴보면 이규준의 명(命)-성(性)-심(心)의 일원적 이해는 맹자와 정호의 심학 전통을 이은 것으로 판단할 수 있다.[21]

이규준은 다시 천도와 성 그리고 심과 정에 대하여 말하기를

> 천도가 품생한 것을 일러 성이라 하고, 성이 생긴 후에 몸을 주로 하는 것을 일러 심이라 한다. 심이 발하여 나온 것을 일러 정이라 하고 정이 성을 좇은 것을 일러 도라고 이른다. 도를 얻어 축족(畜足)한 것을 일러 덕이라 한다. 스스로 그러한 것으로 말미암아 성이라 하고 정이라 한다. 사람의 작용으로 말미암아 심이라 하고 덕이라 한다. 그러나 심 · 성을 두 가지 물로 나

---

18) 『石谷心書』「猥筆論」"程子曰 心卽性也 在天爲命 在人爲性 主於身爲心 其實一也 心性之說 莫此爲切"

19) 『孟子』「盡心上」"盡其心者 知其性也 知其性則知天矣 存其心 養其性 所以事天也 夭壽不貳 脩身以俟之 所以立命也"

20) 蔡仁厚, 『儒家心性之學論要』, 文津出版社, 1990, p.2-p.6.

21) 성호준, 「조선 후기 儒醫 李圭晙의 心에 관한 연구」, 『東洋文化硏究』 9, 2012, p.63.

> 누는 것은 불가하며 구분하여 보면 곧 두 가지 근본이 있게 된다.[22]

라고 하였다. 위의 글은 도 · 덕의 부분으로 확대하고 있는 것이 특징이다. 그리고 스스로 그러한 것으로 말미암은 것과 사람의 작용으로 그 근거를 나누어 설명하는 과정에서 성 · 정과 심 · 덕의 구분이 생기는 것으로 인식하고 있다. 그리고 이러한 구분은 의미가 없는 것으로 파악한다. 이를 흐르는 물에 비유하기도 한다. 그는

> 성은 원두(의 물과)같고 정은 흘러 내려오는 물과 같다. 원두의 물과 흐르는 물이 모두 하나의 물이듯 성과 정도 하나의 심이다. …… 이른바 그 심을 다하는 자는 그 성을 안다(盡心知性)라는 것은 대개 '물을 거슬러 근원을 찾는다.' 는 것이니, 정자가 "심 · 성 · 천은 하나의 이치이다." 고 하였다. 이것은 심과 성이 하나의 물임을 이르는 것이다.[23]

라고 하였다. 이 구절에서 보면 성과 정이 하나의 심인 동시에 심과 성 그리고 천이 하나의 물임 밝히고 있다.

이규준은 심을 건도와 연관하며 순수하고 본연한 근거를 찾고 칠정과 선악의 발생을 형체에서 찾고자 하는 것은 앞에서 서술한 바 있다.

---

22) 『大學問目擬對』 "天道稟生之謂性 生後主身之謂心 心之發出謂之情 情之循性謂之道 得道畜足謂之德 由其自然而曰性曰情 由人作用而曰心曰德 然心性不可作兩物 看分之則二本"

23) 『石谷心書』 「性問」 "性猶源也 情猶流也 源流一水也 而性情一心也 … 所謂盡心知性者 蓋曰溯水而尋源也 程子曰心也性也天也一理也 此謂心性一物也"

다시 보면

> 심은 본디 무형으로 혈육의 장(심장)에 머물러 있다. 바야흐로 그것이 정(靜)하면 순수하게 천도로서 그 본체가 순일하고 치우치고 의지함이 없는 까닭으로 중이라 이른다. 이를 천명지성이라 이른다. 역(易)에 말하기를 "건도(乾道)가 변화하여 각기 성명을 바르게 한다."고 하였으니 물에 감응하여 발함에 이러서는 반드시 이에 혈육을 탄다. 오장이 용사(用事)하여 칠정이 나오고 선악이 나누어진다. 오직 심이 형기를 제어한 이후에 발하여 모두 절도에 맞아 그 심과 형이 합일되어 이그러지고 어그러지는 바가 없다. 그러므로 화라고 이른다. 이를 일러 성을 따르는 도라 한다.[24)]

라고 하였다. 그런데 이 구절과 달리 당시의 성리학자들이 '일본(一本)-만수(萬殊)' 를 오인한 나머지 심성을 둘로 보는 잘못이 생겼다고 주장한다. 그는

> 오늘날 성으로 하나의 본을 삼고, 심으로 만수를 삼는다. 이로써 심을 성이라 인식한다. … 이른바 "심이라는 것은 성의 성곽이다."라고 한 것은 혈육의 장을 이른 것으로 성인의 말씀에 더불어 심이라는 것은 혈육을 이름은

24) 『經髓三篇』「中庸」1장 刷管 "心本無形舍於血肉之藏 方其靜也 粹然天道 以其本體純一無所偏倚 故謂之中 是謂天命之性也 易曰乾道變化各正性命 及其感物而發也 必乘血肉於是 五藏用事而七情出焉 善惡分矣 唯心制形氣然後 發皆中節 以其心形合一無所乖戾 故謂之和 是謂率性之道也"

아니다. 본디 허령한 것을 성이라 이르니 심의 본체에 과연 추하고 아름다움이 있는가?[25)]

타고 말하였다. 세상 유자들의 잘못은 성과 심을 혼동하고 있는 것으로 파악하고, 심체(心體)의 본연함은 혈육의 심장을 지칭하는 것은 아니라고 분명히 말한 것이다. 그리고 그는 '천도-심' 을 일관적으로 인식하여 말하기를 "심이라는 것은 무성무취(無聲無臭)하여 하늘에 있으면 도가 되고, 사람에게 있으면 심이 된다."[26)]라고 말하는데 천도가 곧 양의 양이니 심도 양이라 한 것이다. 그러므로 세유(世儒)가 성과 태극을 음이라 하는 것은 역 효(爻)의 양선음악(陽善陰惡)의 본뜻과는 차이가 있다고 비판하였다.[27)] 이규준은 '천도-심' 의 일본의 관점으로 만수의 선악 문제를 다루었다. 그는 "심이 형기를 제어하면 선하지 않음이 없고, 심이 형의 부림을 받으면 악이 된다. 선악으로 나누면 심과 형에 있을 뿐이다."[28)]라고 하였다. 이에 대해 그는 유의답게 오장과 결부시켜 구체적인 설명을 한 것이며 또 이를 통하여 중화의 뜻을 설명한 것이다.[29)]

---

25) 『石谷心書』「重答李肅明」"今以性爲一本 而以心爲萬殊 是以有認心爲性 所謂心者性之郛郭者 其謂血肉之藏 與聖人之言 心者非血肉之謂也 本虛之謂性 心之本體 果有醜美乎"

26) 『石谷心書』「重答李肅明」"心之爲物 無聲無臭 在天爲道 在人爲心"

27) 『周易注傳刷管』「繫辭上」5章 刷管 "先儒以太極爲陰 而以性爲陰 殊非易爻陽善陰惡之義也" 참조.

28) 『石谷心書』「重答李肅明」"心制形氣則無往不善 心爲形役則流而爲惡 善惡之分在心與形而已矣"

29) 성호준, 「儒醫 李圭晙의 『中庸』 이해」, 『東洋文化硏究』 19, 2014, p.57.

심성은 하나의 물임을 바탕으로 이규준은 리 · 기(理 · 氣)는 합체라는 주장을 이끌어 낸다. 그는 우선 도와 기에 대해 설명하기를

> 역에 말하기를 "건도가 변화하여 각기 성명을 바르게 한다." 고 하였는데, 건이라고 하는 것은 양이니, 건도라고 말한 것은 도가 양기 가운데 있음을 이름이다. 기를 벗어나 도가 스스로 행하는 것은 있지 않다. 기의 밖에 도는 있지 않고, 심의 밖에 성이 있지 않다. 그러므로 심은 기가 된다.[30)]

라고 하였다. 이 구절에서 보면 '각기 성명을 바로 한다(各正性命)' 의 측면으로 건도와 양기가 서로 분리되어 있지 않은 것으로 판단하고 기와 도가 상호 유기적으로 결합되어 있음을 주장한 것으로 보인다. 더 나아가 그는 리기와 태극 및 상제에 대해 다음과 같이 말한다.

> 기 밖에 따로 리가 있는 것이 아니고, 리 밖에 따로 기가 있는 것이 아니다. 기가 있고 난 뒤에 리가 있는 것이 아니고, 리가 있고 난 뒤에 기가 있는 것도 아니다. 기 가운데 원래 리가 있는 것이다. 천지가 형성되기 이전으로 말한다면 태극은 혼륜의 상태에 있다. 천지가 형성된 이후로 말한다면 천지도 역시 기인데 그것을 주재자가 되는 까닭에 상제라고 이르는 것이다. 상제는 다름 아닌 유형 가운데의 태극이다. 상제와 태극은 일물로 다른 이름일 뿐이다. 천지가 형성되기 전에는 만물이 원래 동일한 하나의 물건이니, 기가

---

30) 『石谷心書』「原證」"易曰乾道變化 各正性命 乾者陽也 言乾道者 謂道在陽氣中也 未有外乎氣 而道自行也 氣外無道 心之爲氣也"

하나면 리도 하나이다. 천지가 형성된 후에는 만 가지로 다른 것이 되어 기가 만 개이면 리도 만 개인데, 그것을 통할하는 것이 바로 이른바 상제다.[31)]

이 구절에서 보면 기일원론의 입장에 서 있음을 알 수 있다. 기 밖에 따로 리가 있는 것이 아니고, 리 밖에 따로 기가 있는 것이 아니라고 하여 리 · 기가 동일체임을 밝히고 있으나 기 가운데 원래 리가 있는 것으로 기의 법칙으로 리가 존재함을 말한다. 그리고 태극이나 상제 모두 기라 주장한 것으로 여겨진다. 그러므로 "성이라는 것은 심의 근본이요, 리라는 것은 기의 법칙이다. 심성은 일물로 리 · 기는 합체이다."[32)]라고 하였다.[33)]

이규준은 기일원론의 입장에서 리기합체를 주장하며 이황과 이이 계열 모두를 싸잡아 비판하는 논거로 활용한다. 그는

이에 심성으로 리기 이물(二物)로 나누어 한편 말하기를 리기호발(理氣互發)이라 하고 한편 말하기를 리사기활(理死氣活)이라고 하며 또 한편 말하기를 리에 본디 선악이 있다고 하니 이 모두는 한 칸의 차이가 천리가 되는 것이다. 리기호발이라고 하면 진실로 근본이 둘이 있는 병이 있고, 리사기활

---

31) 『石谷散稿』「上叅贊郭俛宇」"氣外無理 理外無氣 非有氣而有理 亦非有理而後有氣也 氣中元有理 自其未形而言 則太極在混淪中 自其已形而言 則天地亦氣也 而其所以爲主宰者 乃謂之上帝 上帝乃有形中太極也 上帝太極 一物而異名耳 未形之前 固一物也 氣一則理亦一 旣形之後 爲萬殊 氣萬則理亦萬 而其所以統之者 乃所謂上帝也"

32) 『石谷心書』「性問」"性者心之本也 理者氣之則也 心性一物 而理氣合體"

33) 성호준, 「조선 후기 儒醫 李圭晙의 心에 관한 연구」, 『東洋文化研究』 9, 2012, p.65.

또한 어찌 두 가지 물의 구분함이 아니겠는가? 리가 능히 발출할 수 없다면 성선의 귀함은 어디에 있는가? 리에 본디 선악이 있다면 천명의 귀함은 어디에 있는가?[34)]

라고 하였다. 이 구절에서 보면 이황의 리기호발은 근본을 둘로 하는 것으로 여겨 비판하고 있고, 이이의 설도 이른바 '리사기활'이라 하여 리가 능동적 작용성이 없는 사물(死物)이면 성선(性善)이 확보될 수 없을 것이라며 본래부터 리에 선악이 있다면 천명의 귀함의 근거를 찾을 수 없다고 하였다.

한편 이규준의 리기합체와 심성일물의 견해는 조선 성리학의 심학화 과정에서 배태된 것으로 볼 수도 있다. 조선 성리학의 심학화는 이이의 학설을 이은 기호학파와 이황을 계승한 영남학파 공히 이루어졌는데, 이 과정에서 주요한 쟁점 중의 하나는 심성일물과 심성이물에 대한 것이었다. 이황의 학통을 이은 한주학파는 리를 중심으로 하여 간재학파를 '심성이물(心性二物)'이라 비판하였고, 간재학파는 한주학파를 '심성일물(心性一物)'이라 비판하였다.[35)] 한주학파와 간재학파의 논쟁은 이규준의 심학에도 영향을 미친 것으로 판단한다. 이규준의 이이 비판의 논거도 한주학파와 기정진(奇正鎭)의 주리(主理)적 관점에서 정립되

34) 『石谷心書』「畏筆論」"心性分作理氣二物 一曰理氣互發 一曰理死氣活 一曰理本有善惡 此皆一間而千里也 理氣互發 固有二本之病 理死氣活 亦豈非二物之異乎 理不能發出則何有貴於性善乎 理本有善惡則何有貴於天命乎"

35) 李宗雨, 「寒洲學派와 艮齋學派의 心性論爭 硏究」, 성균관대 박사논문, 2004, p.129-p.130.

었다고 할 수 있다. 이규준은 비록 양 학파의 심설논쟁을 지켜보면서 자신의 입장을 정립하였지만, 양 학파의 이론을 모두 비판하면서 더 나아가 자신의 심학과는 철저히 거리를 두었던 것으로 보인다.[36] 그러므로 그는 "심성을 리기의 두 가지 사물로 보아 하나는 '리기호발' 이라 하고 하나는 '리사기활' 이라고 하니, 이에 문파가 나뉘고 길이 달라 붕당하여 원수가 될 뿐이다. …… 인도가 진멸하여 방국이 드디어 망하고 마는 까닭이다."[37]라고까지 심하게 폄하한 것이다.

심성일물을 주창한 이규준은 심과 성 그리고 인의예지에 대하여 다음과 같이 설명한 구절이 있다. 그는

> 맹자가 "군자가 성으로 삼은 바 인의예지는 심에 근거한다." 고 하였으니 만약 말하기를 "인의예지는 이 심의 덕이다." 라고 하면 곧 옳다. 그러나 "인의예지 네 가지 근본이 심 가운데 아울러 나열되어 있다" 고 하면 옳지 않다. 주자가 이르기를 "(심이) 텅 비어 신령스럽게 훤히 꿰뚫고 있어 만 가지 이치가 함께 갖추어져 있다." 고 했으니 이를 "만수의 리가 하나의 근본에 분속되어 있는 것인저!" 라고 하면 옳지만 만일 만수의 리가 심 가운데 병렬해 있다면 곧 옳지 않다. 두 가지 근본도 오히려 많거니와 하물며 네 가지 근본이겠는가?"[38]

36) 성호준, 「조선 후기 儒醫 李圭晙의 心에 관한 연구」, 『東洋文化硏究』 9, 2012, p.69.

37) 『石谷心書』「與李汝敏」"心性看作理氣二物 一曰理氣互發 一曰理死氣活 於是分門異路 朋黨讐敵而已 … 人道殄滅而邦國隨亡矣"

38) 『石谷心書』「原證」"孟子曰 君子所性 仁義禮智根於心 此謂仁義禮智之本 本於心也 若曰 仁義禮智 是心之德 則可 而曰仁義禮智 四箇本 並列於心中 則不可 朱子云 虛靈

라고 하였다. 위의 구절에서 이규준은 인의예지를 성으로 이해하는 전통적 유학의 입장과는 달리 맹자의 주장을 들어 덕이라 설명하였다. 그리고 성은 하나의 근본(一本)인데, 하나의 근본에서 사단(四端)이 생기고 사단이 사덕(四德)을 만든다고 한다. 단이란 실마리의 의미이고 이것을 확충한 것을 이규준은 덕이라 하여 인의예지를 사덕이라 한 것이다. 인의예지신을 오성(五性) 혹은 인의예지를 성으로 인식하는 입장과는 차이가 있는 주장이다. 사단에서 확충되어 펼쳐지면 사덕이 완성되는데, 그런데 사단은 칠정의 중절(中節)이라 말한다.[39] 결국 인의예지는 성의 영역이 아니라 실천궁행하는 덕목으로 삼아야 할 것이다. 그러므로 그는 『경수삼편』「중용」의 말미에 "성인이 행하는 천지위(天地位) 만물육(萬物育)의 도는 인의예지 사덕에 근본하고 인의예지 사덕은 그윽하고 깊은 하나에 근본하고 그윽하고 깊은 하나의 근본은 곧 천도의 무형이다."[40]라고 한 것이다.[41] 곧 심과 성은 일물로써 인의예지를 성으로 인식하는 것은 네 가지 근본을 만드는 혼란스러운 일임을 주장하고 하나의 근본은 천도라 하고 천도가 순수함을 한결같이 유지하여 치우치거나 사물에 의지함이 없는 상태를 중이라 하며 천명지성이라 하였다.

그렇다면 이규준은 성과 대별되는 정에 대한 의견은 어떠한가? 앞의

洞徹 萬理咸備 此謂萬殊之理 分於一本歟 則可 如謂萬殊之理 並列於心中 則不可 二本猶多 而況四本乎"

39) 『石谷心書』「性問」 참조.

40) 『經髓三篇』「中庸」 9장(『中庸章句』 33장) 刷管 "聖人位育之道 本於仁義禮智四德 仁義禮智四德 本於淵泉一本 淵泉一本 卽天道之無形"

41) 성호준, 「儒醫 李圭晙의 『中庸』 이해」, 『東洋文化硏究』 19, 2014, p.59-p.60.

내용에서 혈육의 장이 용사하여 칠정이 생하고 심이 오장을 제어하면 중절하게 되며 오장을 제어하지 못하고 오장이 망동하면 악이 생긴다고 하였다. 심과 형이 합일되면 중화의 '화' 라고 한다고 하였다. 구체적으로 그는 오장에서 칠정이 나오는 부분을 설명하였다. 그는

> 천군이 명령하여 오관이 용사하는데 애(愛)·로(怒)는 간(肝)에서 생하고 오(惡)·애(哀)는 폐에서 생하며 희(喜)는 심에 생하고 구(懼)는 신(腎)에서 생하며 욕(欲)은 비(脾)에서 생한다. 이것이 칠정이다. 심이 오장을 제어하면 곧 발하여 모두 절도에 맞게 된다. 심이 오장을 좇게 되면 흘러서 악이 된다.[42]

라고 하였다. 유의의 특징을 여실히 드러낸 구절로 오장이 사물과 사람을 접하고 만나는 과정에서 생기는 칠정의 선악 문제를 구체적으로 설명한 구절이다. 곧 심은 몸이라는 형기를 통하여 발현하고 형기는 심을 통하여 중절할 수 있는 것이다. 그 과정에서 이규준은 중화(中和)의 뜻을 설명하였다. 일견 순수한 천명지성의 중과 형기가 심의 명령을 받아 칠정이 중절한 상태인 화는 『중용장구』에서 말하는 '중화' 와 별 차이가 없어 보인다. 그러나 인심과 도심의 논의로 이어지면 이규준의 주장은 확연한 차이가 있다. 중화를 근거로 인심과 도심의 논의를 전개한다. 그는 인심과 도심이 별도의 심 인양 오해의 소지가 있을 듯하여 심은 하

---

42) 『石谷心書』「性問」"天君施令 五官用事 愛怒生於肝 惡哀生於肺 喜生於心 懼生於腎 欲生於脾 是爲七情 心制五藏則發皆中節 心徇五藏則流而爲惡"

나라는 것에서부터 설명을 시작한다. 그는

심은 하나일 뿐이다. 나누어 말하면 미발(未發)을 곧 성이라 이르고 이발(已發)을 곧 정이라 이른다. 심이란 미발과 이발을 구분하지 않은 총칭이다. 심이 정하면 순수하게 천도이지만, 그 동에 이르러서는 반드시 형기를 타서 선악이 나누어진다. 선악이 나누어지는 것은 다만 심과 형을 지키고 버리는 차이일 뿐이다.[43)]

라고 말한다. 심은 하나이지만 미발과 이발로 나누고 있다. 그리고 선악이 나누어지는 것은 심이 형기를 제어하면 선이 되고, 그렇지 못한 경우는 악으로 흐른다는 것으로 심이 형을 잡고 버리는 것으로 서술하고 있다. 이규준은 본연하고 순수한 심의 상태를 미발이라 하고 오장을 통하여 용사하는 것을 이발로 설명하면서 심과 형기의 관계에서 천군 즉 심의 주재적 역할을 강조하고 있다.

이를 통하여 이규준은 인심과 도심의 논의와 연관시킨다.

심이란 하나일 뿐이다. 그것이 인신(人身)으로부터 말미암는 까닭으로 이발이라 인심이라 하고 천도에 근본 하였으므로 미발이라 도심이라 이른다. 신체에서 생겨난 난 것으로 사사롭기 쉽고 공변되기 어려우며 형이상자는

43) 『石谷心書』「答李肅明」"'心一而已 分而言之 則未發謂之性 已發謂之情 心乃未發已發之總名 心之靜也 粹然天道 及其動也 必乘其形氣 善惡之分 只在心與形 操舍之間而已矣"

> 은미하고 미묘하여 보기 어렵다. 그러므로 인심은 위태롭고 도심은 은미하다고 하는 분별이 있을 뿐이다.[44)]

이 구절을 통해 보면 '미발-도심-성'과 '이발-인심-정'으로 나누어 볼 수 있다. 이러한 구조는 성리학의 일반적인 주장과는 차이가 있다. 즉 주자의 『중용장구』 서문에 의하면 도심이나 인심 모두 이발의 정으로 성명지정(性命之正)에 근원한 것은 도심이며 형기지사(形氣之私)에서 생기는 것은 인심이라는 것이 일반적인 견해이다. 그러나 이규준은 도심은 미발의 중으로 천명지성이며 인심은 이발의 정으로 오장이 용사하고 나온 칠정을 지칭하고 있다.[45)]

이규준은 이러한 논의를 자연스럽게 유정유일(惟精惟一)과 윤집궐중(允執闕中)과 결부시킨다. 그는

> 인심이라는 것은 이발의 정이요 도심이라는 것은 미발의 중이다. 유정유일이라는 것은 근본을 주로 하여 형을 제어하는 것이고, 윤집궐중이라는 것은 중절의 화이다.[46)]

라고 하였다. 그는 "인심은 오직 위태롭고 도심은 오직 은미하니 정밀

---

44) 『石谷心書』「猥筆論」"心一而已 以其由乎人身 故已發謂之人心 以其本乎天道 故未發謂之道心 生於身者 易私難公 形而上者 隱妙難見 所以有危微之分爾"

45) 성호준,「조선 후기 儒醫 李圭晙의 心에 관한 연구」,『東洋文化研究』 9, 2012, p.73.

46) 『經髓三篇』「中庸」 1장 刷管 "人心者已發之情也 道心者未發之中也 惟精惟一者 主本而制形也 允執厥中者 中節之和也"

하게 살피고 전일하게 지켜 그 중을 잡으라(人心有危 道心有微 惟精惟一 允執厥中)." 고한 『서경』「대우모」의 구절에 기초하여 유정유일과 윤집궐중의 논의를 이발의 차원에서 설명하였다. 심으로 형을 제어하는 것을 '유정유일' 이라 하면 '윤집궐중' 은 중화의 화로 해석하였다.

이규준의 주장은 명대의 나흠순(羅欽順, 1465~1547)에게 이미 나타난 부분이다. 나흠순은 도심은 성, 인심은 정과 같은 개념이라 주장한다.

> 도심은 성이며 인심은 정이다. 심은 하나이지만 두 가지로 말하는 것은 동정의 구분이며 체용의 구별이다. …… 유정은 기미를 살피는 것이오, 유일은 성(誠)을 보존하는 것이다. 윤집궐중은 "심이 하고자 하는 바를 좇아 해도 법도를 넘지 않는 것" 이다. 이는 성신(聖神)만이 능히 할 수 있는 일이다.[47]

이규준과 나흠순은 인심을 이발로 인식하고 도심을 미발로 인식하는 구조를 지니고 있다. 더욱이 이규준에게 있어서는 본연지성과 기질지성로 대별되는 성리학의 인성론의 구조를 서술하는 내용은 거의 찾아보기 어렵다. 또한 나흠순이 '유정은 기미를 살피는 것이오, 유일은 성을 보존하는 것이다. 윤집궐중은 "심이 하고자 하는 바를 좇아 해도 법도를 넘지 않는 것' 라고 한 구절은 이규준의 논지와 상통하고 있다. 즉 이발의 즈음에 '유정유일' 을 통하여 형을 제어하여 선으로 나아가게 하는 것이 이규준의 논지라면 기미를 살펴 성을 보존하는 것은 내용적

47) 『困知記』 권상 4장 "道心性也 人心情也 心一也而兩言之者 動靜之分 體用之別也 … 惟正所以審其機也 惟一所以存其誠也 允執厥中 從心所慾不踰矩也 聖神之能事也"

으로 큰 차이가 없는 것이다. 또한 윤집궐중을 중화의 화로 풀고 '종심소욕불유구(從心所欲不踰矩)' 로 이해하는 것 또한 다른 것은 아니다.[48)]

유학의 이상을 추구하고, 이를 의학 이론으로 전환하여 의유동도를 실현하고자 하는 유의 이규준으로서는 성리학의 리기 심성에 관한 논쟁은 별다른 도움이 되지 않는 것으로 인식하고 심성일물과 리기합체의 주장을 바탕으로 성·정과 인심·도심의 문제에 접근한 것으로 보인다. 그 과정에서 유학의 중요한 사상적 기반인 인간의 도덕 주체에 대한 선험적 능력인 성선에 대한 심성론적 근거를 마련하기 위하여 도심-성-미발과 인심-정-이발의 논의를 펼친 것으로 판단한다. 이는 또한 형기와 심의 관계를 설명하고 인간 신체의 생리·병리를 설명하기 위한 토대도 유학의 심성수양론에서 찾고자 하였을 것이다.

3. 심화(心火)와 부양론(扶陽論)

리기와 심성에 대한 유학적 주장은 자연스럽게 의학에 전이되었다. 이규준의 의학론은 '부양론(扶陽論)' 으로 대표된다. '부양' 의 논의는 『주역』에 근원하여 다양한 양태로 전개되어 왔다. 부양억음(扶陽抑陰)에 대한 논의를 보면, "크도다! 건원(乾元)이여 만물이 바탕하여 비롯되나니 이에 천을 통재하노라"[49)] "지극하도다! 곤원(坤元)이여 만물이 바

48) 성호준, 위의 논문, p.73-p.74.

49) 『周易』 乾卦 「彖傳」 "大哉乾元 萬物資始 乃統天"

탕하여 태어나나니 이에 순히 천을 받드노라"[50]라고 한 구절이 대표적이다. 만물의 생성과정에서 건이 주도적 입장이라면 곤은 종속적 입장에 서 있음을 말한다. 주자는 이러한 건곤에 대해 "건은 대대(對待)가 없고 다만 건이 있을 뿐이다. 그러므로 곤을 말하지 않는다. 곤은 곧 건이 없으면 불가하니 음체(陰體)는 부족하여 항상 이지러지고 흠이 있으니 만약 건이 없다면 곧 위에 실음도 없다."[51]고 하였다. '양주음종(陽主陰從)' 의 논리로 음은 존재한다는 것이다. 이러한 '부양' 을 의학적 이론의 근거로 삼고 자신의 입장을 정리하고 있다. 그는

> 심화는 위에 있고, 신수는 아래에 있어 화가 수에 내려온 연후에 수가 이에 승하기 때문에, 양이 교하면 생하고 양이 반하면 죽는다. …… 양은 생육을 주하므로 봄이며 낮이고, 음은 숙살을 주하므로 가을이며 밤이다. 그러므로 천의 운행은 태양으로 인해 밝은 것이다.[52]

라고 하여 생명이 운용되려면 양이 중심이 되어야 함을 분명히 하고 있다. 아울러 심화에 대해 말하기를 "심은 화가 주관하는 까닭으로 군화라 하고 신은 상화라고 하는데 이는 별도의 화가 아니니다. 군화가 수에게 행하는 것이다."[53] 그리고 화는 기가 되어 지각운동 호흡 등의 생리작

---

50) 『周易』 坤卦 「象傳」 "至哉坤元 萬物資生 乃順乘天"

51) 『朱子語類』 권69 "乾無對待 只有乾而已 故不言坤 坤則不可無乾 陰體不足常虧欠若無乾便沒上截"

52) 『素問大要』 「扶陽論」 "心火在上 腎水居下 火降乎水而後 水乃升焉 故陽交則生陽 反則死 … 陽主生育爲春爲晝 陰知肅殺爲秋爲夜 故曰天運當 以日光明"

용을 하며 생명의 원동력이라 하였다.

병리의 측면에서도,

> 양이 승하면 열하고 음이 승하면 한(寒)하니, 양이 태과하면 능히 병이 없지는 않지만 한하(汗下)하면 치유되나, 음이 태과하면 병이 이에 크게 되어 따뜻하게 해도 낫기가 어렵다. 그러므로 이르기를 '잘 치할 수 있는 경우는 병이 피모에 있을 때 다스리는 경우이고, 그다음 치할 수 있는 경우는 근맥에 있을 때 치하는 경우이고, 그다음은 육부, 그다음은 오장을 치료하는 경우인데, 오장을 치하는 경우 반은 죽이고 반은 살린다.[54]

라고 하였다. 병리적인 면에서 부양을 근거로 하여 설명하였다. 이러한 자신의 논거를 『황제내경』 등에 의탁하고 그것이 유학의 뜻과 상통함을 밝히고도 있다. 그는 "대저 황제와 기백은 신성인으로 천인의 이치를 논할 때 반드시 양으로 주를 삼았다. …… 『황제내경』 80권을 한 마디로 요약하면 '양밀내고(陽密乃固)' 이니, 어찌 헌기의 책에만 유독 그렇겠는가? 복희와 문왕의 경(주역)도 역시 부양을 주로 삼았다. 성현의 모든 말씀이 악을 막고 선을 드러나게 하는 것이 아님이 없으니, 진실로 이 이치를 깨닫는 것이 어찌 단지 위생에만 해당하겠는가?"[55]라고 하여 도

---

53) 『素問大要』「扶陽論」"心爲火之主 故曰君火 腎曰相火者 非是別火 乃此火之 行乎水者也"

54) 『素問大要』「扶陽論」"陽勝則熱 陰勝則寒 陽之太過 不能無病 汗下卽已 陰之過 病乃太作 溫亦難愈 故曰善治者 治皮毛 其次治筋脈 其次治六府 其次治 五藏 治五藏者 半死半生也"

덕적 선악의 문제나 의학의 문제에서 부양억음을 주장하고 있다.[56] 그러나 사실 이규준의 부양론에 대한 주장은 심성론과의 연속선상에 있음을 간과하지 말아야 한다. 심화와 신수의 관계에서 심화가 가지는 의미 등에서도 확인할 수 있지만, 다음 구절을 통해 보면 분명해진다.

> 대저 심은 양이다. 진실로 능히 이 양기를 잘 기르고 작은 것을 쌓아 큰 것을 이루면 곧 천하에 널리 퍼지게 되고 혜택이 생민에게 미치고 이름을 후세에 남길 수 있다. 방촌(심)에 거두어 물러가 은밀한 곳에 갈무리하면 죽어도 사라지지 않는다.[57]

심성일물을 이규준의 입장에서는 '심의 형이상하를 일관하는 주재적 성격'을 부각하고자 하였고, 그것을 유학과 의학 각각의 영역에서 '부양'으로 나타난 것으로 볼 수 있다. 한편으로 부양론은 의학적으로는 명대 유의 장개빈(張介賓)의 뜻과 기본적으로는 상통한다. 장개빈은 사람의 생명 탄생과 유지에 대해 다음과 같이 말하였다.

---

55) 『素問大要』「扶陽論」"夫軒岐神聖也 論議天人 必以陽爲主 … 聖人扶抑之意 於次可見矣 內經十八卷一言以要之曰陽密乃固豈獨軒岐之書爲然羲文之經 亦以扶養爲主 聖賢千萬言 無非遏惡揚善 苟識其理 奚獨衛生而已哉"

56) 황원덕, 「石谷李圭晙의 醫學思想에 관한 小考」, 素問학회 학술발표회 자료집, 2006, 참조.

57) 『石谷心書』「原證」"夫心陽也 拘能善養 此陽氣績 小以成大 則放之天下澤被生民 名垂後世 卷之方寸 退藏於密 死而不滅矣"

대개 사람이 천지의 기를 얻어서 생명이 있고 생명을 있게 하는 기는 곧 양기이니 양기가 없으면 생명도 없다. 그러므로 무릇 생으로부터 장하고, 장으로부터 장(壯)하니, 양기가 주장이 되지 않음이 없으니 정혈은 모두 그 화생인 것이다. 이로써 양기가 성하면 정혈도 성하여 생기도 성하고, 양기가 쇠약하면 정혈도 쇠약하여 생기도 쇠약하다.[58)]

이 구절에서 보면 기를 얻어 생명이 있고, 생명을 유지하는 것은 양기라 분명히 하고 있다. 양기가 성하지 않으면 정혈과 생기도 쇠약해질 수밖에 없다. 이는 양기가 생명의 기틀이 됨을 말한 것이다. 이규준도 생명의 근원을 화에다 두고 음양이 상교하면 기혈이 소통되면 건강을 얻거나 한기가 들어오면 질병을 얻게 되는 것이라 하고 진화를 잘 보존하는 부양의 치법을 강조한다. 그러므로 "옛날에 위생을 잘하는 자는 오직 진화를 잘 보존할 뿐이니 능히 진화를 보존하면 기혈이 화평하고 근골이 견고하고 강하며 이목이 총명하여 길이 천명이 있다"[59)]고 하였다. 물론 의학에서의 기본적인 관점은 음양의 중화임은 주지의 사실이다. 음양론과 오행론 모두 조화관의 일종이라고 볼 수 있다. 천지의 음양사시에 화합하는 것이 의학과 양생의 목적이고 인체의 중화를 실현하는 길이다.

---

58) 『景岳全書』 권18 「傳忠錄」 辨丹溪" 蓋人得天地之氣以有生 而有生之氣 卽陽氣也 無陽則無生矣 故凡自生而長 自長而壯 無非陽氣爲之主 而精血皆其化生也 是以陽盛則精血盛 生氣盛也 陽衰則精血衰 生氣衰也"

59) 『素問大要』 「氣血論」 "古之善衛生者 唯善保眞火而已 能保眞火 氣血和平 筋骨堅强 耳目聰明 長有天命"

이규준 의학의 또 다른 특징은 오른쪽 신장을 명문(命門)으로 인정한 『난경(難經)』의 이론을 거부한 것에 있다. '왼쪽 신은 수이고 오른쪽은 명문으로 화' 라는 주장을 반박하고 신은 북방 수인 까닭으로 별도로 있는 것이 아니고 군화를 제외한 사장이 모두 상화를 얻어 그 기능을 발휘한다고 하였다.[60] 이는 또한 주진형의 '자음론(滋陰論)' 이나 장개빈의 '부양론' 모두가 오른쪽 신장을 '명문' 이라고 인정한 것에 대한 반박이라 할 수 있다. 이는 명문을 상화라고 보고 감괘(☵)의 일양(⚊)을 '심-군화' 와 상관없는 또 다른 화로 오인할 가능성을 사전에 제거한 것으로 보인다. 또한 심성일물에 바탕하여 심의 역할을 중시한 면에서 그 의미를 찾을 수 있다. 그는 명문을 정의하기를 "명문이라는 것은 심포락(心包絡)이오 그 자리는 전중(膻中)이오 그 부는 삼초며 그 경은 수궐음(手厥陰), 그 관은 신사(臣使)이므로, 명명하기를 상화라고 한 것이다"[61]라고 하고 상화와 연관 짓는다. 이규준의 이러한 경향은 조선 양명학파 정제두(鄭齊斗)의 글에서도 나타난다. 정제두는

> 리라는 것은 심의 신명이요 신명이라는 것은 태극의 상제로서 이것이 심의 리이다. 소음군위(少陰君位)에 있는 것이다. 그 체는 지극히 미미하여서 하는 것이 없으며 정(靜)을 주로 하여 움직이지 않는 것이나 그중에는 역시 고요한 체가 감응하는 체용이 있다. 기란 심포와 기막이나 심포란 명문(命

60) 『素問大要』「腎有兩臟辯」"夫腎者 北方水藏也 天無有北方 火人身 豈獨有腎藏火乎"

61) 『素問大要』「腎有兩臟辯」"命門者心包絡也 其位膻中 其府三焦 其經手厥陰 其官臣使 故命曰相火"

門)의 상화로서 포락의 상화에 속한 것이니 무릇 기의 작용은 모두가 상화인 것이다. 그러므로 기를 동하게 하고 욕심을 즐기게 하는 것은 모두가 이 상화이므로 조금이라도 동하는 것이 있다면 곧 신도 흔들릴 것이요 뜻도 어지러워질 것이다.[62]

라고 하였다. 이 구절에서 보면 정제두는 기질과 욕망의 믄제를 악이 발생하는 가능태로 보는 관점에서 심포와 기막을 상화에 배속을 시키고, 순선하고 적연부동한 리의 체를 소음군위 즉 군화에 두는 것으로 도덕적 심리의 문제를 생리의 문제와 동일시한 면이 있다. 여기서 주목할 용어는 군화-상화이다. 군화와 상화의 연원은 『황제내경』에서 찾을 수 있다. 「천원기대론(天元紀大論)」에서 "군화는 명(明)으로써 하고 상화는 위(位)로써 한다." 고 한 구절에 유래한다. 그런데 이 군화-상화는 성리학의 심성수양의 논의를 적극적으로 의학에 전개하고자 한 유학적 의학에서는 매우 중요한 의미가 있다. 칠정·오장 등의 문제를 해석하고 중절과 부중절 등 의학적·유학적 이상을 설명하는 과정에서 '군화-상화' 가 중시된 것으로 판단한다. 의학적으로 보면 군화는 심화로 전신을 주재하며 상화는 장부를 온양하는 역할을 담당하는 것으로 알려져 왔다. 군과 신의 관계로 화를 둘로 나눈 것이다. 그런데 금원대 이후 유의

62) 『霞谷集』「存言」上, 道原 "理者心之神明者 太極上帝是心之理也 居於少陰君位 其體至微 而無爲主靜 而無動者 而其中亦有寂體感應之體用焉 氣者心胞氣膜 心包者命門相火 屬於包絡相火 凡氣之用皆是相火 故如凡動氣 嗜慾皆是相火 少有動卽神擾志難"

의학에서는 군화상화론을 유학적 심성의 구조로 파악하는 특징이 있다. 그리고 이 과정에서 필연적으로 발생하는 칠정 · 오지의 망동이나 부중절의 문제는 성리학적 언어로 전화된 것이다. 이를 주진형은 '군화-도심, 상화-인심' 으로 이해하고, '주정(主靜)' 으로 해결하고자 하였고, 청대 유의 장남(章楠)은 '군화-성, 상화-정' 으로 설정하고 중화를 이상으로 설정한 것이다. 즉 '군화-상화' 는 의학의 장부생리와 성리학의 심성수양 문제를 연결하는 고리라 할 수 있을 만큼 유의 의학에서는 매우 중요한 의미가 있다.

그러한 차원에서 보면 정제두와 이규준의 '심-군화, 명문(심포)-상화' 의 논의는 주목할 만한 가치가 있고 다른 유의들과의 차이도 분명하게 드러나는 부분이다. 우선 '군화-상화' 를 통하여 도덕적 선악의 문제를 생리적 문제와 일관하여 설명하고자 한 점은 유의들의 일반적 방식이라 하더라도 심포를 상화로 두는 경우는 찾아보기 힘들다. 아울러 '심화-신수' 를 중심으로 의학적 · 도교적 관점에서 논의한 '심-신' 에 대한 대대적인 이해가 이규준에게 와서는 절대적인 '심-군화' 와 군화의 명을 수행하는 '상화-명문(심포)' 의 관계로 전환되었다는 점은 매우 중요한 의미가 있다. 물론 이전 유의들의 '군화-상화' 에서도 상화는 군화의 명을 수행하는 역할을 담당하였다. 그러나 주진형이 오장에 화가 있다고 한 것처럼 신체 각 기관에서 상화가 활동한다는 점과 어떠한 면에서 심과 일물이라고 할 수 있는 심포가 '명문-상화' 라는 점은 매우 차원이 다르다고 생각한다. 직접적인 심의 명령을 수행할 수 있는 위치를 이규준과 정제두는 심포라 보고 그것을 생명 운용의 관문으로 이해한 것이다. 그러므로 이규준은 "(군화의 명을 받은) 상화가 활동하면 사장백체가 군명을 받지 않는 곳 없으니, 비는 이를 받아 수곡을 화하고, 폐는 이를 얻어 위를 보호하고 간은 이를 얻어 근(筋)을 영하고, 신은 이를 얻어 정을 생한다. 수는 화를 얻어 곧 정을 생하는데, 수가 화를 이기면 정은 생하기가 어렵다. 천지가 사귀어야 만물이 화생하고 해와 달이 감응해야 밝음이 생기는 것과 같은 이치이다"[63]고 하였다. 이는 군화인 심이 일신의 주재가 됨을 분명히 한 것으로 상화의 의미를 축소하여 심의 주재성을 부각한 것이다.[64]

---

63) 『素問大要』「腎有兩臟辯」"相火之行 四藏百體莫不受命 脾得之而化穀 肺得之而宣衛 肝得之而榮筋 腎得之而生精 水得火則精生 水勝火則精亡 天地交而化生 日月感而明生 其致一也"

64) 이 절의 내용은 다음의 논문 가운데 'Ⅳ. 扶陽의학과 心火' 의 내용을 수정 보완한 것임. 성호준, 「조선 후기 石谷 李圭晙의 유학과 의학」, 『東洋哲學硏究』 60, 2009.

결론

동의(東醫)와 유의(儒醫)

조선시대 의학은 『동의보감(東醫寶鑑)』으로 대표된다고 해도 지나친 말이 아니다. 『동의보감』 이전의 의학은 『동의보감』의 완성을 위한 과정이었고, 『동의보감』 이후의 의학은 『동의보감』과의 관계를 통하여 분석할 수 있을 정도이다. 필자는 이미 서론에서 유학과 의학의 관계를 상함성과 상관성을 통해 살펴본 바 있다. 다시 보면 유학과 의학의 '상함(相含)' 이라는 것은 유학과 의학이 서로 머금고 있는 공통 기반의 이론이라고 할 수 있다. 그리고 이에 대한 논의가 곧 상함성의 영역이 될 수 있다고 하였다. 또한 이를 역학(易學)의 음양(陰陽)에 있다고 판단한 바 있다. 그래서 명대의 장개빈(張介賓)도 주희(朱熹)가 의학은 소도(小道)라고 한 데 대하여 "도학은 성명의 법칙이며 의학은 성명의 찬육이라 하여 의학은 성명의 차원에서 소도가 아니다."라고 하였다[1]고 한 것인데, 청대(淸代)의 장남(章楠)은 "대저 치중화(致中和)하면 만물을 잘 양육할 수 있다는 것은 유자(儒者)의 도는 곧 의자(醫者)의 도가 된다. 그것을 조화시키고 양육시키는 것은 반드시 음양 조화의 이치에 근거해야 한다는 것이다."[2]라고 하였다. 곧 『중용』의 중화위육의 논의가 의학과 유학의 상함적 근거가 됨을 알 수 있고, 『동의보감』 편찬 당시에도 이러한 맥을 이해하고 있었다고 할 수 있다.

그런데 『동의보감』의 편찬 과정에 영향을 준 의서들의 내용을 보면, 유학과 의학의 또 다른 관계를 볼 수 있다. 『동의보감』의 사상적 · 의학적 배경은 주진형(朱震亨)을 위시한 금 · 원 · 명대 유의, 남종(南宗) 중심의 도교 내단 사상 등이라 할 수 있다. 『동의보감』 의학은 유학 · 도교라는 다소 상이한 사상체계를 적극적으로 수용하고 회통하고자 한 것으로 평가할 수 있다. 이러한 철학적 배경은 『동의보감』이 서술하고 있는 의학적 내용과 상관된다. 즉 도교를 통하여 형기를 중심으로 인간의 몸에 대해 서술하여 자연과의 상응적 구조를 설명한다. 그리고 유학의 마음 이론을 유의를 통하여 수용하며 도덕의 주체 확립이라는 면을 중심으로 의학 이론을 전개한 것으로 볼 수 있는데, 이는 인간의 마음을 통한 사회와의 조화를 추구하려는 의학적 표현이다. 이는 곧 당시 성리학의 이념적 지향을 의학적으로 표현한 것으로 이해할 수 있다. 그러나 『동의보감』 안에서 몸과 자연, 마음과 사회로 대별되는 유학 · 도교의

---

1) 『景岳全書』 권18 「傳忠錄」 下 醫學非小道記 참조.

2) 『醫門棒喝』 「論景岳書」 "夫致中和育萬物 爲儒者之道 卽醫者之道也 而和之育之 必本乎陰陽造化之理"

의학적 전개는 상호 모순된 것이 아니라 상보적인 측면으로 이해할 수 있다는 데에 그 가치가 있다. 즉 동의보감은 도교와 유학을 의학이라는 자유로운 마당에서 회통하여 몸과 마음, 욕망과 절제 등의 갈등적 구조를 '음양 중화(中和)'를 통하여 지양하고자 한 책이라 할 수 있다.

특히 『동의보감』의 편찬 과정에서 주목할 만한 사실은 금원대 유의들의 영향이다. 『동의보감』은 금원사대가(金元四大家) 의학을 충실히 수용하고, 『황제내경』에 그 논거를 두는 성향을 보인다. 『동의보감』은 또한 장부생리(臟腑生理)를 중시하여 질병의 원인을 인체 안에서 구하고자 하는 노력도 보인다. 아울러 『동의보감』 의학의 한 특징은 병이 발생하기 이전의 양성(養性)·양생(養生)을 치중한 것에 있다. 이러한 관점에서 『동의보감』의 인용 서목에도 금원사대가와 금원사대가를 정리한 명대 유의의 의서가 많은 부분을 차지하고 있다. 이중 사상적으로 가장 중요시되는 것은 역시 원대 주진형의 의론이다. 그러나 주진형의 의론을 직접적으로 수용한 부분도 있지만 『의학정전(醫學正傳)』, 『의학입문(醫學入門)』, 『만병회춘(萬病回春)』 등을 통한 수용도 적지 않다. 특히 주진형은 송명리학(宋明理學)의 영향을 가장 많이 받은 인물로 정지(情志)의 망동(妄動)을 주돈이(周敦頤)의 주정(主靜)으로 제어하여야 한다고 할 만큼 성리학적 양심·양성으로 의론을 정리한 인물이라는 사실에 주목하였다.

이러한 논의의 과정을 유학과 의학의 상관성 부분으로 이해할 수 있을 것이다. 이에 필자는 「태극도설」의 의학적 활용을 통한 유학의 심성수양 전통을 의학적 전개한 것으로 판단하였다. 유의 주진형은 군화와 상화 그리고 태극의 논의를 빌어 유학의 심성수양 전통과 의학을 연관지어 설명한다. 주진형은 「태극도설」의 원용을 통하여 '화' 를 둘로 나눔으로써 인간의 주체적인 지각과 노력으로 욕망이나 감정 등의 중절이 가능한 경우와 그렇지 않은 부중절의 차이를 의학적으로 설명하고자 하였다. 일신(一身)을 주재하는 '심' 의 본연한 역할에 의미를 두고, 형기의 욕망은 상화와 오화(五火) 등을 통하여 설명하는 이론 구조를 구축하여 유가의 심성수양 전통과 의학을 연계하였다.

『동의보감』이 편찬된 이후에도 의학의 유학적 지향은 계속되었다. 특히 조선 후기 이제마(李濟馬)는 『동의수세보원(東醫壽世保元)』「의원론(醫源論)」에서 자신의 의학이 신농(神農) · 황제(黃帝) · 장중경(張仲景) · 주굉(朱肱) · 이고(李杲) · 왕호고(王好古) · 주진형 · 위역림(危亦林) · 이천(李梴) · 공신(龔信) · 허준(許浚)을 이었다고 하였는데, 그중에서도 장중경 · 주굉 · 허준을 첫째로 삼고 이천 · 공신이 그다음이라 한 바 있다. 한편 이제마의 비슷한 시기의 의학자 이규준(李圭晙)도 『동의보감』을 자신의 부양(扶陽) 의학론에 맞게 산정(删定)하고 간간히 자신의 의견을 삽입한 『의감중마(醫鑑重磨)』를 지은 바 있다. 이제마와 이규준 두 사람은 허준과 『동의보감』의 의학적 전통을 계승하여 자신들의 의학 이론을 정립하고자 한 것으로 보인다. 그런데 이제마와 이규준은 철저하게 당시 조선 유학의 심성수양 전통을 수용하여 자신들의 의학 체계를 정립하고자 한 인물임을 상기할 필요가 있다.

유학적 의학을 지향하는 이제마나 이규준이 『동의보감』을 의학적 연원으로 삼은 것은 의학 이론에만 국한된 것은 아니라고 판단한다. 그들은 『동의보감』이 적극적으로 수용하였던 원대 주진형 등의 '유의' 의학에 주목한 것으로 추정한다. 이제마가 존심양성(存心養性)의 조선의 유가적 전통을 중시하면서 주진형이나 이천 등 '유의'에 연원을 두고 있음도 주목할 만하다. 이를 바탕으로 사상의학이라는 독창적 유의 의학을 정립하였다. 이규준 또한 리기합체(理氣合體)와 심성일물(心性一物)을 당시 활발하였던 조선 후기 심성논쟁을 갈무리하여 자신의 부양의학을 정립하고자 한 것 또한 명실상부한 유의 의학의 또 다른 정립이라 할 수 있을 것이다.

유학과 의학의 상합성과 상관성의 관점에서 본론에서 다루었던 『동의보감』을 비롯한 다수의 의학·양생서는 물론, 성리학자들에서 나타나는 공통된 인식을 이천(李梴)의 『의학입문』에서 확인할 수 있었다. 이천은 주진형의 학문을 이은 명대 유의로 『동의보감』 못지않게 조선 의학에 지대한 영향을 끼친 인물이다. 먼저 이천은 『맹자(孟子)』의 '양심과욕(養心寡欲)'을 들고 있다. 그는 "심을 기르는 데에는 욕심을 적게 하는 것보다 좋은 것은 없다.'고 하였는데, 내가 이 말을 들었다."[3]고 하여 양심·양생의 지침으로 삼았다. 이는 식색(食色) 등의 절욕을 통한 양성·양심의 양생법으로 이해할 수 있고, 『황제내경』의 "음식에 절도가 있고, 기거가 일정함이 있으며, 망령되게 수고롭게 하지 않으면 정과 신이 안에서 지켜지니 병이 어디서 오겠는가?(飮食有節 起居有常 不妄作勞 精神內守 病安從來)"라고 하는 양생의 정신으로 이해한 것이다. 우화

3) 『醫學入門』 卷之首 「保養」 保養說 "養心莫善於寡欲 吾聞是語矣"

등선(羽化登仙) 등 신비적인 차원에서 양생을 논의하는 것이 아니라 현실에서 이루어지는 일상생활 속에서 양생을 추구한다는 점을 분명히 했고, 의학의 학문적 기원인 『황제내경』과 유학이 일관할 수 있는 논거를 확보했다고 할 수 있다.

또한 이천은 성리학의 '리기(理氣)'를 적극적으로 수용하여 의학론을 펼친 바 있다고 하였다. 그는 "원리(元理)와 원기(元氣)가 혼합하여 간격이 없을 뿐이다. 천을 생하고 지를 생하고 사람을 생하고 물(物)을 생하는 것은 모두 이 조화로써 주인을 삼는다. 생을 기르는(頤養) 자가 이것을 알게 되면 곧 자연히 분(忿)을 징계하고 욕심을 막는다."[4]라고 하였다. 여기서 말하는 '이(頤)'는 『주역』의 산뢰이괘(山雷頤卦, ䷚)와 관련되는데, 기른다는 의미인 '이'에 대해서는 송대 정이(程頤)의 말이 명확하다. 그는 "위와 아래의 두 양은 중간의 네 음을 싸고 있어서, 바깥은 실하고 중간은 허하니 턱과 입의 형상이고 입은 몸을 기르는 것이다. 그러므로 군자가 그 상을 관찰하여 그 신(身)을 기르고 언어를 삼가서 그 덕을 기르며 음식을 적절히 하여 그 체를 기른다."[5]고 하였는데 언어와 음식을 삼가고 조절하는 것을 양생의 목적으로 삼은 것이다. 신은 심신을 겸하여 말한 것이고 체는 신체를 가리키는 표현이며 앞서 언급한 『맹자』와 『황제내경』의 말 모두를 아우르는 표현으로 이해할 수 있다.

---

4) 『醫學入門』 卷之首 「先天圖」 "元理元氣渾合無間而已 生天生地 生人生物 皆由此造化以爲之主也 頤生者知此 則自然懲忿窒慾"

5) 『周易』 頤卦 程傳 "以卦形言之 上下二陽 中含四陰 外實中虛 頤口之象 口所以養身也 故 君子觀其象 以養其身 愼言語 以養其德 節飮食 以養其體"

정이의 말은 『동의보감』, 이제마, 이규준 등 의가의 책이나 인물들은 물론이고, 『이양편』, 류성룡(柳成龍), 이이(李珥) 등 유가 양생서나 성리학자들의 양생 · 의학관의 기본 원칙이 되었다고 할 수 있다.

결국 '동의'의 핵심 가치는 유학의 입장에서 보면 '유의' 의학이라고 말할 수 있다. 사상사적 맥락에서만 본다면, 한국의 전통의학사는 유의 의학의 수용과 전개 과정이며 한국 유의의 성립 과정이라 할 수도 있다. '동의'의 사상적 지향점은 '유의'에 있다. 『동의보감』이 16세기~17세기에 중국의 유의 등의 의학과 도교 내단 및 심신수련 관련 서적 등을 집대성하여 '동의'와 '유의'의 씨앗을 뿌려 상징적인 단초를 마련하였다고 한다면, 이제마나 이규준의 의학은 이를 계승하여 독창적인 '동의'를 이룸과 동시에 명실상부한 '유의'의 모습을 정립한 것으로 평가한다.

〈참고 문헌〉

■ **원전류**

〈儒家 · 史書 · 文集〉

『論語集註』, 『孟子集註』, 『中庸章句』, 『大學或問』, 『孝經』, 『周易』, 『荀子』, 『春秋繁露』, 『史記』, 『性理大全』, 『二程遺書』, 『朱熹集』, 『朱子語類』, 『朱子文集』, 『朱子大全』, 『能改齋漫錄』, 『雲峰集』, 『四庫全書總目提要』, 『吳文正集』, 『易纂言』, 『宋元學案』, 『宋會要集稿』, 『九靈山房集』, 『文會筆錄』, 『困知記』, 『世宗實錄』, 『明宗實錄』, 『宣祖實錄』, 『蘇齋集』, 『西厓集』, 『退溪文集』, 『李子粹語』, 『南冥集』, 『聖學輯要』, 『栗谷全書』, 『二養篇』, 『霞谷集』, 『春亭集』, 『石谷心書』, 『經髓三篇』, 『大學問目擬對』, 『石谷散稿』

〈醫家 · 道家 · 養生〉

『黃帝內經 · 素問』, 『黃帝內經 · 靈樞』, 『淮南子』, 『呂氏春秋』, 『千金要方』, 『小兒衛生總微論方』, 『白玉蟾全集校注本』, 『儒門事親』, 『格致餘論』, 『金匱鉤玄』, 『三元延壽參贊書』, 『活人心法』, 『醫旨緒余』, 『類經』, 『類經附翼』, 『景岳全書』, 『醫學入門』, 『醫門棒喝』, 『醫說』, 『醫學正傳』, 『醫方類聚』, 『龍虎秘訣』, 『東醫寶鑑』, 『東醫壽世保元』, 『格致藁』, 『素問大要』

■ **단행본**

김남일, 『한의학에 미친 조선의 지식인들』, 도서출판 들녘, 2011.

김남일 외, 『동의보감으로 이루어진 동아시아 의과학 문명의 교류』, 한국학중앙연구원출판부, 2016.

金斗鍾, 『韓國醫學史』, 探究堂, 1998.

廖名春 외, 심경호 옮김, 『주역철학사』 예문서원 1995.

劉時覺外, 『丹溪學研究』, 中醫古籍出版社, 2004.

三木榮, 『朝鮮醫學史及疾病史』, 大阪同右, 1963.

三木榮, 『朝鮮醫書誌』, 學術圖書刊行會, 1973.

三浦國雄, 이승연 옮김, 『주자와 기 그리고 몸』, 예문서원, 2003.
徐儀明, 『性理與岐黃』, 中國社會科學出版社, 1999.
薛公忱 篇, 『論醫中儒道佛』, 中醫古籍出版社, 1999.
楊　力, 김충렬 외 옮김, 『周易과 中醫學』 上, 법인문화사. 2000.
楊儒賓, 『儒家身體觀』, 臺灣 中央硏究院中國文哲硏究所籌備處, 1999.
劉長林 · 滕守堯, 『易學與養生』, 沈陽出版社, 1997.
이동준, 『유교의 인도주의와 한국사상』, 한울, 1997.
李遠國, 『道教氣功養生學』, 四川省社會科學院出版社, 1988.
李遠國, 김낙필 외 옮김, 『내단 심신수련의 역사2』, 성균관대학교 출판부, 2006.
이진수, 『한국 양생사상 연구』, 한양대학교 출판부, 1999.
林　殷, 문재곤 옮김, 『한의학과 유교문화의 만남』, 예문서원, 1999.
張立文 외, 김교빈 외 옮김, 『氣의 철학』(상) 예문지, 1992.
程雅君, 『中醫哲學史』 第一卷, 泗川出版集團, 2008.
鄭日童, 『漢初의 政治와 黃老思想』 백산자료원, 1997.
陳元朋, 『兩宋的 尙醫士人與儒醫』, 臺灣大學出版委員會, 1997.
蔡仁厚, 천병돈 옮김 『공자의 철학』, 예문서원, 2000.
최대우, 『이제마의 철학』, 경인문화사, 2009.
何兆雄, 『中國醫德史』, 上海醫科大學出版社, 1988.
韓國韓醫學硏究所篇, 『韓國醫學史 再定立』 上 · 下, 한국한의학연구소, 1995.
함현찬, 『주돈이』, 성균관대학교 출판부, 2007.
허　훈, 『동무 이제마의 철학사상』, 심산, 2008.
洪元植, 『中國醫學史』 東洋醫學硏究院, 1993.
丸山敏秋, 『黃帝內經と中國古代醫學』, 東京美術, 1988.
『韓國儒學思想大系 XII – 科學技術思想編』, 한국국학진흥원, 2009.

■ 논문

권오민, 「石谷 李圭晙의 人間觀과 醫學論 연구」, 경희대 박사학위 논문, 2010.
靳蘭玉 · 周軍, 「朱丹溪 "養陰" 思想的養生學意義」, 『西部中醫藥』 25-6. 2012.
金達來 · 高炳熙 · 宋一炳, 「李濟馬의 學問的 淵源과 四象醫學의 形成時期에 對한 硏究」, 『사상의학회지』 2-1, 1990.
金榮睦, 「四象醫學의 易哲學的 基礎에 관한 연구」, 『大韓韓醫學原典學會誌』 21-2, 2008.
금장태, 「동무 이제마의 사상」, 『철학과 현실』 14, 철학문화연구소, 1992.

김낙필, 「동의보감의 도교적 성격」『과학과 철학』 2, 1991.
金南一, 「鄕藥集成方의 인용문헌에 대한 연구」『震檀學報』 87, 1999.
金侖壽, 「東國傳道秘記와 海東傳道錄」, 『韓國道敎의 現代的 照明』, 亞細亞文化社, 1992.
김성수, 「16~17세기 養生書 편찬과 그 배경」, 『韓國思想史學』 24, 2005.
김성수, 「조선시대 儒醫의 형성과 변화」, 『한국의사학회지』, 28-2, 2015.
金重權, 「東醫寶鑑의 文獻的 硏究」, 『서지학연구』 11, 1995.
金 澔, 「東醫寶鑑 편찬의 역사적 배경과 醫學論」, 서울대 박사학위 논문, 2000.
金洪均, 「醫林撮要의 醫史學的 硏究」, 경희대 박사 논문, 2000.
李泰鎭, 「鄕藥集成方 편찬의 정치사상적 배경과 의의」, 『震檀學報』 87, 1999.
문재곤, 「음양오행론의 전개에 관한 연구」, 高麗大 『哲學硏究』 14, 1989.
朴奭濬, 「동아시아 전근대 의학과 동의보감의 역사적 성격」, 경희대 박사학위 논문, 2005.
朴贊國, 「醫林撮要의 韓國醫史學的 價値와 思想」, 『東洋醫學』 16-2, 1990.
朴贊國, 「東醫學의 成立에 대한 硏究」, 『大韓原典醫史學會誌』 5, 1991.
方正均, 「芸菴 韓錫地 사상연구」, 경희대 박사학위 논문, 2003.
白裕相, 「陳無擇의 君火論과 朱丹溪의 相火論 比較 考察」, 『大韓韓醫學原典學會誌』 19-3, 2006.
成昊俊, 「東醫寶鑑의 철학적 연구」, 성균관대 박사학위 논문, 2001.
成昊俊, 「南冥 哲學의 道敎的 기반에 관한 이해」, 『韓國思想과 文化』 20, 2003.
성호준, 「論語와 儒醫 의학의 상관성」, 『東洋哲學硏究』 34, 2003.
성호준, 「元代 性理學의 醫儒同道論 硏究」, 『한국철학논집』 16, 2005.
성호준, 「淸代 醫學의 易學과 생명사상」, 『大同哲學』 29, 2005.
성호준, 「張介賓 의학의 儒學的 성격」, 『東洋古典硏究』 25, 2006.
성호준, 「儒醫의 개념정립과 張介賓」, 『大韓韓醫學原典學會誌』 20-1, 2007.
성호준, 「조선 후기 石谷 李圭晙의 유학과 의학」, 『東洋哲學硏究』 60, 2009.
성호준, 「曺倬의 『二養編』과 『東醫寶鑑』, 『東洋文化硏究』 8, 2011.
성호준, 「儒醫 李圭晙의 『大學』 이해」, 『退溪學論叢』, 20, 2012.
성호준, 「조선 후기 儒醫 李圭晙의 心에 관한 연구」, 『東洋文化硏究』 9, 2012.
성호준, 「明代 儒醫 李梴의 道敎이해」, 『大韓韓醫學原典學會誌』 26-4, 2013.
성호준, 「儒醫 李圭晙의 『中庸』 이해」, 『東洋文化硏究』 19, 2014.
성호준, 「유의(儒醫) 주진형(朱震亨)의 군화(君火)·상화(相火)에 관한 연구」, 『한국철학논집』 47, 2015.

신동원, 「조선시대의 의학론」, 『醫史學』 13-1, 2004.
申炳周, 「朝鮮中期 處士型 士林의 學風 연구」 서울대 박사학위 논문, 1999.
심창애, 「李濟馬의 四象體質에 따른 道德修養論」, 『東洋哲學硏究』 35, 2003.
안상우, 「醫方類聚가 東醫寶鑑 편찬에 미친 영향」, 『한국의사학회지』 13-2, 2000.
안상우 · 최환수, 「『醫方類聚』치법편의 구성과 특징」. 『한국의사학회지』 14-1, 2001.
안영명, 「순자사상의 도덕적 인식과 실천」, 『儒學硏究』 39, 충남대 유학연구소, 2017.
尹鍾斌, 「芸菴 韓錫地 實學의 先秦 儒學的 特性에 關한 硏究」, 충남대 박사학위 논문, 2000.
이연도, 「동양 수양론의 현대적 활용 가능성 모색」, 『中國學報』 59, 2009.
이을호, 「이동무(李東武) 사상설 논고(論故)」, 『철학연구』 7-1, 1972.
李乙浩, 「東武四象說의 經學的 基調」, 『韓國學報』 3-1, 1977.
李宗雨, 「寒洲學派와 艮齋學派의 心性論爭 硏究」, 성균관대 박사학위 논문, 2004.
임병묵 · 蘇敬順 · 金光湖, 「曺倬의 二養編에 나타난 養生思想 연구」, 『대한예방한의학회지』 1-1, 1997.
임병학, 「동무 이제마의 四象的 사유체계와 『孟子』」, 『退溪學과 儒教文化』 53, 경북대 퇴계학연구소, 2013.
임병학, 「李濟馬의 『中庸』에 대한 해석과 四象哲學」, 조선대 『인문학연구』 51, 2016.
鄭　勉, 「金元四大家醫學이 朝鮮朝醫學形成에 미친 影響」, 경희대 박사학위 논문, 1995.
조남호, 「동의보감의 이론적 구조와 그 성격」, 『東方學志』 134, 연세대학교 국학연구원, 2006.
車雄碩 · 金南一, 「醫學入門에 나타난 丹溪學派의 영향」, 『慶熙韓醫大論文集』 23, 2000.
최해별, 「宋代 儒醫 연구 회고」, 『역사와 담론』 86, 2018.
祝平一, 「宋明之際的醫史與“儒醫”」, 臺灣 『中央硏究院歷史語言硏究所集刊』 77-3, 2006.
河基泰, 「景岳全書가 朝鮮後期 主要醫書에 미친 影響에 대한 硏究」, 경희대 석사학위 논문, 2001.
許　勳, 「東武 李濟馬의 心性論 硏究」, 성균관대 박사학위 논문, 2008.
黃崇修, 「朱丹溪天人思想下的太極圖新風貌」, 『中日韓傳統醫學文獻交流國際硏討會論文集』, 2011.

■ **著者 略歷**

성호준 成昊俊

경남 창녕에서 태어나 성균관대학교 한국철학과를 졸업했다. 동대학원에서 철학박사 학위를 받았고, 대전대학교 대학원에서는 한의학박사 학위를 받았다. 현재 영산대학교 성심교양대학 교수로 재직 중이다.
저서로 『동의보감으로 이루어진 동아시아 의과학문명의 교류』(공저, 한국학중앙연구원), 『한국유학사상대계 XII - 과학기술사상편』(공저, 한국국학진흥원), 『한국철학의 씬스틸러』(공저, 문사철), 『고전의 반역 3』(공저, 나눅) 등 다수가 있다.

한국의 유학儒學과 의학醫學

초판 1쇄 발행일 2019년 6월 10일

지은이 | 성호준
발행인 | 최원필
발행처 | 심산출판사
주　소 | 서울시 은평구 불광로 13가길 18, 101호
전　화 | 02-357-0633
팩시밀리 | 02-357-0631
E-mail | simsan21c@hanmail.net
등록번호 | 제1-2114호(1996년 11월 28일)

ISBN 978-89-94844-61-9 93150

* 책값은 뒤표지에 표시되어 있습니다.